国家社科基金
GUOJIA SHEKE JIJIN HOUQI ZIZHU XIANGMU
后期资助项目

实体信息传播：改变我们关于信息和传播的观念

Entity Information Communication: Changing Our Concept of Information and Communication

赵建国 著

北京师范大学出版集团
BEIJING NORMAL UNIVERSITY PUBLISHING GROUP
北京师范大学出版社

图书在版编目(CIP)数据

实体信息传播：改变我们关于信息和传播的观念/赵建国著. —北京：北京师范大学出版社，2016.5
(国家社科基金后期资助项目)
ISBN 978-7-303-15990-1

Ⅰ.①实… Ⅱ.①赵… Ⅲ.①传播媒介-研究 Ⅳ.①G206.2

中国版本图书馆 CIP 数据核字(2016)第 030242 号

营 销 中 心 电 话 010-58805072 58807651
北师大出版社学术著作与大众读物分社 http://xueda.bnup.com

SHITI XINXI CHUANBO: GAIBIAN WOMEN GUANYU XINXI HE CHUANBO DE GUANNIAN
出版发行：北京师范大学出版社 www.bnup.com
北京市海淀区新街口外大街 19 号
邮政编码：100875
印 刷：大厂回族自治县正兴印务有限公司
经 销：全国新华书店
开 本：787 mm×1092 mm 1/16
印 张：17.75
字 数：300 千字
版 次：2016 年 5 月第 1 版
印 次：2016 年 5 月第 1 次印刷
定 价：78.00 元

策划编辑：马洪立 责任编辑：戴 轶
美术编辑：王齐云 装帧设计：王齐云
责任校对：陈 民 责任印制：马 洁

国家社科基金后期资助项目

出版说明

后期资助项目是国家社科基金设立的一类重要项目，旨在鼓励广大社科研究者潜心治学，支持基础研究多出优秀成果。它是经过严格评审，从接近完成的科研成果中遴选立项的。为扩大后期资助项目的影响，更好地推动学术发展，促进成果转化，全国哲学社会科学规划办公室按照“统一设计、统一标识、统一版式、形成系列”的总体要求，组织出版国家社科基金后期资助项目成果。

全国哲学社会科学规划办公室

前 言

本书试图通过对实体信息和实体传播的探索论述，来达到“改变我们关于信息和传播的观念”的题旨。实体信息和实体传播是作者提出的一对新概念，在此基础上又对信息和传播做了新的分类，即实体信息与符码信息、实体传播与符码传播，同时把实体传播分为三大类，即实物传播、实事传播和动作表情传播。对提出实体信息传播的理论和实践意义以及实体信息传播特征的论述，是对本书题旨的系统化和深化。作为实体信息概念的具体运用，作者认为“实体信息与符码信息在每个人的信息库中所占比例，对人的影响很大”“实体信息的多寡可能成为一个知识分子水平高下的分界线”。

与上述内容相关，本书对于“信息都是由符号构成和传播”这一基础的、人们普遍持有的观念提出质疑：认为实物传播不需要符号，实事传播需要非符号与符号的混合使用，符码传播则属于纯符号传播。接着，把这一观念与美学研究联系起来，提出“审美直接面对对象而不必转化为符号”“自然美的审美过程就是实体传播的过程”。

实体美也是在实体信息和实体传播概念基础上衍生出的新术语。本书认为：“所有的实体美都有一个共同的特征，它们都不是为美而存在的，或不是只为美而存在的。”“而艺术美或拟态美则是为美而存在的，如果不美，它就失去了存在的理由。这是实体美和拟态美的一个重要分界线。”从信息理论角度考察美，作者提出“美的信息不以消除不确定性为特征”的观点。

本书对自然界实体信息及其传播的探索提出如下供讨论的观点：自然界实体信息传播的特征在于产生物理、化学、生物反应或变化等实际效果；动植物实体信息的显现和传播是生存竞争的需要；基因和基因的传递表现为信息和遗传物质为一体，遗传物质实体的移动和结合就是信息的移动和结合。

本书还对信息“中介”和“信息场”以及“生命赖信息为食”等观点做了辨析。对在“体验”研究中学者们普遍持有的体验都是情感性的这一观点做了辨析，认为“体验并非都是情感性的”。

以上是对有新意内容的提示，下面再就研究方法和写作设计方面介绍几句。

本书在某些章节的字数比重上有不平衡问题，重点探索的或自己有心得的地方自然会字数多一些，别人探讨过的或自己没有感受的地方字数自然会少甚或没有。正如诺伯特·维纳（Norbert Wiener，1894～1964）在其《控制论》第二版序言中所说：“本书纯粹是一本阐述个人思想的书，书中对于我自己感兴趣的那些东西给予了很大的篇幅，对于我自己没有研究过的东西，篇幅却较小。”①这样做，主要是想言之有物，不追求形式上的平衡，不想面面俱到而导致内容平浅。

本研究几乎是没有边界的。在研究和写作过程中，笔者曾阅读了达尔文的《物种起源》。任定成在北京大学出版社出版的“科学素养文库·科学元典丛书”的“弁言”中指出：“百余年来，达尔文在《物种起源》中提出的思想，被不同的人解读出不同的信息。古脊椎动物学、古人类学、进化生物学、遗传学、动物行为学、社会生物学等领域的几乎所有重大发现，都要拿出来与《物种起源》中的思想进行比较和说明。”本书也从实体信息和实体传播的角度对这部经典著作做了新的解读。

① 〔美〕维纳：《控制论(或关于在动物和机器中控制和通信的科学)》，北京，北京大学出版社，2007，第8页。

目 录

引 论 实体信息传播研究现状述评

以明确的概念和系统的理论对实体信息与实体传播进行研究，目前在国内外还没有。

国外一些著名传播学研究者对本课题所说的实体信息与实体传播偶有涉及，但都没有明确意识。

某些视野宽阔的学者在谈到传播时已经包含了实体信息、实体传播的萌芽。比如，美国社会学家库利在20世纪出版的《社会组织》一书中，为传播下了一个广为人知的定义："传播指的是人与人关系赖以成立和发展的机制——包括一切精神象征及其在空间中得到传递、在时间上得到保存的手段。它包括表情、态度、动作、声调、语言、文章、印刷品、铁路、电报、电话以及人类征服空间和时间的其他任何最新成果。"至少，他所说的"铁路"和"人类征服空间和时间的其他任何最新成果"，都与本书所说的实体传播(尤其是实物传播)有关。铁路主要不是传播媒体，是交通工具，是物质产品实体。"人类征服空间和时间的其他任何最新成果"，比如新的科技产品，绝大部分都不是用来做传播媒体的，而是有具体使用目的的物质产品实体。然而，在库利看来，它们都包含在传播的范围内。

施拉姆、波特在《传播学概论》(新华出版社，1984年版)中有多处涉及实体信息和实体传播。他们在谈信息时指出："凡是在一种情况下能减少不确定性的任何事物都叫作信息。""任何事物"就包含本课题所说的"实体"，甚至可以衍生出实体信息的概念。

施拉姆作为传播学学科的正式创立者和集大成者从生活出发，敏锐地观察到真实生活中的实体信息和实体传播："那些最初的夏威夷人已经是灵巧的传播者。他们能够看懂天空中和海浪中的信息，利用这种信息来航海。""天空中和海浪中的信息"实际上就是实体信息。很遗憾，施拉姆没有对实体信息与符码信息、实体传播与符码传播做出精确划分。他甚至察觉到不做这种划分所产生的混乱和"麻烦"："你早上起床，看到白云飘过阴沉的天空，判断要下雨了，在你离开家的时候最好带把伞。是信息吗？的确是；但有过传播行动吗？我们应当说没有。""当我们试图说明什么就是传播和信息的界限时，偶然和第二位的传播是另一个使我们感到麻烦的事情。”这里的“白云飘过阴沉的天空”就是实体信息，“偶然和第二位的传播”就是指实体传播，施拉姆感到这是一个“麻烦的事情”，但没有深究。同时，施拉姆试图找到信息与传播的界限，其实，传播与信息是不可分割的，传播就是对信息的传播，离开了信息就没有传播；而真正需要找到的界限是实体信息与符码信息、实体传播与符码传播的界限，他却一直没有形成这样的思路。

施拉姆甚至发现了实体信息及其传播是验证和改正符码信息及其传播的途径。他说：

> 让我们考虑一下一种不同的信息。一个在平原上长大的11岁的男孩第一次被带到山区去。他过去看过山的图片、读过关于山的书、听过关于山的情况，但是当他乘车朝山里去时，他越来越兴奋，因为他将亲眼看到山了。当他最后来到了一个他能够隔湖眺望到一座雪山的地方时，他目不转睛地凝视，最后说道：“我原来以为山是很高的，但我不知道山是这样美丽!”由此，他得到的这一信息改变了他头脑中原有的山的印象。

“过去看过山的图片、读过关于山的书、听过关于山的情况”，那是符码传播。“他能够隔湖眺望到一座雪山”，那是实体传播。“我原来以为山是很高的，但我不知道山是这样美丽!”就是实体信息、实体传播验证和改正了过去的符码信息、符码传播。

可以看出，施拉姆发觉了实体信息、实体传播的存在，也感觉到了现有传播理论不能很好解释它，但他没有深究，更没有在理论上解决这个基础问题。尽管如此，我们却不能不佩服他敏锐的观察能力。

国内的研究同国外类似，但稍有推进。

冯健主编的《中国新闻实用大词典》(新华出版社，1996年版)说：“信息现象十分古老，早在人类历史发端之前，信息已存在于物质世界，如阳光普照、星斗灿烂，就是宇宙天体发出的信息。”“阳光普照、星斗灿烂，就是宇宙天体发出的信息”，已经承认实体信息、实体传播的存在。

郭庆光在《传播学教程》(中国人民大学出版社，1999年第1版、2011年第2版)中具体谈道：“自然界的刮风下雨、电闪雷鸣，生物界的扬花授粉、鸡叫蛙鸣，人类社会的语言交流书信往来，都属于信息传播的范畴。”在这位学者列举的这些信息传播例子中，除了语言交流书信往来是符号传播，“鸡叫蛙鸣”对于鸡和蛙来说也许具有“符号”意义外，“刮风下雨”“电闪雷鸣”“扬花授粉”都属于实体信息和实体传播。

国内有过“实物传播”的说法，姚鹤鸣在其著作中说：“实物传播方式的不可替代性主要在于它具有独特的信息呈现方式，即以实物自身作为信息呈现方式传播自身。”[①]我同意这个观点，但他主要限于实物产品传播，也没有本研究“信息与它所指代的实际事物为一体”这样的内涵揭示，更没有揭示出实物传播与实事传播的内在关联，并进而抽象出实体传播这样的更有概括力的概念。

在笔者的阅读范围内，唯一直接使用“实体传播”说法的是张雷编著的《公关理论精要》，可惜只有下面一段话论及这个内容：“实体传播就是向公众展示事物本身的传播方式，这是一种直接的、无媒介的传播方式。产品展示、现场参观等都是这种传播的具体形式。实体传播可信性程度最高，但通常情况下传播范围比较狭窄，而且容易受到一些条件的限制，如实体的大小、观察的角度、展示的场所、交通的便利等。”[②]“向公众展示事物本身的传播方式”作为实体传播的概念稍显粗糙。“这是一种直接的、无媒介的传播方式”“可信性程度最高”倒是抓住了实体传播的两个重要特征。“产品展示、现场参观等都是这种传播的具体形式”也是准确的。“传播范围比较狭窄”“容易受到一些条件的限制”则涉及实体传播的某些缺陷，说得也不错。以上内容无疑具有启发意义，但无论如何还不能看作是对实体传播的真正系统研究。

与传播学密切相关的信息科学研究和信息哲学研究的重要进展，对于实体信息与实体传播的研究来说，更具有基础意义。钟义信的《信息科学原理》(北京邮电大学出版社，2002 年版)，从“全信息”的角度研究信息科学，对香农的信息论有突破，具有开创意义。虽然该著包括了信息的获取原理(识别论)、信息的传递原理(通信论)、信息的认知原理(知识论)、信息的再生原理(决策论)、信息的思维原理(智能论，它是认知与再生两者的综合)、信息的施效原理(控制论)，以及信息的组织原理(系统优化论)等内容，实际上形成了对信息传播全过程的考察，但没有把信息学与已有的传播学基本概念与理论对接，事实上，该著也很少提及传播学。

邬焜的《信息哲学——理论、体系、方法》(商务印书馆，2005 年版)从哲学角度研究信息，有深度，但对传播学的关注也不够。

---

① 姚鹤鸣：《传播美学导论》，北京，北京广播学院出版社，2001，第 58 页。

② 张雷：《公关理论精要》，北京，高等教育出版社，2004，第 86 页。

信息论、信息科学、信息哲学与传播学本来关系非常密切，但目前呈现出两分的状态。各自的专门研究必要，不同学科之间的沟通也必要，目前缺乏的是沟通。本书试图在作者能力所及的范围内进行尽可能的沟通。尽管有两分这样的遗憾，但稍后读者就会看到，上述两著关于信息的概念成为本书实体信息和实体传播研究展开的基础。

以上所述表明，关于实体信息和实体传播的研究正在不断聚集能量，酝酿着勃发。

本书作者撰写的论文《实体传播与传播分类探讨》(《新闻与传播研究》2009 年第 4 期)和著作《经济活动传播论》(河南大学出版社，2009 年版)对实体传播做了初步探索，本书正是在此基础上更加系统、深入的研究。在与高红波博士的一次交谈中，他建议我以实体传播为独立对象进行研究，以彰显其意义；本研究正是把这个建议付诸行动的结果。

实体信息是实体传播的前提和基础，把实体信息作为一个核心概念和内容来探讨是在笔者原有研究基础上的一个新进展。

第一章 实体信息传播理论概述

第一节 从基础说起：物质、能量、信息

顶级的概念就是宇宙；而宇宙由物质、能量、信息三大要素组成，这是当今科学界所普遍认同的观念。

为什么首先要谈物质、能量、信息这三个仅次于宇宙的极其重要的概念呢？因为本书要探讨的实体信息和实体传播以物质实体和信息为基础，只有明确了什么是物质和信息以及物质和信息的关系，才能展开实体信息和实体传播的讨论。

为了尽快进入本书的中心议题，这里只给出对物质、能量、信息最通行的定义和它们之间基本关系的最必要的说明和解释。

一、物质、能量、信息的定义

物质是标志客观实在的哲学范畴，这种客观实在是人通过感觉感知的，但它不依赖于我们的感觉而存在，却为我们的感觉所复写、摄影、反映。客观性和实在性是物质存在的两大标准。

能量是一个间接观察到的物理量，它往往被视为某一个物理系统对其他物理系统做功的能力。对应于不同形式的运动，能量可分为机械能、电能、化学能、原子能等。

暗物质也是物质，是一种特殊的物质，而且比我们所知道的物质在宇宙中所占比例还要大。暗物质是指那些自身没有电磁辐射、不发光，也不与电磁波相互作用的一类物质。暗物质不是目前我们已知的任何一种粒子，但有显著的引力效应，能够干扰星体发出的光波或者引力，却无法被直接观测到。最新的天文观测证据表明，宇宙中暗能量约占68％，暗物质约占27％，人们熟悉的通常物质占5％。暗物质和暗能量的各种信息还有待发现和研究。

信息是物质存在方式和状态的自身显示，是物质的普遍属性。因此，信息同物质一样在宇宙中是无所不在的。关于信息的概念这里只做最简明扼要的表述，后面还有详细论述。

二、物质、能量、信息之间的基本关系

(一)物质、能量、信息三位一体

物质是能量和信息的载体，信息是物质和能量存在状态和方式的自身显示。物质、能量、信息三位一体，这种三位一体可以用“物质—能量—信息”的模式来表述。能量和信息都是物质的属性；世界统一于物质。“物质—能量—信息”三位一体，具有世界观和方法论意义。既然宇宙由物质、能量、信息三大要素构成，物质、能量、信息又是三位一体的，那么这就从根本上决定了宇宙是可传播的。在信息论产生之前，科学家多是从物质和能量两个维度看待世界的，信息论和信息科学产生之后，科学家看待世界的视野多了一个维度，这就是信息。因此有了信息科学、信息技术、信息经济、信息社会和信息时代这些术语。

电闪雷鸣是信息吗？当然是。但难道电闪雷鸣这种信息不是物质的转换和能量的释放吗？

刮风、下雨、下雪是信息吗？当然是。但难道刮风、下雨、下雪这种信息不是物质的运动或转换方式，不是能量的释放吗？

潮汐是信息吗？当然是。但难道潮涨潮落这种信息不是海水这种物质的运动方式和能量的释放吗？

(二)物质与信息的根本关系

上面已经说过，信息是物质存在方式和状态的自身显示，是物质的普遍属性。这句话也表达了物质和信息的根本关系。从哲学物质概念的高度认识信息，是对信息最透彻的认识。可惜，不少传播学和信息学研究者不能这样认识和理解信息，他们只能或只愿意从符码信息的角度认识和理解信息。

物质与信息当然有区别，具体的信息只是某种物质的某一属性的显现，并不等于这一物质本身。正如有学者所说：“信息是一切物质的普遍属性，但是信息不等于物质，也不可笼统说它是物质的，信息是与物质既有联系又有区别的不同范畴。正如运动、时间、空间是物质的属性，与物质不可分，但运动、时间、空间等范畴不等于物质范畴，意识是大脑这种高度完善的物质的属性，但意识不是物质，同样，信息作为物质的属性离不开物质，但信息不等于物质。”①

① 王雨田：《控制论、信息论、系统论科学与哲学》，北京，中国人民大学出版社，1986，第360页。

信息依附于物质，离开了物质的信息是不可想象的。信息的产生、传递和储存都离不开物质，信息的获取和传递也离不开能量。即使符码信息也依附、依托于物质实体。即使人脑思维活动中的信息，看不见摸不着，它也依存于大脑这种物质。

对于人类来说，信息像空气、水和阳光一样不可须臾离开，离开了信息的生活是不可想象的。这种不可离开，还表现在空气、水和阳光这种物质也在传递信息，没有空气、水和阳光的信息，有时我们就得不到它们。比如，在缺水的地方，如果得不到水源的信息，我们就喝不到水。

维纳的这句话被不少学者所引用："信息就是信息，不是物质也不是能量。"[①]固然，信息不能等同于物质，也不能等同于能量。但离开了物质，信息就不复存在；离开了能量，信息也是难以想象的。相比较而言，维纳的下面这段话对信息的解释更有普遍意义："信息是人们在适应外部世界，并且这种适应反作用于外部世界的过程中，同外部世界进行互相交换的内容的名称。"但"同外部世界进行互相交换的内容"应当包括物质、能量和信息，这样一来就与他前边说的信息"不是物质也不是能量"产生矛盾，而且存在把信息与物质、能量混淆的问题。这种矛盾也影响了中国学者对此问题的理解，郭庆光在谈到信息既不是物质，也不是能量时说，信息"在物质运动过程中所起的作用是表述它所属的物质系统，在同其他任何物质系统相互作用(或联系)的过程中，以质、能波动的形式所呈现的结构、状态和历史"[②]。信息既然既不是物质也不是能量，信息怎么会"以质、能波动的形式所呈现"呢？

(三)信息传播的速度受限于物质传播的速度

符码传播的速度最终取决于物质实体传播的速度。按照爱因斯坦的理论，宇宙间的极速是光速：每秒约30万千米；因此，信息传递的最快速度等于光速。

从人类早期传递信息的手段来看，岩画、烽火、竹筒等都明显依赖于物质实体，岩画不能移动，烽火、竹筒能移动，但速度也相对较慢。之后的纸张、有线和无线电话、广播、电视，直到有线和无线互联网，信息传递所依赖的物质载体越来越少而不明显，速度却越来越快。这启发我们思考一个问题：信息传递依托物质是否越少越高效？

---

① 〔美〕维纳：《控制论(或关于在动物和机器中控制和通信的科学)》，北京，北京大学出版社，2007，第109页。

② 郭庆光：《传播学教程》，北京，中国人民大学出版社，2011，第3页。

（四）信息传播能否久远也取决于物质载体的质料

阿尔塔米拉洞窟位于西班牙桑坦德省，1879年西班牙人索图奥拉带着他的小女儿玛利亚来到他几年前发现的这个洞穴。他们进洞后，索图奥拉开始挖掘，他的小女儿玛利亚却拿着一支蜡烛好奇地到处闲耍。当她走到一处窟顶很低的地方，抬头往上看的时候，突然叫道："看呀，爸爸，这里有野牛！"在黑暗的洞窟中，他们看到了彩绘在岩壁上的野牛和野鹿。就是这位小女孩偶然的一瞥，沉睡了一万多年的人类历史最早的艺术品之一被唤醒了。从此，谈到"阿尔塔米拉洞穴艺术"人们就会提到索图奥拉。

作家李存葆在谈到中国山西云冈石窟时说：

> 从嘎仙洞石室走出来的拓跋氏，最钟情、最信赖的却是石头。拓跋濬在复法兴佛的诏令中曾云：纸帛易破，泥塑易碎，金像易烁，唯石雕可与天地共长。云冈石窟，实则是一部拓跋王朝的石刻之历史，"无韵之离骚"。①

不同地域的人类在力图把某种信息长久保存时都选择了石头，这不是偶然的。石头这种质料用于传播，偏向于时间的延续，它可长期存于世间。而现代传播媒体比如广播、电视、手机等多偏向于空间，即可以迅速传播到不同的地方，但能否实现时间的延续，设计者考虑不多。

（五）信息与精神的关系

信息与哲学意义上的精神有联系也有区别，这里所说的精神与物质相对应，不能简单地说信息等同于精神。通常信息是精神的原料，信息经过加工、升华成为精神。在相当程度上信息为物质到精神的中介，也可以说精神是信息的升华。

然而在广义的信息概念中也可以包括精神，精神属于思想信息、情感和意志信息等。

三、信息有没有定律

自然科学家已经发现了物质不灭定律和能量守恒与转换定律。物质不灭是自然界普遍存在的基本定律之一。在化学反应中，参加反应前各物质的质量总和等于反应后生成各物质的质量总和。这个规律被称作质

① 李存葆：《呼伦贝尔记忆》，《美文》2011年第12期。

量守恒定律(Law of Conservation of Mass)。扩而言之，在任何与周围隔绝的体系中，不论发生何种变化或过程(包括化学反应和核反应)，其总质量始终保持不变。也就是说，任何变化都不能消除物质，只是改变了物质的原有形态或结构，所以这个定律也叫物质不灭定律。

能量守恒与转换定律也是自然界最普遍、最重要的基本定律之一，它是指：在自然界中，能量既不能创造，也不能消灭，而只能在总量不变的前提下，由一种形式转变为另一种形式，或由一物体转移到另一物体。

作为与物质、能量处于同一等级的信息有没有基本定律？这是一个需要和应该探讨的大课题。

学界有共识，信息可以共享，而且共享的人越多信息的效用就越大。然而，能共享的信息主要是指符码信息，实体信息往往难以共享。比如，一处私人花园的实体信息能共享的人就有限。所以，信息共享只在限定范围内存在，还不能成为普遍规律。

在笔者看来，至少信息依附定律是存在的。信息依附于物质和能量，没有物质和能量，就没有信息。

另外，爱因斯坦曾给出了一个著名公式：

$$E=mc^2$$

式中，E 为能量，m 为质量，c 为光速。这个公式的意思是说，一切物质都潜藏着质量乘光速平方的能量，因此物体的运动速度不可能超过光速。

在信息领域，我们是否可以仿照爱因斯坦，给出这样一个公式：

$$E(\text{传播效果})=\text{信息质量}\times\text{传播速度}^2$$

在这个公式中，“信息质量”非常重要，它决定着传播效果实现的是正能量还是负能量。在互联网中，传播速度极快，典型地体现了“传播速度^2”，某种谣言一旦以这种速度传播就会造成极大的危害。这个公式可以解释现代传媒的传播威力来源于其传播速度。信息一旦以高速传播，其威力难以估量。这就是世人尤其是统治者普遍重视现代传媒的原因。

关于“信息有没有定律”这部分内容带有猜想性质，写出来仅供读者启发思维之用。

第二节 新的信息分类：实体信息和符码信息

一、已有的信息的概念和分类

(一)诸多不同的信息概念

在现代社会中，信息是一个极其重要而常用的概念，人们从不同角度对信息下定义，我们可以列出如下影响较大的几种：

(1)信息是人们对事物了解的不确定性的度量，是不确定性的减少或消除。在克劳德·艾尔伍德·香农(Claude Elwood Shannon)看来，信息是被消除的不确定性。由香农的看法可以推论说，信息是确定性的增加。

(2)信息是控制系统进行调节活动时，与外界相互作用、相互交换的内容。维纳认为："信息是人们在适应外部世界，并且这种适应反作用于外部世界的过程中，同外部世界进行互相交换的内容的名称。"

(3)信息是事物的联系、变化、差异的表现，是事物的变异度。通俗地讲，信息就是指事物的变化、差异。

(4)信息是物质和能量在时间、空间上不均匀分布的表现。

(5)信息是系统结构的有序性，是系统的组织程度、有序程度。

维纳在1950年已把信息看作是系统的组织程度。他说："消息集合所具有的信息则是该集合的组织性的量度。"①

DNA中储存的信息量非常大，可以使每一个物种中的个体之间都存在着差别。DNA不仅能自我复制，而且能指令细胞合成自身需要的一切蛋白质。蛋白质由20种氨基酸构成，由于它们的结构、排列不同，即有序化程度不同，可以给出天文数字的各种组合，从而形成生命所需要的一切蛋白质，并发展进化为不同组织程度的生物有机体。

(6)信息是由物理载体与语义构成的统一体。

(7)信息是被反映的事物属性。② 这个观点很有代表性，它主要是指符码信息。关于信息概念的第(6)(7)两个定义，都属于符码信息范围。

(二)把信息作为"在整个世界起作用的普遍原理"贯彻到底

上述关于信息概念的第(1)(2)(5)条定义都与信息论有关。

香农被称为"信息论之父"。信息论诞生的标志是，香农于1948年发

---

① 〔美〕维纳：《人有人的用处》，北京，商务印书馆，1978，第12页。

② 刘长林：《论信息的哲学本性》，《中国社会科学》1985年第2期。

表于《贝尔系统技术学报》上的论文《通信的数学理论》(A Mathematical Theory of Communication)。

信息论是运用概率论与数理统计的方法研究信息、信息熵、通信系统、数据传输、密码学、数据压缩等问题的应用数学学科。信息论将信息的传递作为一种统计现象来考虑，给出了估算通信信道容量的方法。信息传输和信息压缩是信息论研究中的两大领域。

信息论起初为传播学提供了重要的理论支撑。坎贝尔曾经说，由于香农信息论的诞生，“信息开始作为在整个世界起作用的普遍原理展现在我们面前”①。但后来信息作为在整个世界起作用的普遍原理这种理念，在传播学和信息论中都没有得到发扬光大，传播学与信息论分道扬镳了。传播学越来越关注媒体信息，也就是我们后面就要谈到的符码信息；信息论由于一开始就局限于通信工程和控制论领域，其后来哲学的宏观视野逐渐丧失。

倒是信息科学和信息哲学界把信息作为在整个世界起作用的普遍原理贯彻到底，在顶级概念物质层面上来看待信息。这一点我们马上就要谈到，在这里笔者要向读者提示，哲学意义物质层面上关于信息的概念很重要，它是本书所说的实体信息和实体传播的起点和基础。

(三)信息的分类

信息可以有多种分类。比如：

自然信息、社会信息；

有用信息、冗余信息；

语法信息、语义信息、语用信息；

语声信息、图像信息、文字信息、数据信息；

消息、资料、知识等。

二、新的信息分类：实体信息和符码信息

本书对信息做了新的划分，把所有的信息分为两类，即实体信息和符码信息。

信息的概念可以有广义和狭义之分。有了实体信息和符码信息这样的划分之后，广义的信息可以包括实体信息和符码信息，通常狭义的信息是指符码信息，更狭义的信息可以指符码信息中的某一类信息，比如

① Campbell, Jeremy, 1982: *Grammatical Man: Information, Entropy, Language, and Life*, New York, Simon and Schuster, p. 16.

消息等。

实体信息与符码信息是非常必要的一种分类，因为它有助于对信息认识的深化，有着重要的现实意义和理论意义。

如果将自然信息与社会信息进行比较我们会发现，自然信息基本上都是实体信息；社会信息有的是实体信息，有的是符码信息，有的则是实体信息与符码信息的混合体。人的身体就是这种混合体的一种典型，人的身体是自然信息与社会信息的综合体。从实体信息和符码信息的角度对人的身体进行传播学研究，是打通自然信息与社会信息壁垒的一个绝佳选择。

(一)实体信息的概念

1988年，中国信息科学专家钟义信出版的《信息科学原理》认为，信息就是“事物运动的状态和状态变化方式的自我表述/自我显示”①。这是对本体论意义上的信息的最早、最佳表述之一。

中国信息哲学专家邬焜认为，哲学意义上的信息定义可以精确地表述为：“信息是标志间接存在的哲学范畴，它是物质(直接存在)存在方式和状态的自身显示。”任何物体“都既是物质体，又是信息体”②。这是对哲学意义上的信息本质的准确描述和表达，它很好地揭示了信息的本源以及物质与信息的不可分割的关系。

钟义信和邬焜都为本体论或哲学意义上的信息概念做出了贡献，他们的表述大同小异，本质上是一致的。钟义信概念中的“事物”包含了事实和物质，而邬焜概念中的“物质”是一严格的哲学用语，从“物质”概念中也可以推演出“事实”，因为正是广义的物质构成了事实，事实中的人是一种特殊物质。所有的物质都处于运动之中，绝对静止的物质是没有的，因此钟义信定义中的“运动”可以省略。两位学者都使用了“自我表述/自我显示”“自身显示”这样的表述，含义基本相同，相比较而言，“自身显示”更准确、更简明。

存在就是以相互关系的方式存在，物质之间的相互关系是客观存在最重要的属性。在钟义信和邬焜关于信息的定义基础上，笔者把信息定义为：信息是物质存在方式和状态以及物质之间相互关系的自身显示。由于物质存在就是以相互关系的方式存在，因此“物质之间相互关系的自身显示”，已经包含在物质存在方式和状态的自身显示之中，所以信息最

① 钟义信：《信息科学原理》，北京，北京邮电大学出版社，2002，第50页。
② 邬焜：《信息哲学——理论、体系、方法》，北京，商务印书馆，2005，第45～46页。

简明的定义就是：信息是物质存在方式和状态的自身显示。不过，我们这样说时不要忘记，“物质之间相互关系的自身显示”也是信息。

如果把世界上每一种存在方式和状态都看作一种现象，那么，马丁·海德格尔（Martin Heidegger）的下面这段话就与钟义信和邬焜的观点有某种相通之处：现象就是“就其自身显示自身”，而且只有这样领会，才能廓清关于“现象”概念的形形色色混乱状态。①

信息是物质存在呈现、显现甚至隐蔽的方式或状态。信息是物质存在方式和状态以及物质之间相互关系的自身显示，这是从本体论角度给出的信息定义。

沿着本体论的思路，由于物质或存在都可以等同于实体，本书把哲学意义上的信息称作实体信息。这里所说的实体（entity）是一个高层级的概念，它与哲学上所说的物质等同。实体可用来指涉人、动物、植物或真菌等生命体和所有无生命物体。所谓实体信息就是物质本身存在方式和状态以及物质之间相互关系的自身显示，通过它人类可以感知和认识客观世界。简单地说，实体信息就是物质实体自身显示和发出的信息。当然，由于简单就有“信息是信息”这样让人忌讳的缺点。

事物之间的关系信息是非常重要的实体信息。以汉代画像研究为例，作为墓室本身的一个有机组成部分，画像石的图像意义必然与其在墓葬内外的位置相联系，因此，研究画像石的首要一步，就是复原画像石在墓葬中的空间位置及原始配置情况。汉学家费慰梅教授早就指出：“当作为孤立的石板或者拓片被研究的时候，画像石的位置意义和相互关系就丧失了。”其他研究也是如此，必须高度重视事物之间的关系信息。关系信息与事物本身的信息密切相关。

为什么对哲学意义上的信息还要另起名称，叫作实体信息呢？因为哲学意义上的信息虽然是对信息本质的描述，并且解决了符码信息的本源问题，但是它还不能把符码信息完全纳入自身。从下面我们对符码信息的定义中就可看出，“信息是物质存在方式和状态的自身显示”，与“主体对物质存在方式和状态的自身显示的感知和认识”是不能等同的。“感知和认识”只能最大限度地接近物质存在方式和状态的自身显示，而永远不可能完全等同它。实体信息与符码信息这对概念，揭示的正是哲学意义上的信息与符码信息之间的联系与区别。

显然，上边谈过的关于信息概念的第（3）条定义“信息是事物的联系、

---

① 〔德〕海德格尔：《海德格尔存在哲学》，北京，九州出版社，2004，第45～46页。

变化、差异的表现”，还有第(4)条“信息是物质和能量在时间、空间上不均匀分布的表现”，可以归类到实体信息中。

(二)实体信息的分类

实体信息可以分为天然实体信息和人工实体信息。人工实体又包括无数技术成果，它被保罗·莱文森(Paul Levinson)称作“技术图书馆”。从各种技术成果即技术制造物实体上显现出的信息属于人工实体信息。

实体信息还可以划分为：

无机体信息、有机体信息；

物理信息、化学信息、生物信息；

外部信息、内部信息；

形状信息、结构信息、关系信息等。

看到、听到或闻到实体的外部信息在多数情形下也许并不难，但发现和揭示实体的内部信息以及它与其他事物的关系信息却是不容易的，那正是科学研究的主要任务之一。

本书把实体信息分为三大类，即实物信息、实事信息、身体(动作和表情)信息，并以此展开研究。

(三)符码信息的概念

如果从认识论角度来看信息，信息的定义可以这样表述：主体对物质存在方式和状态的自身显示的感知和认识。实体信息向符码信息的转化，最起码也是最高的要求就是准确真实，也就是要保持符码信息与实体信息的一致。有价值的符码信息一定是准确反映了实体信息；符码信息的创造对人类社会发展产生了巨大影响。《淮南子·本经训》记载：“昔者仓颉作书而天雨粟，鬼夜哭。”为什么人类创造了文字，天竟然“雨粟”、鬼要“夜哭”呢？因为人类的智慧、发现、思想可以通过文字而代代相传，苍天不能藏其秘密，鬼神不能遮掩其迹。

在自然界中以声、光、色、形、热、气味等构成的自然信息都是实体信息，当这些实体信息被人或机器转换为语言、文字和图像等形态或转换为电磁波信号、计算机代码时就成为符码信息。“神农尝百草”与“仓颉造字”是中国历史上两个影响重大的事件。尝百草是获取和利用实体信息，造字则是把获取的实体信息转化为符号记录、保存、流传下来。

显然，符码信息离开了信息源(实体)，已经与信息源(实体)分离。

本体论意义上的信息意味着它是客观存在的，无论人是否感受和感知它，它都是存在的。认识论意义上的信息意味着信息是客观存在与人的主观感受、感知的统一体。

某一符码信息的实体信息源头是唯一的，但符码信息的表达却可以是多种多样的。正如莎士比亚的剧作《罗密欧与朱丽叶》中朱丽叶的那句名言："名字有什么？我们叫玫瑰的那种花，换成别的名字还不是一样芳香。"世界上有多少种语言，就有多少种对玫瑰花的不同语音和文字表达方式。有时，有些花我们甚至根本叫不上名字，无法用一个符码信息来代指它，这真是"恰是洛阳花正发，见花好，不知名"(刘仙伦：《江神子》)。

三、实体信息与符码信息在每个人的信息库中所占比例

没有受过教育的人，通常信息库总量很小，但直接从自然界和社会生活中得来的实体信息所占比例很高。不过，由于缺乏大量有价值的符码信息的指引和整合，这些实体信息范围较窄，也欠缺深度。文盲从整体上来说素质较低，原因就在于此。

受过大学及大学层次以上教育的人们，与没有受过教育和只受过较低层次教育的人们相比，来源于书本、报刊的符码信息所占比例大大提高。但有一点必须强调：对于接受过高等教育的人来说，实体信息所占比例越高，越有利于所接受和学到的符码信息的消化、吸收、使用和创造性升华。如果仅仅停留和满足于符码信息，这些信息还只是书本上、报刊上的"死"的信息，还达不到灵活运用尤其是创造性使用的程度。"书呆子""教条主义"说的就是这样一种人。

先接受实体信息还是符码信息是衡量一个人受教育程度高低的一个尺度。对于受过教育的人来说，多数情况下是先接受符码信息。对于未受过教育或受教育程度极低的人来说，先接受实体信息的机会较多。

所有做出重大贡献的人才，多具有这样的特征：多读书、读好书，他们的符码信息超过常人；同时，他们还勇于和善于投入实践，在实践中获取大量的第一手实体信息，实体信息的质和量大大超出一般读书人。

对于知识分子的知识结构来说，实体信息所占比重高低是能否做出创造性贡献的决定性因素，无论是从事自然科学还是从事社会科学、人文学科都是如此。在符码信息、书本知识达到一定量之后，实体信息的多寡可能成为一个知识分子水平高下的分界线。正如著名心理学家马斯洛所说："自我实现者的创造性的本质方面是一种特殊的洞察力，就像寓言中那个孩子能看见国王没穿衣服那样(这与创造力即产品的思想太抵触了)。这样的人能看见新颖的、未加工的、具体的、个别的东西，正如能看到一般的、抽象的、成规的、范畴化的东西一样。因而，他们更为经

常地生活在自然的真实世界中，而不是生活在用词表达的概念、抽象、预期、信仰和刻板化的世界中，而很多人却常常把这两个世界混淆起来。”富有创造性的人的洞察力，来自“更为经常地生活在自然的真实世界中，而不是生活在用词表达的概念、抽象、预期、信仰和刻板化的世界中”。由于更为经常地生活在自然的真实世界中，他们“能看见新颖的、未加工的、具体的、个别的东西”，也就是说，他们能得到更多的具体的实体信息，而不容易被“用词表达的概念、抽象、预期、信仰和刻板化的世界”即符码世界所迷惑或限制，因而他们更具有洞察世界本来面目的能力。

为了研究鸽子这一物种，达尔文说：“凡是能求得到的或买得到的品种，我都设法搜求保存；我还从世界好些地方，得到了热心惠赠的各种鸽皮，特别是厄里奥特从印度寄赠，墨雷从波斯寄赠。关于鸽类的著作，用各种文字写的很多，有些因为年代很古老，所以极其重要。我又和好些养鸽的人联系，同时又参加了伦敦两个养鸽会。”①搜求各种品种包括各种鸽皮都是在搜集实体信息。古老的鸽类著作则是符码信息。和养鸽人联系、参加伦敦两个养鸽会所获得的既有实体信息也有符码信息。这从一个侧面可以看出，达尔文的实体信息与符码信息都很丰富。特别应当指出，在达尔文创立进化论过程中，实地考察所获得的极其丰富的实体信息起了决定性作用，这就是他区别于一般书斋学者的地方。

在传媒高度发达的现代社会，符码信息的获取变得格外容易。在这种背景下，更应强调投入社会实践获取实体信息的重要性和必要性。然而，“这点甚至不无讽刺性：一个试图用自己的身体，用自己的眼睛（而不是电视）去看世界的人，有时候恰恰被世界的车轮所抛弃：一个关上电视出门旅行的人，通常不知道世界发生了什么。等他回到家中打开电视机，才发现历史似乎又展开了新的篇章。在电视机的时代，要追逐上时代，不是出门旅行去观看，而是要停留在家中不断地打开电视机。”②尽管如此，用自己的身体，用自己的眼睛（而不是电视）去看世界是绝对必要的，因为只有这样才能得到更多的实体信息。信息时代当然不能不利用现代传媒去获取符码信息，但如果仅仅停留于此，实体信息在自己的知识信息结构中所占比重极低，就很难有真知灼见，只能是纸上谈兵，只能是“书呆子”“空头理论家”。

---

① 〔英〕达尔文：《物种起源》，北京，科学出版社，1972，第18页。

② 汪民安：《电视的观看之道》，《文艺研究》2011年第12期。

富有发现力的爱因斯坦深刻指出："哲学上和逻辑上的大多数错误是由于人类理智倾向于把符号当作某种实在的东西而发生的。"①切记，符号只是实体信息的标示物，还不能完全等同于实体和实体信息。在这个符号充满人类社会的时代——有学者甚至认为"21世纪是符号世纪"，提示这一点有特殊的必要性。费尔巴哈在150多年前所批判的"影像胜过实物、副本胜过原本、表象胜过现实、外貌胜过本质"②的现象，现在不仅没有减少，而且比费尔巴哈时代要严重得多。高度发达的现代传媒直接催生了这一现象，而高度发达的现代传媒也是费尔巴哈时代无法想象和比拟的。不过，我们在理解费尔巴哈的话时，要知道他说的不仅是实体信息与符码信息，还包括诸如外貌与本质等问题。

第三节　实体信息的感知与观察仪器设备

一、人类的器官与实体信息

(一)人体器官对实体信息的感知和接受

对于各种动物来说，由于感觉器官的特性不同，对客观世界的感受也会有所不同。人类的世界以视觉和听觉为主，以触觉、嗅觉和味觉等为辅。犬类的世界以嗅觉、听觉为主，以视觉、味觉和触觉等为辅。人类拥有超过2000万个嗅细胞，狗的嗅细胞数量比人类多10倍。更重要的是狗鼻子中有无数非常复杂的褶皱，极大地增加了与空气的接触面。狗的嗅觉能力比人类灵敏100万倍，人类不知道狗闻到的气味是什么样的。正因为如此，表示气味的汉字"臭"中含有一个"犬"。"臭"是个会意字，"从自(鼻)，从犬"，它是"嗅"的古字，本义是"气味"，意思是狗的鼻子闻气味很敏感。许慎在解释"臭"的本义时说："禽走臭而知其迹者犬也。"同时，狗的听觉感应能力是人的6倍，它能听到的最远距离大约是人类的400倍。对于人类来说，这是一个立体的、色彩的并伴有声音的世界；对于犬类来说，这个世界充满各种气味和声音。

实验心理学家赤瑞特拉(Treicher)通过大量的实验证实：人类获取的信息83%来自视觉，11%来自听觉，这两个加起来就有94%。还有

① 〔德〕爱因斯坦：《爱因斯坦文集》第一卷，北京，商务印书馆，1976，第286页。

② 〔德〕费尔巴哈：《基督教的本质·1843年第二版序言》，北京，商务印书馆，1984，第20页。

3.5%来自嗅觉，1.5%来自触觉，1%来自味觉。[①] 可见人类最重要的感觉器官是眼睛和耳朵。

对于普通人来说，感知和接受符码信息的器官只有眼睛和耳朵，即视觉器官和听觉器官，也就是符码信息只能让视觉和听觉器官感知和接受，通常其他感觉器官无法感知和接受符码信息。盲人经过训练则可以通过触觉感受文字符号信息。而感知和接受实体信息的则是人体所有的感觉器官，实体信息不仅可以通过视觉和听觉器官感知和接受，还可以通过触觉、味觉、嗅觉等器官来感知和接受。中医的"号脉""触诊"靠的是触觉获取人体信息。"神农尝百草""你要是想知道梨子的滋味，就得亲口尝一尝"(毛泽东)靠的都是味觉。进入山东定陶古汉墓，会闻到一股异香。据考古专家所述，香味源自建造古墓所用的"黄肠木"。所谓的"肠"是指所选木材是树干的中心部分，这部分木质紧密，经久耐用，"黄"则指这些木材砍伐之后均以黄纸封装，以示为皇室专用。"黄肠题凑"是流行于秦汉时期的一种特殊葬制，其使用者主要是帝王及其妻妾，还有皇帝特许的宠臣。汉代以后这种葬制就很少见了。据考古人员推算，定陶古汉墓里面所用木材量为2100～2300立方米，为目前发现的此类墓葬之首。闻到黄肠木的香味靠的是嗅觉。

从更广的意义上讲，人类接受实体信息的器官不止眼、耳、鼻、舌、身(皮肤等)，比如，皮肤里的热感应器，可以感觉冷热。同时，人的全部身体都可以接受实体信息，只不过五官之外的身体在接受实体信息的时候，人自已往往感觉不到而已。比如，消化器官对食物和水的感受，消化和吸收我们往往感觉不到，这个过程就包括了对食物和水这种实物信息的接受。"大脑在我们毫不知情的情况下，无时无刻不在监控着我们的生理活动，用托马斯·刘易斯(《细胞生命的礼赞》一书的作者)的话来说，假设让我们有意识地操纵自己的心跳、呼吸、消化之类的生理活动，不仅会应接不暇，肯定还会乱套。"[②]所谓"毫不知情"就是感觉不到。

我们用肉眼看外部世界，看到各种形状大小、线条长短曲直、颜色斑斓等，但还有不少实体世界的信息我们的肉眼看不到，比如紫外线和红外线。一般人的眼睛可以感知的电磁波的波长为400～700纳米，还有一些人能够感知到的波长为380～780纳米，正常视力的人眼对波长约为555纳米的电磁波最为敏感。人眼所不能感知的波长的电磁波，包括无

① 转引自何克抗：《信息技术与课程整合的目标与意义》，《教育研究》2002年第4期。

② 陈蓉霞：《大脑、心智与意图——大脑如何运作》，《科学文化评论》2012年第6期。

线电波、微波、红外线、紫外线、X射线、γ射线、远红外线等。

对于我们的耳朵来说，也是如此，超声波、次声波也是不能听到的。在一般情况下，人类听觉的适宜刺激是频率为20～20000Hz的声波，也叫可听声。当声强超过140分贝时，声波引起的不再是听觉，而是压痛觉。频率高于20000Hz的声音叫作超声波，频率低于20Hz的声音叫作次声波。通常，超声波和次声波人耳都是听不到的。因此，肉眼看到和耳朵听到的世界还不是客观世界的全部视觉和听觉信息。

2014年年初，普林斯顿大学的研究人员将电子元件结合到细胞3D打印中，成功地使用水凝胶和小牛的细胞打印出一个人类的耳朵，而这个耳朵加入了由银纳米颗粒做成的电子天线。因此这个传感器可以接收人耳听不见的频率。也许将来人就可以装上这样的耳朵，听到原来听不到的声音。

(二)关于人脑与客观世界的“同构”

客观世界使人的大脑与其“同构”，这也是人这种动物对环境的一种“适应”。同时，人所认识的世界也是人性化的世界，深深地打上了人的印记，这也是一种“同构”。莫里斯·梅洛-庞蒂(Maurice Merleau-Ponty)指出：我的身体是所有物体的共通结构，至少对被感知的世界而言，我的身体是我的“理解力”的一般工具。①

人类是通过身体来感觉、认识和理解这个世界的。

有人说：“现代科学研究已经发现：宇宙结构法则类似人脑和互联网。”“电子计算机与互联网的创造将所有信息全部归结为数据表达形式：统一的数字形式，0和1，只要有了0和1，加上逻辑关系，就可以构成全部世界。而世界本来就是这样构成的，读脑机、脑电波指挥的电脑和智能机器人等发明，已经证明大脑的认知方式与世界事物同构。也就是说，信息载体不同质，但运动轨迹信息是一致的、同步的。”②“只要有了0和1，加上逻辑关系，就可以构成全部世界。”0和1确实可以把全部世界构造成“数字世界”，但说“世界本来就是这样构成的”就过头了。数字世界不过是对客观世界的模拟，数字世界还不等同于客观世界。

(三)观察者参与到环境中

“20世纪之前，物理学认为实在是独立于观察者的。但现代科学尤其是量子论的发现，使得人们不得不抛弃这个观念。霍金认为，依赖模

① 〔法〕莫里斯·梅洛-庞蒂：《知觉现象学》，北京，商务印书馆，2001，第300页。

② 李德伟：《同构关系：大数据的数理哲学基础》，《光明日报》2012年12月25日。

型的实在论和现代科学相协调。而现代科学的产生基础是我们生活其中的四维时空。而新近提出的M理论，却将宇宙理论扩展到十一维，四维时空是由十一维时空卷缩来的，这就是说，我们的生存环境和表观定律是由我们存在的条件从多世界中挑选出来的，否则我们便无法解释为何我们的自然环境和定律恰好有利于我们，仿佛自然为我们的生存进行了伟大的设计。在这个大设计中，造物主虽然被摒弃，我们作为观察者却参与进来。”①这就是规律性与目的性的统一。

海森堡测不准原理(The Heisenberg Uncertainty Principle)揭示的是观测者及其仪器与被观测现象有着无法摆脱的联系，并且观测行为本身会使观测对象所处的环境也发生变化。

> 在科学的客观内容中这些个人特色都被遗忘和抹去了，因为科学思想的主要目的之一就是要排除一切个人的和具有人的特点的成分。用培根的话来说就是，科学力图“按照宇宙的尺度”而不是“按照人的尺度”(参见培根：《新工具》，第1册，格言XLI)来看待世界。②

在许多情形下，科学技术体现的是“宇宙尺度”和“人的尺度”的统一。

科林伍德指出：即使是最简单的感知也只能来自观察者脑子里固有的概念。人们无法感知自己经验之外的现象。虽然像时空等概念与生俱来，但是人类大部分的认知概念是习得的。不管这些概念来自何处，如果没有这些习得的概念，任何观察都将毫无意义。③

确实，绝大多数人以自己的固有观念来观察和认识事物，尤其是陌生事物，但说“人们无法感知自己经验之外的现象”却有绝对化之嫌，经验是逐渐积累起来的，有一个由陌生到熟悉的过程。如果无法感知自己经验之外的现象，人类的认识就会停止，事实上这是不可能的。如果没有“习得的概念，任何观察都将毫无意义”，也使人们的观察沿着既定的视线和线路行进，这种观察也将会变得因袭而很难有实质性发现。这正是真正的观察研究所应竭力避免的。

---

① 金振蓉：《宇宙是被设计出来的吗？——译者吴忠超解读霍金〈大设计〉》，《光明日报》2011年11月29日。

② 〔德〕恩斯特·卡西尔：《人论》，上海，上海译文出版社，2004，第312～313页。

③ Collingwood，R. G.，1939：*An Autobiography*，Oxford，Oxford University Press.

（四）动物对环境信息的感知

动物为了适应生存环境的变化，进化形成了种种精巧、敏锐的感觉器官。动物对环境信息的感知能力，在许多方面人类自叹不如。据观察，地球上共有600种以上的动物具备预报天气的能力。

青蛙素有“活晴雨表”之称，谚语说，“蛤蟆大声叫，必是大雨到”。当空气干燥时，青蛙皮肤水分蒸发加快、易失去水分，它自然就会待在水中以保持皮肤湿润；而在阴湿多雨的天气里，包括下雨前夕空气水分较多时，其皮肤上水分不易蒸发掉，它就会跳出水面。正因如此，非洲的土著居民只要看到树蛙由水中爬到树上，便动手做好防雨、防潮措施。

鸟类也是出色的气象员。麻雀对天气变化是“敏感者”。冬季，如果发现麻雀四处寻食，飞个不停，进巢时，嘴里还叼着杂草、种子之类的东西，这就表明麻雀在囤积食物，一般3～5天内将要下雪。夏秋季节，天气闷热，空气潮湿，麻雀感到身痒，便飞到浅水地方洗澡散热，这将预示一两天内有雨；如果大群麻雀洗澡，未来则有大到暴雨，民谚总结这种现象说：“群雀洗凉，落雨大又强。”

民间有“燕子低飞要下雨”的说法。因为天要下雨时，空气里水汽很大，把一些虫子的翅膀弄湿了，飞行吃力，只能接近地面飞；同时，天气将转阴雨的时候，气压变低，空气里水汽增多，土壤中的一些小虫子也爬了出来，燕子低飞可以捕虫吃。

鸟鸣与天气变化有密切关系，“声声鸣唱感天时”。《诗经》曰：“风雨如晦，鸡鸣不已”，意思是天将阴雨，公鸡不时啼鸣。《本草纲目》载：“朝莺（红嘴蓝鹊）叫晴，暮莺叫雨。”农谚说：“子夜杜鹃啼，来日晒干泥”，意思是深夜杜鹃叫声不断，预示来日天晴或较热。谚语还有“黄鹂鸣，天气晴”的说法。

蜘蛛也会敏锐感知天气变化，所以，可以“看蛛网，测天气”。有谚语说，“蜘蛛结网，久雨必晴”“蜘蛛结网准晴，蜘蛛收网准阴”。1940年夏季，希特勒制订了“鹰计划”，本想利用大雾天气以露出在雾海之上的高大烟囱为标志物来轰炸英国的大工厂，而英国的飞机在雾天迎战势必不利。8月15日，德军开始轰炸。但就在这一天，英军看到当地蜘蛛大量吐丝结网，预知天气将变晴、雾将散尽，于是做好战斗准备，很快就将大部分德军轰炸机击落，使希特勒的“鹰计划”破产。

植物对环境信息的感知也有类似情状，此处不再赘述。

二、实体信息与观察仪器、设备

(一)有些实体信息只有通过观察仪器、设备才能感知和识别

实体信息有的可以直接感知、识别，有的只能间接感知、识别。直接感知、识别是指通过人体感官就可以感知、识别，通过各种技术测试手段才能感知、识别的则是间接识别。有的实体信息即使用最先进的科技设备也还不能识别，比如，有的科学家说，每天可能有几万亿个暗物质以高速穿过我们的身体，且未留下任何痕迹，但我们完全感受不到。符码信息都是人工识别后的信息；如果需要间接识别那也是人工编码造成的。

实体表面信息获取相对容易，但实体内部信息获取并不容易，有时候则需要一些广义的媒体和科学技术，比如仪器、工具、设备等。养鸡专业户挑选种蛋时，不能打破蛋壳来检查种蛋是否受孕，只能通过灯光透视，从鸡蛋外部来进行观察、判断种蛋受孕与否。鸡蛋被透射后就会显示出内部影像信息。依赖医学仪器、设备如X光机、B超、CT等才能观测出人的身体内部信息，从而检查出是否有病变。比如，人体血液的pH值信息肉眼无法判断，它一般维持在7.35～7.45，呈弱碱性。如果血液pH值低于7.35，人体细胞将无法完成生理功能从而导致“酸中毒”。

不少科学发现(即获取了新的实体信息)是伴随着新的观测仪器设备而得到的。正是由于20世纪30年代后期电子显微镜的发展，才直接观察到了病毒颗粒的形态。原来病毒颗粒的内部是核酸，外面包裹着蛋白质，有些病毒颗粒外边还被囊膜包裹着。

1974年发现了J粒子的丁肇中回忆说：“为了寻找质量更高的重光子，就搬到美国布鲁克海文实验室，那里的质子回旋加速器的能量有30Gev(3百亿电子伏特)，所以我们就设计了一个实验，寻找质量更高的重光子。根据我们十几年在德国工作的经验，设计一个对质量分辨率特别高，可以达到分辨率1‰的精密仪器，这个仪器可以在极短的时间内分辨电子对和不同的强子对如π介子对、κ介子对和质子对。也就是说，在100亿个电子对、π介子对、κ介子对、质子反质子对中，如果有一个发生变化，要能找到它这是很困难的事情。就好比在日内瓦或台北下雨的时候，通常有100亿个雨点，如果在1秒内有1个雨点变成红颜色，你要能把它找到。”

当时，丁肇中之所以带领他的实验组设计分辨率如此高的探测器，原因是在这之前，许多物理学家都试图寻找过，但都未能找到。他猜想，人们之所以没能找到质量更高的重光子，原因可能是由于探测器的分辨

率不够精细，因而失败了。[①] 正是由于有了分辨率更高的探测器等，丁肇中才发现了J粒子。

2014年，北京谱仪(一台安放在北京正负电子对撞机上的大型通用探测器)实验国际合作组新发现四夸克粒子Zc(4020)和Zc(4025)，它表明宇宙中存在着我们仍不熟悉的奇特态物质。北京谱仪合作组物理协调人、中科院高能物理研究所苑长征研究员说："这是奇特态物质存在的重要实验信息，对于丰富人类对物质基本结构的理解具有重要科学意义。"[②]

在20世纪70年代，美国学者和以色列学者已发现，瞳孔并不只是在视网膜需要更多光线时才扩大，也会因某些心理过程而扩大或缩小。他们发现，眼部负责拉伸虹膜的肌肉，通过大脑交感神经系统的神经末梢连接，形成一个"边缘系统"，能直接参与大脑活动。当人的感情发生变化、在学习过程中进行思考，以及尝试把学到的东西储存到长期记忆之中时，"边缘系统"会特别活跃，于是控制虹膜的肌肉就会得到扩大瞳孔的指令。如果"边缘系统"感觉吃力，这块肌肉则会变得无力，瞳孔就会变小。因为瞳孔的这种运动不受意识的控制，因此它是判断一个人承受的工作负荷究竟能有多大的一个可靠指标。

当时的研究遗留下的问题是，他们仍不能精确地分辨出瞳孔的扩大或缩小，多少是受光线变化的影响，多少是心理因素所致。如今德国研究者的新仪器已解决了这个问题，仪器可自动除去瞳孔测量值中光线的影响，使用红外摄像机拍摄受试者的眼睛，并将数据不断地输送到另一台电脑系统中，通过一个公式进行运算处理，最终确定心理过程导致的瞳孔变化大小。此种发明已被命名为"生物反馈设备"。这套新研发的测量仪器，可以通过测定当事者瞳孔的大小，来确定当事者大脑当时的工作负荷水平，迅速地对当事者的学习能力做出评估。它还可以应用到实际生活中，比如可以测量到疲劳驾驶的司机眼光正渐渐发直，及时阻止危险的发生。[③]

宇宙中十分遥远的星体的实体信息更需要借助先进的技术设备来获取。随着摄影技术的进步，曝光时间人为地延长，在拍摄的照片上就能看出肉眼和望远镜看不到的特征。早期拍摄的照片在发现和区分彗星、恒星及神秘的星云方面起了不少作用。哈勃最终证明，星云是遥远的星群，而非我们所处星系内的气雾。照片还帮助人们最终证实了长期以来推测的第九颗行星——冥王星的存在。没有摄影，就不可能发现宇宙的

---

① 顾迈南：《丁肇中》，北京，新华出版社，2002，第101页。

② 齐芳：《科学家发现新粒子》，《光明日报》2014年4月12日。

③ 若水编译：《看瞳孔大小可知大脑负荷水平》，《羊城晚报》2012年11月20日。

扩散。这确实是天文学中一个真正重大、足以改变人类世界观的进步。

由于显微镜技术的改进，人们在显微镜下观察到了遗传现象确实是通过细胞核里的一种物质即染色体在起决定作用。雪花是细小的颗粒，放大镜使它生动地展现出精湛的结构和美妙的形状，使雪花具有更强的审美价值。水中微生物在显微镜下也有类似效果(见图 1-1)。

经常使用仪器设备也会对使用者带来相应的影响。比如，经常使用照相机、摄像机的人，对观察被拍摄对象的角度研究、体验较深，可能会更多地注意观察事物的不同视角，善于发现一些事物的最美信息。

图 1-1　美国科学家利用高清显微镜拍摄的池塘中微生物画面

(《光明日报》2013 年 8 月 27 日)

(二)依靠仪器、设备得到的实体信息可能与原真信息有所不同

实体信息之所以重要，还在于由于使用不同的探测技术和观测工具，实体对象可能会呈现出不同的样态或性质信息。例如，依据分形几何学的理论，被测对象空间尺度的维数依赖于对对象空间进行测量的尺子的长度。被测海岸线的长度依赖于用于测量的直尺的长度。如果以原子为尺度，小于原子的曲折就会被忽略不计，如果以千米为尺度，小于千米的曲折就会被忽略不计……这就意味着所选用测量的尺子越短，被测的海岸线越长；所选用测量的尺子越长，被测的海岸线越短。

正是在上述意义上，古希腊哲学家普罗泰戈拉(Protagoras，约公元前 481～前 411)的这句名言找到了很好的注脚：“人是万物的尺度，是存在的事物存在的尺度，也是不存在的事物不存在的尺度。”[①]也正是在上述意义上，我们会更深入地理解美国科学实在论代表人物 W. 塞拉斯

① 北京大学哲学系外国哲学史教研室编译：《古希腊罗马哲学》，北京，商务印书馆，1961，第 133 页。

(Wilfrid Sellars)说的这句话："就描述和解释世界这个方面而言，科学是万物的尺度，是判定什么东西存在或非存在的尺度。"①因为科学是人类的发现和创造，所以科学的尺度也是人的尺度。对于客观世界实体信息的认识和把握，依赖于科学技术发展的水平。为了更准确地认识和把握客观世界实体信息，需要不断地提高科学技术水平、不断地对客观实体进行观测和探究。"我们用肉眼(还有超感知的技术，但这些技术也有偏向)看见的世界并不是世界的真实情况，而是我们的视觉器官加工过的世界——被视觉器官的指令和局限塑造、编辑和挑选之后的世界。"②人类时刻不应忘记自身的有限性和局限性。

我们不能不使用观察仪器、设备和传播工具，但也应该懂得，依靠仪器、设备工具得到的"实体信息"，可能与原真信息有所不同。人们在有些录像带或照片上，发现有些不寻常的东西飞过天空，飞行的速度非常快。由于这种物体的形状像一根棍子，有人就把它叫作"飞棍"。但令人费解的是，人们从未看见过这种东西的活体或尸体，摄影机、录像机发明之前也没有发现过"飞棍"这样的不明飞行物。其实，"飞棍"是一种光学假象，是摄像、摄影设备给人们开了一个玩笑。实际上，当把快门速度调慢到大约1/12秒以下时，画面就可能变得模糊，昆虫飞行就会在摄像机上留下长条状轨迹，貌似"飞棍"。如果用长焦镜头进行远距离拍摄的话，"飞棍"还会变大。照片上出现"飞棍"的道理与此类似。"飞棍"在录像和照片中的存在并不假，但那是摄像、摄影设备的拍摄速率造成的。"飞棍"是机器设备提供给人们的一种假象信息。

真人现场不用麦克风的演讲或演唱与用麦克风的演讲或演唱有微妙的差别，不用麦克风才是原真的声音。但好的麦克风当然追求最大限度地保真。在麦克风产生之前，声音洪亮是用声音演出的演员们必须具备的能力；而现在麦克风拯救了许多声音不够洪亮但音色不错的人，这些人也能频频出现在舞台上与声音洪亮的演员一争高下。

有些实体信息只能通过技术设备间接得到，比如需要治疗的活的人体的内部组织结构和器官病变的信息。X射线影像使医生在手术之前可以看到患者病变部位的(近似)实体信息；CT与磁共振医学成像技术使医生可以看到病灶部位的一系列断层图像，这比X射线影像获得的实体信息更充分；现在，可以通过骨骼CT影像数据处理和建模，再利用3D打

---

① 〔美〕W. 塞拉斯：《哲学的视野》，1967年英文版，第173页。

② 〔美〕保罗·莱文森：《思想无羁》，南京，南京大学出版社，2003，第86页。

印技术制作出1∶1的患骨实物模型，这种实物模型犹如真实的患骨，医生据此可以可靠地诊断和进行一些高难度的手术，这种实物模型更接近患者病骨的实体信息。

三、发现实体信息并非想象的那样简单

几乎在所有的事物面前，人脑都有根据自己的经验、知识和偏见，而不是根据面前的实体或事实去做判断的强烈倾向，因此不少实体信息会被人们拒斥或视而不见、听而不闻。正如歌德所说："我们见到的只是我们知道的。"但只要实体世界不停地发出自己的信息，即使最有偏见的人迟早也会接受的。

我们来看一个实例。欧洲的医院曾经盛行致命的产褥热。1847年塞麦尔维斯(Ignaz Semmelweis)发现，两种情况下产妇的死亡率会降低：一是他所在的供医学院学生学习的这所产科医院里，每当医学院放假时，产妇的死亡率就会降低。二是有的产妇临产匆忙反而不会得产褥热，她们在来医院途中自己就分娩了，进院后不再需要医生接生和检查。还有一件不幸的事故震惊了塞麦尔维斯。他的一位好朋友，在对产褥热的尸体解剖时，不小心割破了自己的手指，结果发生了与产褥热类似的病情，悲惨地死去。经反复研究分析，塞麦尔维斯认为：这位不小心割破手指的医生一定是受到产褥热病人身上某种"毒物"的传染而发病的。那时医学院的学生都要实习尸体解剖，学生们在做过病理解剖后双手未经充分洗刷和消毒，就去为产妇检查、接生。他得出结论：主要是医生们自己受污染的双手和器械，把"尸体物质"(当时还没有"细菌"的概念)带给了产妇。为此他倡导建立了一条严格的措施消灭手上的"尸体物质"：必须先在漂白粉水中洗手消毒，然后才能检查产妇。维也纳总医院第一产室产褥热的死亡率因此由12％降为3％，后又降到1％。

1850年，塞麦尔维斯在维也纳医师公会的演讲会上报告了产褥热发生的原因和预防方法。他宣布"是医生们自己受污染的双手和器械，把灾难带给了产妇"这一结论，招致了权威的强烈反对。他写了《病原学》一书，但卖不出去，而这本书在今天被认为是医学的经典文献。挫折使塞麦尔维斯怨恨暴躁，1865年他被送进疯人院。进疯人院后没几天，他就因在最后一次产科手术时手指受伤感染而死，他因被毕生奋斗所要预防的细菌感染而死。

塞麦尔维斯为发现细菌这一实体信息付出了高昂的代价，后来人们终于发现细菌是许多疾病的致病原因。

四、关于信息“中介”和“信息场”的辨析

邬焜说：“我们应当正视一个起码的事实，即在我们感知的过程中，认识对象本身并不曾进入我们的感知系统(以主体内部呈现的信息为认识对象的现象除外)。”尽管他特意加了一个说明，“以主体内部呈现的信息为认识对象的现象除外”，但许多主体之外的认识对象也会进入我们的感知系统，最常见的是空气、食物和水，还有医疗性的各种植入等。空气、食物和水不进入我们的体内(包括感知系统)，我们就会憋死和饥渴，各种医疗性植入不进入我们的体内(包括感知系统)，就达不到治疗的目的。在解决呼吸、饥渴和达到疗效的同时，我们还会感知空气、食物和水的味道、软硬等实体信息，还有可能感知到植入体内物体的存在的信息。

邬焜还说：“我们还应该注意到，在感知过程中，我们的感官也并不与认识对象直接接触。我们可以看见天上的日月星辰，我们可以听到户外的鸡鸣狗吠，我们可以闻到远处的花香屎臭……而这些日月星辰、鸡狗花屎则全都远离我们的躯体而存在。”这里只述说了部分事实，但与我们的感官直接接触的事物也有很多。对于人体来说，与手直接接触的物体最多，与身体其他部位接触的物体也不少。这些，只要我们稍加观察就会发现，邬焜上面的这段话只描述了部分事实。

延续上述见解，邬焜提出了“信息场”概念，他说：

> 现代物理学揭示：物体(“粒子”)之间广泛存在着各种形式的场的普遍联系，这个场的联系是通过中介物质(粒子、波场等)的传递来实现的。这就告诉我们，在感知时，主客体虽然没有直接接触，但必然存在着中介粒子或场波传递的间接联系。其实，在感知过程中，直接刺激我们感官的并不是客体本身，而是客体反射或辐射出来的粒子、波场。由于不同质的物体(粒子)辐射或反射的粒子、波场不同，所以，任何物体辐射或反射的粒子、波场都是特异化了的，即都是与其他物体辐射或反射的粒子、波场区别着的。正是由于这种场的普遍差异性，才使任一物体产生出来的粒子、波场能够将该物的特质显示出来，这样，这个场便成了产生它的那个物的信息的载体。就是在这一特定的意义上，我们把这个场叫作“信息场”。

在他看来，主客体的相互作用首先被各种不同的信息场所中介着。

“视觉的中介是客体辐射或反射出来的光子场；听觉的中介是客体振动产生出来的机械振动波场；嗅、味觉的中介是客体辐射出来的各类分子场；触觉则是以各类热温场、机械力场、化学递质场为中介的。这些不同的场只是客体某些方面的信息载体，而绝不是客体本身。”他所说的“信息场”能够解释实体传播的部分情况。但为了这个“信息场”成为普遍存在，他写下了这样一句话：“在感知过程中，直接刺激我们感官的并不是客体本身，而是客体反射或辐射出来的粒子、波场。”这与我们的许多直接经验相违背。难道我们到江河湖海中去游泳不是与水的直接接触，而仅仅是水“反射或辐射出来的粒子、波场”？难道我们躺在大地上不是与土地的直接接触，而仅仅是土地“反射或辐射出来的粒子、波场”？

他得出结论说：“主客体之间没有直接的接触，而那些直接接触的刺激物却并不能成为这一过程中的客体，它只能扮演向主体传递另一物的信息的载体角色。换句话说，我们永远只能借助于第三者来把握我们的对象。”“信息场构成了主客体联系的中介环节。”①这个结论绝对化了，这与我们的直接经验不相符。对于江河湖海、对于土地和山岳，有时候固然需要借助于第三者来把握，但更多的时候是直接把握。正如莱文森所言：“一切感知和交流里潜在的不准确，都可以用身体的接触来减轻，所谓接触就是向感知的源头运动，或者穿过感知的源头。如果我们想要知道沙子中闪光的形象是不是能够解渴的水，我们就得走到沙子跟前。”②用身体直接把握对象，往往是解决问题的最佳和最终手段，当然，有些对象我们无法用身体直接把握，只好用间接(中介)的方式来把握。

用“信息场”这个术语可以说明一部分问题，但如果把它普遍化就把一些简单的问题复杂化了，也存在以部分代替整体的缺陷。

第四节 新的传播分类：实体传播和符码传播

信息与传播互为一体，信息因传播而显示其存在，传播因信息而获得价值。

既然实体信息确实存在，那么实体信息的传播就成为必然。所谓传播是指信息的传播，在这个意义上，实体信息的传播过程就形成实体信

① 以上引文均出自邬焜：《信息哲学——理论、体系、方法》，北京，商务印书馆，2005，第156～158页。

② 〔美〕保罗·莱文森：《真实空间——飞天梦解析》，北京，中国人民大学出版社，2006，第16页。

息传播，“实体信息传播”可以简称为“实体传播”。因此，正像我们可以把信息划分为实体信息和符码信息一样，也可以把传播划分为实体传播和符码传播。

传播学研究者一般把传播分为人内传播、人际传播、群体传播、组织传播、大众传播五大类，网络出现之后，又加了一个大类——网络传播，一共是六大类。

把传播划分为实体传播和符码传播是一种新的分类。这个新的分类标准就包含在实体信息和实体传播的概念中。

一、实体传播

实体传播当然是指实体信息的传播，实体传播就是实体信息的流动、传递、接受过程。

实体传播是相对于符码传播而言的。如果我们从信息传播内容角度考察，被传播信息所指代的对象在场，换一种说法，信息与它所指代的实际事物为一体，就是实体传播。毋庸赘言，实体传播传播的是实体信息，当我们说实体传播时实际上是在说实体信息传播。信息与它所指代的实际事物为一体是实体传播最重要的特征，它因此而具有优势，也因此而具有劣势。我们采用“实际事物”的说法，是想表达实体传播有三种类型：

第一种是实物传播；

第二种是实事传播；

第三种是身体传播(包括动作、表情传播等)。

有必要指出，实体传播的三种类型在许多情况下是以综合一体的方式呈现出来的，很难截然分割。1978 年 10 月，邓小平东渡日本参观了钢铁厂、汽车厂、电器厂等大型企业集团，他还坐气垫船、乘坐新干线列车。1979 年年初又造访美国，在世界刮起一阵“邓小平旋风”。在日本参观考察中他说了这样一句意味深长的话：“我懂得什么是现代化了！”正是对这些实地的访问、参观、考察、体验，才真正理解了现代化的内涵，这是普通意义上的传播如看电视、听广播、读报纸和上网所不能达到的效果。然而，这些访问、参观、考察、体验活动不是单独的实物传播、实事传播或动作、表情传播，而是综合的实体传播，当然，在整个传播活动中符码传播也伴随其中。

1492 年，随哥伦布一起航行到美洲的一些水手与当地美洲妇女发生了性关系，被传染上了梅毒，这些水手回到欧洲时，又将此病传播到意大利、西班牙等。后来通过商业往来，梅毒从印度进入中国。1505 年，广东省首先发现和记录了梅毒病例，此后几百年间成为在中国境内危害最大的性病。除了梅毒外，美洲还给欧亚大陆带来了玉米、马铃薯、西红柿等，这些都是实体传播。在此类实体传播中实事传播与实物传播是紧密结合在一起的。梅毒的传播表面上看是一种实物传播，但它始终伴随着"实事"(实际发生性关系)；玉米、马铃薯、西红柿等的传播也是如此，在此类实物传播中必定伴随着运输、栽种、管理等"实事"。

下面只就实物传播、实事传播和动作、表情传播做简要阐释，较详细的分析放在第二章，请读者互相参阅。

(一)什么是实物传播

实物以自身传递自身信息就是实物传播。

实物传播可以有多种分类。比如，可以把它分为静态实物传播和动态实物传播，也可以把它分为天然实物传播和人工实物传播等。显然，物质产品传播是一种重要的实物传播。物质产品传播之所以被重视，一个重要原因是它与其他实物传播相比，具有流布的广泛性和同类产品携带信息的类似性。

有人有过"实物传播"的说法，但没有"信息与它所指代的实际事物为一体"这样的内涵揭示，更没有揭示出实物传播与实事传播的内在关联，并进而抽象出实体传播这样的更有概括力的概念。

姚鹤鸣在其著作《传播美学导论》中说："实物传播方式的不可替代性主要在于它具有独特的信息呈现方式，即以实物自身作为信息呈现方式传播自身。"我同意这个观点，但他主要限于实物产品传播。

《东南传播》2008 年第 9 期上发表了张晓东、姜瑶瑶《实物传播形态初探》一文。该文认为：实物传播的独特之处，"在于以实物自身作为信息呈现方式传播自身"。可以看出，这个观点与姚鹤鸣的说法如出一辙。

(二)什么是实事传播

实事包括日常生活活动和事件。一次聊天、一次会议、一次聚餐、一次旅游、一种行为等都属于日常生活活动。典型的事体就是事件，比如能够成为新闻报道对象的那些重要事件，一场战争、一个谋杀案、一项奥运会新纪录的诞生、一项新的创造发明等。实事传播包括日常生活活动传播和事件传播。美国社会学家库利指出："所谓社会不过是一些人的事件影响到另外一些人的事件，这些事件就是传播，因此，传播的历史也就是历史的基石。"[①]这

① Peter Simonson，2010：*Refiguring Mass Communication*：*A History*，University of Illinois Press，Urbana，Chicago，and Springfield，p. 110. 参见柯泽：《库利的传播学研究及其思想价值》，《新闻爱好者》2014 年第 5 期。

里值得注意的是，库利关于“事件就是传播”的思想。事件可以传播，事件传播是实事传播中最引人关注的那部分。

由于实事具有不可复制性，所以其自身的传播能力有限，实际事件更多地被转化为符码传播，也就是被作为新闻或历史来传播，才能得到更广的流布。

实事传播有着丰富的内涵，值得认真研究。其实，实物很难从实事传播中分离出去，因为任何生活活动或事件的产生和发展都离不开具体的物质实物环境。只不过为了研究的方便，我们主要关注实际生活活动和事件的传播问题时，就以实事传播冠名。目前实事传播的研究还没有引起足够重视，还不够深入。

这里所说的实事，与毛泽东所论述过的“实事求是”中的实事含义有所不同。毛泽东在《改造我们的学习》中解释说：“‘实事’就是客观存在着的一切事物。”“事物”既包括“事”也包括“物”。本书所说的实事，强调是实体的、实有的事情，而“物”不在强调之列。然而正如上面刚刚说过的那样，“任何生活活动或事件的产生和发展都离不开具体的物质实物环境”，所以“实事”自然暗含着“物”。如果这样分析，本书所说的实事与“实事求是”中的“实事”又是相当一致的。

(三)什么是动作、表情传播

动作和表情肯定是能够传递信息的。施拉姆曾举过一个例子：

> 西多会有一个“沉默的”苦修会教派的寺院禁止交谈，但不禁止传播。僧侣们只有靠无数的行动传播：一瞥或一笑，行政管理行动，按日程办事，遵守成员们通过虔诚的行动互相交流的某种承诺和信仰上的团结一致。①

在这段话中施拉姆把表情(比如笑)也看作一种动作。禁止交谈，靠动作、表情也能够实现互相交流。

严格说来，动作、表情传播已经包含在实事传播中了，因为几乎所有的日常生活活动和事件都包含有行为或动作、表情。但由于许多动作类型有其特殊性，比如各项体育运动的动作、舞蹈、各种机器的操作动作、手术操作动作、航天员在太空环境中的动作、聋哑人的手语等，不

---

① 〔美〕威尔伯·施拉姆、威廉·波特：《传播学概论》，北京，新华出版社，1984，第21页。

单独提示出来不足以显示其特征。

动作、表情传播是身体传播最重要的部分，但并不是全部。身体传播是一种特殊的实体传播，因为身体既可以传递实体信息，也可以传递符码信息。在把身体传播看作实体传播时需要做具体分析。

较早开始身体传播研究的是陈明珠的《身体传播：一个女性身体论述的研究实践》(台湾五南图书出版股份有限公司，2006 年版)一书。该书提出了"回到身体本身"这样的传播学研究思路。但该研究以现象学为理论基础来看身体传播，有较多关于身体政治的论述，真正把身体拉进传播学视野内研究的内容较少。另外，还有一半内容是女性身体论述，但真正深入女性身体传播的内容也并不多，比如，关于女性"除毛"问题就占了相当多的篇幅。

由本书的主要探索目标所决定，我们不对身体传播做系统研究，只把它放入实体传播的视野内做简要论述，留待日后以另一专著探讨它。

(四)实体传播的途径

实体传播的途径只能是直接的观察、体验，只能是直接的实践。

阅读、收听、收看典型的传播媒体书报杂志、广播、电视、网络、手机是符码传播最主要的途径。而实体传播往往不需要借助于人造媒体。

二、符码传播

(一)符码传播的内涵和外延

除了实体传播之外，所有的传播方式都是符码传播。

符码传播就是信息被编成符号、密码、数码进行传播，信息与信息所指代的实际事物对象是分离的。信息与信息所指代的实际事物对象相分离是符码传播最重要的特征，它的优势来源于此，它的缺陷也来源于此。信息被转化成口头语言、文字语言、图像等符号进行传播是最主要的传播方式。所有信息被编码、压缩成数字 0 和 1 来传送是目前最先进的传播方式。数字化传播也是最先进的符码传播方式。数字化传播就是用 0 和 1 两位数字编码来表达和传输一切信息的技术手段，它以半导体技术、信息传输技术、多媒体技术、多媒体数据库技术、数字压缩技术、搜索引擎技术等为支撑。

如果把符码信息放在整个宇宙来考察，所有"宇宙人"可能接受的共同"语言"(符码信息)是数学。伽利略曾经说过："数学是上帝用来书写宇宙的文字。"美国天文学家卡尔·萨根(Carl Sagan)则指出："宇宙中的技术文明无论差异多大，都有一种共同的语言——数学语言。"数学语言准确、简洁、高度抽象，它作为高度抽象的符码信息普适于各种宇宙文明，是宇宙交际(传播)的最佳工具。只要破译了最基本的数学符号意义，就可以进行星际对话交流。

所有的符码传播都是虚拟传播，也就是说，所谓符码传播不过是对实体信息和实体传播的虚拟。在这个意义上也可以把符码传播叫作虚拟传播。

符码传播要将信息内容转化成口头语言、文字语言、图像等符号来传播，所以符号就成为传播学的基础概念。所有符码传播都要经历编码和译码(或叫作解码、释码)的过程，所以信息论和传播学中都有对编码、译码的研究。符号成为传播学的基础概念，编码、译码这两个术语伴随着信息论和传播学诞生的最初阶段这样的事实，就告诉我们，传播学以符码传播为主要对象。确实，传播学从产生到现在所关注的一直是符码传播，而实体信息和实体传播一直没有被人"发现"、认识和重视。

显然，四大传播媒体报刊、广播、电视、网络所进行的传播都属于符码传播。电影、电视尽管有具体事物的图像，最大限度地接近了世界的本来面目，但由于被传播信息所指代的实际事物并不在场，它们也是一种符码传播。影视是最接近实体传播的一种符码传播方式。语言文字传递信息精确，但单一。影像传递信息丰富、多义，但有时模糊。"一图胜千言"告诉我们的就是图的信息量远大于文字。影像具有描述优势，直观、具体。文字具有论证优势，抽象并有概括能力和想象空间。可以说语言文字属于抽象性信息，照片图像属于模拟性信息。抽象与模拟相对立。每一字词都是对对象的概括和抽象，而图像则是对对象形象的直接摄取。鲜花开放的过程，用语言(文字、声音)描述总是缺乏动态图像展示的直观、明白。

有一位学者说得好："电视是一个复制性的机器，它抹去了对象的气息，它把一个活生生的肉体转化为一个几何性的光影构造，就如同孩子经常拍打电视屏幕上的人物却发现拍打的是一个硬邦邦的液晶一样。这些人物并不真实地以肉身的方式存在，并不散发自己的体味，并没有自己的呼吸和心跳。他们真实流出来的血在电视里却变成了关于血的符号——而这正是一个人活生生的现场感。电视使得这些东西阙如了，用本雅明的话说，就是电视抹去了对象独一无二的光晕。形象、肉身和事件一旦被机器化，它就变成了一个运动和说话的表演木偶，就抽空了其直接性而将其转变为活动的符号，从而给人以一种虚假演出的效应：尽管电视人物身在室内说话，但却是远在千里之外进行的一场符号表演。"①总之，影像也是一种符码传播。

① 汪民安：《电视的观看之道》，《文艺研究》2011年第12期。

影像是最接近实体外在信息的直观符号。电影、电视在符码传播中最接近实体传播，这是它们具有巨大魅力的主要根源之一。然而，正如罗伯特·索科拉夫斯基(Robert Sokolowski)所说：“进而言之，图像性意向比符号性意向更加近似于知觉。图像性意向非常像是在观看或聆听事物：当然，我们并没有真正地看到或者听到它，因为被给予我们的只是图像而不是事物本身，但是图像被给予的方式与事物本身被给予的方式有诸多类似之处。”①图像被给予的方式尽管与真实事物被给予的方式有诸多类似之处，但毕竟不是事物本身。网络正在进行着更加接近实体传播的研究和努力，比如试图使接收终端在相应的设备支持下得到像实体传播具有的嗅觉、触觉，甚至能产生真实性交的体验，等等。

事实上，所有的符码传播都离不开物质实体。就报刊、广播、电视、网络、手机传播而言，它们除了主要传播符码信息之外，其自身作为物质产品实体如纸张、收音机、电视机、电脑、手机等，也在传播着这些物质产品自身所携带着的信息。只是由于它们的主要功能是传播符码信息，其传递出的自身携带的产品信息往往不被我们注意。通常人们的口语交流、现场歌唱多属于符码传播，但每个人的音量、音高、音色不同，不同的音量、音高、音色属于实体信息和实体传播。也就是说，由人直接参与的交流、交往活动，即使主要方式是有声语言这种符码信息传播，也时时伴随着实体信息和实体传播。

广告也属于符码传播的一种方式——当然，实物广告是个例外。

(二)如何区别符码传播与实体传播

有些情况下，实体传播与符码传播不易区别，需要具体分析来确定。但区别的标准很简单，那就是信息与信息所指代的对象是否分离，不分离就是实体传播，分离了就是符码传播。

演出是实事传播与符码传播之间的过渡。话剧、歌剧、京剧等的现场演出由于有真人在场，接近实事传播；但由于它并不是真实的生活(实事)，是虚构、是模拟，所以不等同于实事传播。尽管它是一种中间状态，但笔者认为，从根本上说它依然属于符码传播。当然，如果现场观摩某一演员比如梅兰芳的演出表情和动作，看他如何具体表演，这又属于实体传播。如果这些话剧、歌剧、京剧等的现场演出被电视转播，那就肯定是符码传播了。

---

① 〔美〕罗伯特·索科拉夫斯基：《现象学导论》，武汉，武汉大学出版社，2009，第82页。

艺术一直在做着最大限度地接近生活实体的努力。就演出来说，现在最有代表性的是《印象·刘三姐》(见图 1-2)等实景演出。它不要“一面舞台三面墙”的传统剧场结构，真实的竹林、村庄、远山、烟雨和同样真实的渔火、村夫、顽童。这种视听享受就在真实的大自然山水之间延展。

图 1-2　《印象·刘三姐》演出壮景

(车世平摄，《光明日报》2008 年 10 月 6 日)

微缩景观也属于符码信息和符码传播，尽管多数微缩景观是用实体材料制成的。原因很简单，微缩景观传递的是原真景观的信息，但由于原真景观并不在现场，所以微缩景观依然属于符码信息和符码传播。比如，在开平三立园中有开平碉楼的微缩景观(见图 1-3)，但那不是真实的碉楼，它只能归入符码传播。

图 1-3　开平三立园内的开平碉楼微缩景观

(赵建国摄于 2013 年 1 月 26 日)

后面我们将要谈的可见实物载体传播(见“信息由可见实物载体传播到电子传播的历史性转变”)，它属于实体传播还是符码传播呢？从我们对实体传播下的定义来看，它属于符码传播，因为可见实物载体传播的信息与信息所指代的实体对象是分离的。比如，书信传播，信封和信纸都是实物，但它们所承载的信息内容与实际事物是分离的。传递书信的目的不是传递信纸和信封，而是信纸和信封所承载的信息。可以说，可见实物载体传播是符码传播发展过程中的一个阶段。符码传播经历了口头语言传播、可见实物载体传播和电子传播三个大的阶段。实体传播与可见实物载体传播容易混淆，请读者注意区别。

还有一种情形容易混淆，人际传播，包括一人对一人和一人对多人的传播是实体传播还是符码传播？这应当看具体情况：当传播者所传播的信息内容的实物在场时，比如司机师傅在汽车里教新手开车就是实体传播。1855年巴黎世博会上，有人看到一个奇怪的东西就问：“这是什么?”这个东西的主人答：“先生，这是新发明的乐器，叫萨克斯风。发明者是我，阿道夫·萨克斯。”1904年的圣路易斯世博会上，Nancy Johnson随手拿起旁边摊位的一张波斯薄饼，卷成喇叭状，然后盛一勺冰激凌，放在喇叭口上。“来吧，尝一尝百年难忘的滋味，这玩意叫——冰激凌。”这两个实例也是实体传播。当传播者所传播的信息内容所指的实物、实事不在场时，比如老师在课堂上向学生讲述历史事件就是符码传播。

(三)电子传播和数码传播的解码问题

符码传播需要编码和解码。口头语言、文字语言符号传播需要懂得特定的口头语言、需要学会辨识特定的文字才能够进行解码，从而实现传播接受。电子传播、数码传播则多一个环节，需要在一般口头语言、文字语言、图像等符号传播解码的基础上，再加一个机器解码的环节。因为多数电子产品文本内容与播放器是分离的。比如有录放机，还有录音磁带。有电脑，还有5寸软盘、3寸软盘、U盘、移动硬盘等。报纸、杂志、书籍、图片等，只要保存下来，人们就可以随时翻阅、识认。电子、数字存储盘，如果没有相应的解码机器，几乎就是一堆废物。如果一部分重要的历史资料、文学艺术作品、科学技术知识仅存储在已被淘汰的电子、数字存储盘上，使它们重新显示出来将是一个问题。而且时间越久，还原它们的难度就越大。

人们现在可以看到，录音磁带、录像磁带随着数字录音、录像技术的出现和发展，已经和正在被淘汰。随着电脑存储技术的不断发展，5寸软盘、3寸软盘已经被淘汰。于是我们有理由提问：现在的U盘、移动硬盘和光盘能保持长久吗？

现代高科技有一个特征就是更新换代的频率很高，而且在不断加速。有所谓信息时代三大定律，即摩尔定律、吉尔德定律和麦卡尔夫定律。根据摩尔定律，微处理器的速度每18个月翻一番；根据吉尔德定律，大约从2000年开始的25年内，主干网的宽带每6个月增加1倍。随着微处理器和主干网宽带的不断升级换代，相关器件也需要不断升级换代，U盘和移动硬盘很可能也会有新的变化。由此看来，我们现在保存在U盘和移动硬盘上的文档数据有一天会无法打开，正像现在已经很难找到带有3寸软盘插口的电脑一样，正像录音磁带、录像磁带现在很少有人问津一样。也许有一天由于更新的存储和解码技术的出现，连现在你手里的光盘都不能播放了。而且，我们也有理由担心，有一天网络数据库瘫痪或被毁灭，那么人类文明就会遭受难以弥补的重大损失。

根据以上分析和现实情况，本书提出以下建议：

第一，电子解码器的每一次升级换代，都应当尽可能与已有的存储器件兼容。否则，一般情况下应限制上市销售。这是否应当成为国际上一个相对的强制措施？也许它会使升级换代的速度有所减慢，并可能使升级换代的机器因此而功能繁杂，但为了人类文化的完整、有效保存和传播还是有其必要性的。如果这一点在实际生活中不现实，可以考虑下面的第二条建议。

第二，设立专门的技术、文化机构负责将已有存储器件上的重要内容转化，使它能与新的解码器显示终端相兼容。但这样会加重原有用户的经济负担，会使一部分原有用户放弃购买和使用经过转化过的这些内容。在现实中，已经上市的新的储存器件，比如光盘已经这么做了。但这些生产者还不是有意识地从完整保存现、当代文化的角度来生产新的光盘，多是按市场需求来生产的。这样一来，势必有相当一部分有重要文化、历史价值的文本不能在新的存储器件上得到保存。所以，仅凭生产厂家按市场需求生产新的存储器件还不行，必须设立专门的技术、文化机构来做这项工作。

第三，建立可靠的网络数据库备用系统。这套备用系统应当像飞机上的黑匣子一样，能够经受住巨大灾难的考验。这当然需要巨大的财力、物力投入，但这是很值得的。

第四，图书馆、博物馆等机构以及民间收藏人士应当有意识地收藏已经被淘汰的电子、数字机器及其存储盘，并能使这些被收藏的机器、存储盘保持能够完好运转的状态。保持能够完好运转的状态这一点是重要的，因为只有这样才能充分发挥这些收藏的历史文献保存功能。仅有收藏，不能正常开动运转，其收藏价值就大大降低。

提出使现代文明在数字时代完整、可辨识地保存下来，恐怕不是杞人忧天。只要我们重视起来并采取相应的解决措施，现代科技手段完全可以解决好这个问题。

（四）把搜索引擎作为重要公共物品来建构

1. 搜索引擎是导游、引路人、顾问

网络传播作为符码传播发展的最新阶段，有一个核心技术和崭新的交流、传播手段，这就是搜索引擎(search engines)。搜索引擎就是对互联网上的信息资源进行搜集整理，然后供查询的系统。实际上它是一个为用户提供信息"检索"服务的网站。搜索引擎一般由"网络蜘蛛"(web spider)、数据库和检索程序软件三部分组成。"网络蜘蛛"不断地访问站点，并通常以自动的方式建立 WWW 站点和页面的数据库。它能够自动运行并对大量页面进行索引，能够收录大量最新的信息。检索程序软件主要对数据库中的页面进行筛选和匹配，按照相关性等原则排列检索结果。

传播学界已经开始了对搜索引擎的理论研究。有人沿用传播学的把关人理论，说搜索引擎是把关人。《长尾理论》一书的作者克里斯·安德森(Chris Anderson)把搜索引擎叫作"过滤器"。他把以 Google 为代表的搜索引擎描述为："这些技术和服务可以细查数之不尽的各种选择，然后把最适合你的那一个摆在你的面前。这就是 Google 给搜索结果分类的奥妙所在：它会把网上信息过滤一遍，只把与你的搜索关键词最相关的网页呈现给你。"①

在一定程度上，搜索引擎确实有把关和过滤的作用，但笔者更愿意把搜索引擎看作导游、引路人、顾问。作为导游、引路人、顾问，搜索引擎具有推荐的作用。有观察家认为：

> 我们正在离开信息时代，迈入推荐时代。今天，信息唾手可得，你实际上是踩着信息走路的。收集信息不再是问题——根据信息做出聪明的决策才是奥妙之处……别人的推荐成了穿过信息丛林的捷径，就像一个酒店的老板向我推荐不知名的法

---

① 〔美〕克里斯·安德森：《长尾理论》，北京，中信出版社，2006，第 90 页。

国葡萄酒，还建议我在喝酒的时候用意大利面助兴一样。①

别人的推荐成了穿过信息丛林的捷径。在网上，那个推荐者就是搜索引擎。

安德森在《长尾理论》中说："在长尾市场中，过滤器的角色已经由守门员变成了顾问。"其实，在整个互联网中，搜索引擎也在起着顾问的作用。在网上世界中，我们访问何处、走向哪里，是搜索引擎在当导游，在引导着我们前进，在为我们当顾问、做咨询。

2. 目前搜索引擎的商业色彩

目前以Google和百度为代表的搜索引擎基本上都是由商业网站运营的，Google和百度成为最主要的搜索技术提供商。作为一个商业公司，百度的竞价排名商业模式，倾向自己旗下的产品，负作用明显。本来，应该让努力原创、讲究诚信、访问通畅的网站排在最前；让抄袭、有病毒陷阱的网站出局。

如果你在Google上搜索一下"戴尔去死"这个词，你能搜出55000个相关网页。即使你只搜"戴尔"这个词，排在第二位的搜索结果也是顾客的抱怨。从单个产品到某一个人，这样的力量逆转正在改变一切事物的营销游戏。"对习惯于使用搜索引擎来评判产品的新一代消费者来说，一个公司怎样宣传它的品牌并不重要，重要的是Google怎样评价它。"②可见人们经常使用的搜索引擎对经济活动的影响是多么重要。

有记者询问一家搜索引擎的工作人员："如果有对公司不利的关键词，是否可删除?"回答是："从技术上说，只要这个关键词在词库里，随时可删除。只要花钱，什么都能办。"据该工作人员介绍，客户花钱买的是搜索引擎页右侧的竞价广告排名，一般搜索引擎的左侧是自然排名，当用户搜索某个关键词时，引擎根据保密规则用电脑测算各个网页对于这个关键词的相关性，相关性越强，左侧排名越靠前。据悉，竞价排名业务已成为一些搜索引擎最赢利的项目。③

由于搜索引擎在互联网中的枢纽地位，用户一上网就几乎离不开它，搜索引擎蕴藏着巨大商机。搜索引擎可以建立搜索行为痕迹数据库，这种数据库来自无数搜索者的行为轨迹的记录和整合，能反映社会心理包括潜意识的状态。宏观上它可以了解和把握社会发展的趋势，微观上它

---

① 转引自〔美〕克里斯·安德森：《长尾理论》，北京，中信出版社，2006，第88页。

② 〔美〕克里斯·安德森：《长尾理论》，北京，中信出版社，2006，第87页。

③ 白雪、王超：《网络公关成企业"灭火"阵地》，《羊城晚报》2008年9月24日。

可以为个人或组织机构提供相关社会群体的偏好、关注、行动数据，成为决策的依据。有了搜索行为痕迹数据库，广告的针对性就可大大增强。显然，对网民行为的记录越丰富，网络广告就越精准。美国许多网站共同拥有一个搜索中心，负责记录用户行为偏好并根据网页的不同内容配发相应的广告。这样一来不论网站大小都会根据用户访问量获得自己相应的广告收入。“Google 意识到，每一个独一无二的搜索词都是一个同样独一无二的广告机会：数千万个搜索词就等于兴趣和意愿的数千万次表达，如果广告设置完全是由网页级别算法(也就是决定 Google 搜索结果的那些算法)决定的，那么这每一次表达都可以转化成一个高度针对性的广告机会。”①

3. 搜寻引擎的定位：公共物品

假如没有功能强大的搜索引擎，网络的魅力就会丧失大半。不少有识之士对搜索引擎高度重视，有远见的人们关注着搜索引擎的完善和发展。Listen. com 创始人之一罗布·里德(Rob Reid)说：“在一个无限选择的时代，统治一切的不是内容，而是寻找内容的方式。”②据国外媒体报道，比尔·盖茨在谈到退休后的设想时说：“我们将打造出全世界最好的搜索引擎。”正在崛起的中国不能不关注并以真正有效的实际投入来回应它。就在本书写作过程中，欣闻新华网推出了多语种、多媒体、多站点的全方位新闻搜索系统。据新华社 2008 年 12 月 21 日电，“新华搜索”的发展目标是充分依托新华社信息资源、专业人才和技术力量等整体优势，建设一个技术一流、功能一流、服务一流的大型综合搜索引擎。

网络及其搜索引擎与传统的信息、知识搜索模式相比，已经是一个巨大的历史进步。但是，由于搜索引擎的开发、运营模式以及它的工作方式，再加上互联网的快速发展，使其搜索的结果也有让人越来越不满意的一面。搜索引擎的改进和发展还有很大的空间，搜索引擎的发展面临着突破。用户一定不愿意看到无法访问和排版混乱的网站。用户也不能不对有些内容在网上搜不出感到遗憾。

搜索引擎是互联网上的重要“交通枢纽”，尤其是大型搜索引擎，时刻都会有大量用户经过“转换枢纽”进入相应网站。在网上，搜索引擎属于文化交流传播的基础工程。正像重要交通枢纽作为公共物品主要由国家投资和管理那样，重要的搜索引擎网站也应当按公共物品来建设，公

---

① 〔美〕克里斯·安德森：《长尾理论》，北京，中信出版社，2006，第 200 页。

② 转引自〔美〕克里斯·安德森：《长尾理论》，北京，中信出版社，2006，第 91 页。

益性必须放在第一位。就像大型图书馆的目录索引，就像一本大型权威字典的排序方法比如汉字的拼音排序法、笔画排序法等，本身不应有“倾向性”，商业利益不应当在其中呼风唤雨。搜索引擎的特性就决定了它本身的公益性越强，其功能就越能发挥得淋漓尽致。事实上，从 2002 年开始，美国、欧盟各国和日、韩等国纷纷以行业规范和法规等形式，力图实现搜索引擎的公正和客观，并形成行业标准。既然如此，权威的搜索引擎是否考虑由有经济实力和重要影响力的国家来建设和运营，也许它仍然不能彻底摆脱对政治和经济势力的依赖，政治和经济势力还会影响它的运作，但毕竟比商业公司能更多地摆脱商业利益的诱惑。我们这样说并不意味着当前由商业公司运营的搜索引擎没有公益成分。至少，国家级的公益性权威搜索引擎与商业公司所办的搜索引擎并行会更有利于互联网的健康、高效发展。所有的搜索引擎(包括商业网站所办的搜索引擎在内)都应当把公益性放在最重要的位置上。

纵观历史，我们不难发现，越是重要的公共事业或公共物品，国家就越有必要参与其中，这在任何制度的国家中都是如此。信息高速公路计划被许多国家视为战略性工程，投入巨资来建设。也许搜索引擎在互联网中的枢纽地位还未被人们充分认识，世界上那些有重要影响力的国家还没有表现出对它应有的热情和重视，目前还是商业公司在其中起着主导作用。我们不能想象国家对具有战略地位的交通枢纽缺乏建构和控制能力，而搜索引擎在互联网世界中就处于交通枢纽地位。中国互联网协会互联网违法和不良信息举报中心在 2009 年 6 月 18 日发布消息说，根据公众举报并经核查，“谷歌中国”网站(google.cn)大量传播淫秽色情和低俗信息，严重违反国家有关法律、法规，违背社会公德，损害公众利益。这也从一个侧面暴露出国家还没有构建出足以与谷歌抗衡甚至压过它的搜索引擎，因而在涉及网上搜索问题时处于被动地位。

有些内容在网上靠搜索引擎搜不到，网络资源中还没有储备它们是一个重要原因。这一方面是由于投入不够，许多重要文化资源还没有实现数字化从而成为公共资源；另一方面是由于许多重要资源被商业网站所控制，不缴费不能使用它。搜索引擎的数据库所收录的信息资源是检索之本，数据库的规模和质量以及更新周期是评价搜索引擎优劣的主要参数之一。把搜索引擎作为公共物品来建设，自然也包括网上资源的公益化。国家应该像建设公共图书馆那样来建设网上公共资源，显然，目前国家对它的重视程度和投入力度还远远不够。可以考虑把当下正在进行的数字化图书馆建设与网上资源库公益化结合起来。最大限度地共享网络资源和最大限度地扩大公益性网络资源，应当是网络建设的重要目标之一；它也是搜索引擎成为公共物品的重要前提条件。

由于冗余度高，用户不得不把宝贵的时间更多地花在费力地筛选大量的不相关的搜索结果，来得到他们真正需要的信息上面。搜索引擎一般只能够查找出含有关键词的记录，但并不能判断该条记录的主题与关键词以及使用者需要的内容的相关性到底有多大。而且，同样的检索在不同的搜索引擎中会得到不同的检索结果。

有关部门应从信息的采集、软件设计开发等方面加以规范和协调，建立完整有效的信息索引机制。“这种标准化的信息索引机制的建立必须以一个通用的、合理的、规范的网络信息资源著录规则为基础。如果每个电子文档有一个编目款目或其等价物，那么检索接口就能提供一次内容信息(自由检索模式)和加工、过滤过的信息(图书馆模式)的检索。”① 面对互联网上海量的信息资源，我们应当用现代网络技术+“图书馆员的思维方式”进行管理。元数据(metadata)正是这种理念的体现。它是网络信息的著录规则，为网络资源的描述提供著录项，对检准率的提高起到相当重要的作用。在把搜索引擎作为公共物品建设的过程中，可以也应当向传统的图书馆学借鉴经验和理论。

搜索引擎快速、精确而有效地为人们提供相关的信息，提高检全率、检准率，应该是它发展的方向。在分类中实现全文搜索(full text search)是努力目标之一。我们期待着国家级权威的公益性搜索引擎和商业网站运营搜索引擎并存，大百科全书式的搜索引擎和专业搜索引擎相结合，最大限度地满足人们搜索需求那样一种繁荣局面的出现。“一网打尽”“一词搜尽”“一键搜准”是我们对互联网和搜索引擎的期待。我们欣喜地看到，笔者呼吁建立国家级权威的公益性搜索引擎的论文《把搜索引擎作为重要公共物品来建构》在《新闻界》2009 年第 6 期上发表，国家级搜索平台“中国搜索”(英文域名为 chinaso. com)于 2014 年 3 月 21 日正式上线开通。

三、新的传播分类简图

以上所述传播分类内容可以用图 1-4 表示。

从图中可以看出来，我们重点描述的是实体传播。由于人们已经对符码传播有过很多研究，所以关于符码传播我们没有展开描述。但需要

① 包冬梅：《搜索引擎的“规范化”发展》，《图书馆建设》2001 年第 6 期。

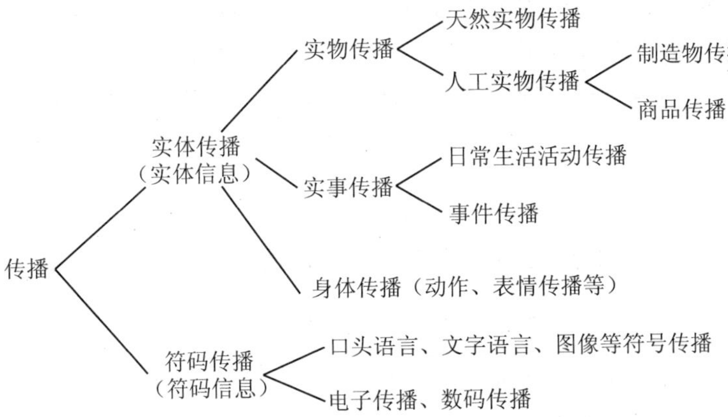

图 1-4　传播分类

说明一点，电子传播、数码传播，口头语言、文字语言、图像等符号传播，只是为了显示电子传播、数码传播产生之前符码传播的状况而把口头语言、文字语言、图像等符号传播单独列出来，这部分内容准确的描述应当是没有电子化、数字化的口头语言、文字语言、图像等符号传播。

第五节　研究实体信息传播的实践意义

我们生活在实体和实体信息世界中，离开实体信息就寸步难行。符码信息是后天的、派生的，尽管它越来越重要。我们主要生活在实体信息世界中，而不是符码信息世界中。当然，只有同时利用好实体信息和符码信息并把它们有机结合起来，才能更好地生存和发展。实体信息和实体传播对于人类的生产、生活、科学研究、新闻报道等实践活动有着特殊的重要意义。

在当下的信息时代、媒介社会中，人们普遍关注符码信息和符码传播，再加上理论上没有确立实体信息和实体传播的观念，对实体信息和实体传播视而不见、听而不闻、触而不觉。在这种背景下，提出和研究实体信息和实体传播有着更加重要的实践意义和理论意义。

从汉语的一些成语中就可以看出实体信息与人们的生活息息相关。比如，“闻鸡起舞”，一听到鸡叫这一实体信息就起来舞剑。“见风使舵”，根据风向来操纵船舵，风向就是实体信息。“水来土掩”“兵来将挡”都是针对实体信息(水来、兵来)采取的应对办法。顺便指出，其实不光人类与实体信息和实体传播有着最原初的不解之缘，其他生物与实体信息和实体传播的不解之缘，比之于人类有过之而无不及。比如，蝙蝠根据超声波(实体信息)反射来确定飞行方向，响尾蛇靠跟踪热源(实体信息)来攻击猎物，等等，离开了实体信息这些生物将无法生存。

下面我们将分别以科学研究、考古、解剖、中医医疗、美术模特写生、中国烹饪、新闻采访等实践活动为例，具体分析实体信息和实体传播在其中的意义。

一、科学研究以获取实体信息为目的或以实体信息为基础

科学研究和新闻报道都以获取实体信息为目的或以实体信息为基础。科学考察、科学研究的直接目的主要是为了揭示、获取和利用实体信息。真正的科学研究总是从获取实体信息开始的。《礼记·大学》曰："致知在格物，物格而后知至。""格"即观察、推究事物，格物致知的意思是观察、推究事物才能获得关于此类事物的知识。这里所说的事物当然是指实体事物。物理学诺贝尔奖获得者丁肇中 1991 年在人民大会堂演讲中说："现代学术的基础就是实地的探察，就是我们现在所谓的实验。""新的知识只能通过实地实验而得到，不是由自我检讨或哲理的清谈就可求到的。"这是丁肇中对科学实验重要性的精要概括。

信息科学、生命科学、材料科学被认为当今世界的三大前沿学科。"生命科学在实质上研究和处理的是生物遗传信息发生、发展、运动、变化、改变、复制、重组的一般规律和方法，而材料科学在实质上研究和处理的则是一般材料物的信息结构的模式、功能、加工、配制和建构的一般机理和方法。"①这里所说的"生命遗传信息"和"材料的信息结构"都是指生物实体信息和材料实体信息。

不同民族群体中人们的手指、手掌和脚掌上的脊线花纹差异很大，但同一族群的脊线花纹却相对稳定。因此，肤纹实体信息对于人类学、民族学有重要价值，肤纹是研究人类族群的一把钥匙。利用生物实体信息可以对个人身份进行鉴定，这就是生物识别技术。具体说就是利用人体实体固有的生理特性，包括指纹、掌型、脸型、视网膜、虹膜、人体气味，甚至 DNA、血管、骨骼等来鉴定个人的身份。人体实体特征具有唯一性并且不可复制，而且这种生物实体信息("生物密钥")既不会被盗窃也不会被遗忘。利用生物识别技术来鉴定身份，准确可靠并且安全。采集个体实体信息有重要意义，采集群体实体信息平均值同样有重要意义。中国成年人工效学基础参数调查，2013 年 11 月在中国标准化研究

---

① 邬焜：《信息哲学——理论、体系、方法》，北京，商务印书馆，2005，第 440 页。

院正式启动。这项工作将在5年内对全国范围内18～75岁的2万多中国成年人进行测量和调查，每人将被采集和测量包括人体形状、人体力学、视觉、听觉、指端触觉等200多项的人体实体信息基础数据。这些数据将对确定服装鞋帽的型号、设计飞机座椅等提供参考依据。

测谎技术通过血压反应法、声音分析法、呼吸反应法、皮电反应法，寻找的都是人体的实体信息。地理学关注的对象是地学实体(geo-entities)，先进行实地观测、实体考察，获得实体信息后才能建立模型。

达尔文说："许多鸽类品种，就体质、习性、声音、颜色及其大部分构造而言，虽然和野生的岩鸽大致相符合，但是尚有其他部分却又确实是高度异常。我们若在鸽科全体中，想找寻出像英国信鸽、短面翻飞鸽和巴巴鸽那样的喙，像凤头鸽那样的倒生毛，像球胸鸽那样的嗉囊，像扇尾鸽那样的尾羽，终究不可得到。因此，如果我们相信家鸽的多源说，必须假定上古的半开化人，不仅能成功地使好几种野鸽彻底驯化，并且能在有意或无意中选择出非常特别的种类，而这些种类，自此以后已经全部灭亡，或者尚未发现。这一连串奇怪偶然的事件，看来是决不会有的。"①上面一段论述，达尔文所依据的都是实体信息，可见获取实体信息对于科学发现是多么重要。

达尔文又说："当我作为一个自然学者参加贝格尔号皇家军舰的环球远征时，在南美洲看到某些事实，有关于生物的地理分布和古代与现存生物的地质关系，我深深地被这些所打动。……回国以后，在1837年，我便想到，如果耐心搜集和思索一切与这问题可能有关的种种事实，也许可以得到一些结果。经过了五年的工作，专心思考这个问题，做出了一些简短的札记。"②这是因为达尔文得到了范围更加广泛的实体信息，才使研究视野扩大，进而得出符合实际的结论。

不少不正确的观念被延续下来，归根结底是人们对实体信息重视不够，或暂时无法得到实体信息。杨振宁在诺贝尔获奖演说中说："长久以来，在没有实验证据的情况下，人们都相信弱作用中的宇称守恒，这是令人十分惊讶的。但是更令人惊讶的是，物理学家看到他们如此熟知的时空对称定律可能是不对的。我们并不喜欢看到这种前景。只是因为试图去了解θ-T之谜的其他努力都归于失败，我们才不得不考虑这一种结论。"吴健雄成为最先以实验证实杨振宁、李政道关于"在弱作用下宇称不

① 〔英〕达尔文：《物种起源》，北京，科学出版社，1972，第20页。
② 〔英〕达尔文：《物种起源》，北京，科学出版社，1972，第8页。

守恒”理论的实验物理学家。杨振宁说的那种情况过去存在，现在依然存在，所以我们应当不断强调实验科学和实体信息的重要性——实验科学在相当大的程度上，就是为了获取某些不易获得的实体信息。

科学实验和科研仪器设备都是为了获取相关物体的实体信息。许多科学发现实际上就是新的实体信息的发现，镭的发现、J粒子的发现都是如此。

越做越大的天文望远镜，就是为了获取更遥远星体的实体信息；宇宙宏观信息的获得靠的是天文望远镜。20世纪20年代，天文学家哈勃从星系光谱的红移的观测中，发现宇宙中所有的星系都在彼此远离退行，距离越远，退行速度越大，二者成正比。在此基础上，产生了“膨胀宇宙”的概念和“大爆炸宇宙模型”。20世纪大量的天文观测和天体物理研究结果都证实了这个模型。

探测卫星也是探测宇宙空间的利器。科学家正在计划发射新的探测卫星，对于宇宙大尺度空间进行更多更精确更系统的观测，进一步研究宇宙加速膨胀的规律，确定暗能量的形式和物理特征。

宇宙红移现象、3K微波辐射、氦丰度都是宇宙原始信息，这些信息以特定的时空结构方式储存于现存的宇宙之中，它们是宇宙历史信息的“遗迹”。于是，现存的宇宙时空结构，就成为储存有宇宙历史状态和演化轨迹的信息载体。

越做越精细的显微镜和某些实验设备，就是为了获取更小物质的实体信息。分子、原子不是最基本的，目前已知的最基本的粒子是由粒子物理标准模型所描述的夸克和轻子，以及传递相互作用的粒子(如光子、胶子等)。北京正负电子对撞机，就是系统地研究其中的粲(charm)夸克和陶(tau)轻子。

当然，科学研究还要在实体信息中寻找有价值的内容，并在实体信息基础上进行理论升华，寻找事物发展的规律。19世纪的法国哲学家、数学家、天文学家和物理学家庞加莱(J. H. Poncare)曾经说过：“科学由事实所构建，正如房子由石头筑成一样；但是一堆事实不是科学，正如一堆石头不是一座房子一样。”①科学家还必须从事实中探寻出有价值的信息来，并上升到理论层次，包括数学公式这样高度抽象、符码化的层次。

① Thomas, D. H., 1998: *Archaeology*, Third edition, Wadsworth, Thomson Learning Inc., p. 66.

二、考古：获取文物实体信息

考古学是根据过去人类活动和自然变化过程中遗留下的实物，来研究人类社会(包括历史)和自然界的一门学科。需要指出，考古不仅仅归属于历史学。

(一)考古发现的实物证据具有权威性

考古的真正价值，主要是获取实体信息。考古发现的证据具有无可辩驳的权威性，是解决某些学术难题的铁证。

四川成都羊市街西延线永陵路北侧，有一座形同小山似的夯土堆，清代中期以后人们就习惯将其称为“抚琴台”，据传说是西汉辞赋大家司马相如与卓文君抚琴的地方。时至今日，市民们仍习惯旧时“抚琴路”“抚琴巷”“抚琴街”“抚琴小区”的称呼；过去，就连民国官方档案文书也是这样称呼。

1940年秋，侵华日军的飞机轰炸成都，天成铁路局在“抚琴台”挖防空洞时才发现夯土堆中的坟墓。1941年春，留学美国归来的考古专家冯汉骥教授首任四川博物馆筹备组组长。他力排众议，认为“抚琴台”应是一座古墓。冯教授亲自拟订发掘计划并于1942年9月主持了“抚琴台”的发掘，发掘出石刻王建造像、玉大带、哀册、谥册、银钵、银碗等珍贵古物，从而确认“抚琴台”就是早年的永陵，也就是前蜀开国皇帝王建的陵墓。从传说中的“抚琴台”到最终确认为永陵，考古实物发掘起着关键作用。

考古发掘尤其是其中的实物发掘，不断改变人们对历史的认识。比如，历史学家李学勤指出：

> 在中原地区之外，考古工作者在长江下游发现了良渚文化；在长江中游发现了大溪文化、屈家岭文化；在长江上游发现了四川广汉三星堆文化；在东北辽河流域发现了红山文化；在西北地区发现了大地湾文化，等等。这些考古发现，使人们认识到，过去所谓的“中原文明中心论”是需要彻底改变了。中国古文明原是多源并起、相互促进的。①

---

① 李学勤、裘锡圭：《新学问大都由于新发现——考古发现与先秦、秦汉典籍文化》，《文学遗产》2000年第3期。

不断的考古发现正在改变传统的“中原文明中心”观念。这仅是考古改变人们对历史认识的一个例证，其他的例证还有很多。

(二)考古是发现实物和搜寻实物信息的科学

1990年11月28日，在贺兰山上放羊的牧民发现：位于贺兰山腹地、鲜为人知的拜寺沟方塔，被不法分子炸毁了。12月11日一早，宁夏考古专业人员决定到现场考察，看到了被炸古塔的废墟，还发现一根位于乱砖之中的塔心柱。那上面的西夏文和汉文题记吸引了专业人员的目光，也向现代人提供了许多重要信息。专业人员判断：过去一直认为是明代的方塔，竟是存世稀少的西夏古塔。其考古价值一直被人们低估了。[①]

考古专家牛达生在对这些文物的研究中发现，《吉祥遍至口和本续》与同时代的雕版印本有许多不同之处：版框栏线四角不衔接，左右栏线较短，上下栏线或不足或超长；正文和题款文字风格一致但大小不一，笔锋不尽相同；墨色浓淡不匀，有的黑白斑驳，有的半深半浅；倒字更是多次出现，具有活字印刷的特征；版心行线漏排；书名简称用字混乱，时见排错；页码用字无定规，错排、漏排严重，汉文和西夏文混用；有些页面残留隔行竹片的印痕。所有这些特征都说明一个问题：它不仅是活字印本，而且是木活字印本。

这一研究发现非同小可。牛达生自己也为此激动不已。因为我国虽然在北宋就发明了活字印刷，但保存至今的宋代印刷品只有雕版的，并无活字的，现在保存的最早的汉文活字印刷品是明代的，而按照权威论著和传统说法，人们一直认为木活字是元代科学家王祯发明的。这其中的一个重要依据就是王祯在《农书》卷二十二“造活字印书法”中，详细地介绍了木活字印刷技术。于是，有人说：“发明第一套实用木活字之功，必须归于王祯”“正式用木活字印成书，最早的不得不算是元代的王祯”“木活字版为元代的科学家王祯首创”。《吉祥遍至口和本续》的发现与研究，向这些长期形成的定论提出有力的挑战。如果观点成立，那么中国的木活字技术的使用时间将提早100多年。

西夏文佛经《吉祥遍至口和本续》为“西夏后期的木活字印本”，是迄今为止世界上发现的最早的木活字版印本实物。这样，木活字的发明和使用时间比权威论著和人们的传统认识要早一个朝代。牛达生的研究成果也因此成为“20世纪印刷史上最重要的发现之一”。这意味着人类印刷

---

① 庄电一：《牛达生：改写印刷史》，《光明日报》2012年10月14日。

史的有关章节将要因此而改写。[①] 所有这一切，最重要的依据就是木活字版印本实物《吉祥遍至口和本续》所携带的实体信息。

(三)有价值的研究多从实物中得来

沈从文成年累月地身在文物之中与大量实物进行直接接触，千千万万件实物过其眼、经其手，获得了踏实而丰富的实感经验，在此基础上展开探讨。沈从文《中国古代服饰研究》引言一开篇即提出问题："中国服饰研究，文字材料多，和具体问题差距大，纯粹由文字出发而做出的说明和图解，所得知识实难全面，如宋人作《三礼图》就是一个好例。但由于官刻影响大，此后千年却容易讹谬相承。如和近年大量出土文物铜、玉、砖、石、木、漆、刻画一加比证，就可知这部门工作研究方法，或值得重新着手。""本人因在博物馆工作较久，有机会接触实物、图像、壁画、墓俑较多，杂文物经手过眼也较广泛，因此试从常识出发排比排比材料，采用一个以图像为主结合文献进行比较探索、综合分析的方法，得到些新的认识理解，根据它提出些新的问题。"[②]事实后来证明，沈从文所主张的观念和方法，经过他自己的多年实践，为中国文化史的研究做出了别人无法替代的贡献。

距今 10 万年的灵井许昌人遗址出土的"许昌人 2 号头骨"的内壁，发现有成组的石片划痕，可能是古人食脑或其他行为的直接证据。

(四)"二重证据法"就是实体信息与符码信息一致

1."二重证据法"的原意与演变

王国维在《古史新证·总论》中说："吾辈生于今日，幸于纸上材料之外，更得地下之新材料。由此种材料，我辈固得据以补正纸上之材料，亦得证明古书之某部分全为实录，即百家不雅驯之言亦不无表示一面之事实。此二重证据法，惟在今日始得为之。虽古书之未得证明者，不能加以否定，而其已得证明者，不能不加以肯定：可以断言也。"[③]

最初"二重证据法"所说的地下新材料主要是指地下所发现的文字材料，即甲骨文和金文。后来各种建筑遗址、墓葬、器物、车马、服饰等都被囊括进去了。其实，取地下之实物与纸上之遗文互相释证，是最为地道的二重证据法。我们可以"据以补正纸上之材料，亦得证明古书之某部分全为实录"，就是补正书上记载的不足纠正其遗漏或误记之处。"二重证据法"证明的东西就可以肯定、可以断言、可以确信了。信史必须具

① 庄电一：《牛达生：改写印刷史》，《光明日报》2012 年 10 月 14 日。

② 沈从文：《中国古代服饰研究》，上海，上海书店出版社，2002，第 1 页。

③ 王国维：《王国维文集》第四卷，北京，中国文史出版社，1997，第 2 页。

备古籍记载和考古发现“双重证据”，实物比语言文字更加真实可靠，必须把考古证据作为判断文字记载真伪的最后权威。顾颉刚说：“我知道要建设真正的上古史，只有从实物上着手的一条路是大路……”①考古学理论方法的精髓就是超越文献资料，从无言的物质遗存中提炼社会文化信息。

2. 案例一：《孙子兵法》与《孙膑兵法》

孙武与孙膑是否同为一人，他们各自是否都有兵书留世，这个争论了一千多年的历史谜团，在1972年山东老临沂城南约1千米处的两座大型汉墓考古发掘的大量竹简中被解开。

经专家整理分析，银雀山竹简中的《孙子兵法》十三篇都有文字保存，这是现存最早的《孙子兵法》版本，大约成书于西汉初期，是最接近作者原始思想的版本，为校勘和研究《孙子兵法》提供了宝贵的资料，文献价值非同一般。竹简本《孙子兵法》计2300余字，与宋代版本相同，保存了宋版约三分之一的内容和少量的佚文，现存内容与宋代版本相比，有100多处不同点，十分值得研究。

而竹简本《孙膑兵法》整理出222枚，其中整简达137枚，残损部分每枚也在10字上下，共得6000字以上，该兵法在消失了上千年后，失而复得。这些实物证据揭示了历史上的孙武、孙膑并非一人，也印证了司马迁《史记》中有关孙武、孙膑记载的真实性，《孙膑兵法》确有其书。②

3. 案例二：大酉藏书洞

文献曾记载辰溪的大酉山和沅陵的小酉山，大、小酉山，合为“二酉”，它是成语“学富五车，书通二酉”的出典处。此成语指大酉山、小酉山两山山洞中藏书千卷的记载。“二酉藏书”分大酉藏书和小酉藏书，相传为秦始皇焚书坑儒时儒生藏书地。小酉藏书在沅陵小酉山之小酉洞，而大酉藏书在辰溪大酉山之大酉洞。对此，清乾隆三十年《辰州府志》和清道光《辰溪县志》均有详细记载。自清朝中叶以来仅存于文献和书籍记载中，有山而未见洞，世人千方百计在大酉山及周边寻找未果。

大酉洞后洞，历经300余年的尘封后，在湖南省辰溪县大酉山余脉之唐家山脚大鲵养殖施工现场惊现。

洞壁发现的摩崖石刻，经文史、书法专家拓印辨认考证，在2013年3月5日全部辨明，其文为：“湖广衡州府州官赖守中偕辰溪溆浦太守吴

① 顾颉刚：《古史辨》第一册，上海，上海古籍出版社，1982，第50页。

② 佳音：《西汉〈兵法〉竹简：为孙武、孙膑正名》，《国家人文历史》2013年第1期。

春杨秀毓至于大西洞天深处大明隆庆五年夏四月十六日之吉。”“文中的‘衡州’即现在的衡阳市。隆庆五年即1571年，距今已有442年。”辰溪县文史研究者刘本杰介绍说：“洞口摩崖石刻是1571年明代赖守中、吴春等官员游览大西洞留下的纪念，而洞内情景和地理位置与清道光版《辰溪县志》记载吻合，证明此次发现的山洞就是尘封300多年的大西藏书洞后洞。”

2月22日，辰溪县政府办干部黄明卫、向兆照和辰溪县地税局干部张腾蛟根据县志及古书记载，再次到潭湾镇唐家山一带寻找大西洞。下午途经三甲塘村时，发现公路下面有人在一大山洞中施工。此地怎会有如此大的山洞？不放过任何线索的三人带着兴奋，下车入洞细看。

向兆照等人踏着泥泞到洞中搜寻。

“这儿有石刻！”黄明卫发现了石洞门左壁上的摩崖石刻。他们借来木梯，用水洗去石刻上的泥土。历经多年，石刻模糊不清，只看清了石刻上有“大西洞天”字样。如此发现，让三人欣喜若狂。

2月23日，他们邀请辰溪县政府干部蒲道发、文史研究者刘本杰一行再次前去探洞。在一座高约5米、宽约8米的天然石洞口，两台拉土车正在作业。目前该洞被一谢姓商人承包开发，准备将石洞作为饲养大鲵的场所。

洞口右侧石壁离地约两米处，有一长110厘米、宽55厘米的石碑。

家住洞口的村民唐大宋介绍，此地从明代开始烧制石灰，洞口先前被深达数十米的石灰渣掩埋。村里八旬以上的老人只知附近有洞而不知其洞口，洞口何时因何被封更不知晓。自去年被人开发，才露出偌大洞门。唐大宋儿时经常从另一洞口进入洞内玩耍，里面有个大水潭，鲶鱼很多，下大雨时洞内常有鱼儿随水流出。

另据档案记载，1938年年底省立桃源女中迁到辰溪县潭湾办学，当时师生为躲避日机轰炸，曾在里面上课。

洞内宽敞空旷，钟乳石林立，支洞纵横深邃，一股水量极足的清泉横穿其间。洞内水响如雷，洞外溪水潺潺。其景象与清道光版《辰溪县志》所载图画和描述的大西洞“山下有洞、深广高二丈余”“其旁如城，虚明平坦”“石笋倒垂、泉若雷轰”“穴生云母、崖滴丹砂”等情形完全吻合。

三甲塘村位于辰溪县城城南10里左右，村后的山为唐家山。清道光版辰溪县志所载与之相符：“后洞：城南十里，唐家山下。虚明平坦，厂若厅事。洞门石壁镌大西洞字样。洞内存满朝荐诗碑。辰州府志载，大西洞：县南十里，盖指此。”加之摩崖石刻上的“大西洞天”字样，种种迹象表明，此次发现的洞就是尘封300多年的大酉洞。

辰溪县文物部门高度重视。2月25日组织人员探洞。2月27日邀请怀化市博物馆副馆长田云国等专家对现场进行考古调查，并对石刻进行拓印。随后组织人员对石刻铭文进行了辨认和考证，基本上弄清了铭文的大意和产生年代。①

实物与文献互证就可以确证大酉藏书洞。

(五)文物实物实体信息具有独立价值

实物乃文物学研究的中心，之所以如此，在于实物身上的实体信息具有不依附于文献资料的独立价值。

当然，在大多数情况下，实物材料与文字材料不对称或不对应，需要一定的解释才能发现两者之间的对应关系。那种认为考古发掘成果只有用文献解释才有意义的见解是偏狭的，现代科学的考古学正是在理论方法上摆脱和超越文献记载的局限，来体现其科学价值的。考古中的符码信息，也要由其载体上的实体信息作为依据。

那种主张田野工作完全以考证古史和文献为出发点的认识，显然是偏狭的，此乃中国古史重建的误区。大量无言的实物遗存若不能转化为有意义的社会历史信息，中国上古史仍将迷雾重重，不能得到确认。傅斯年的看法体现了现代科学的理性思辨，是历史学和考古学进行历史重建时，所必须慎重考虑和对待的。他这样评论历史记载的可靠性问题："一件事经过三个人的口传便成谣言，我们现在看报纸的记载，竟那么靠不住。则时经百千年，辗转经若干人手的记载，假定中间人并无成见，并无恶意，已可使这材料全变一番面目；何况人人免不了他自己时代的精神：即免不了他不自觉而实在深远的改动。"②我们现在所说的那个古代史的"古"字怎么写？"十"个"口"相加即为"古"。就是口(嘴)太多，讲话的人太多，口口相传，把众人的讲述逐一记录下来，这就是文字最初产生时候的历史。

考古学不是历史学的附庸，而是一门独立提炼信息的学科。如果仅从文献出发来研究，就会限制考古学的视野和它的探究潜力。考古学应当成为其他社会科学和自然科学全方位研究人类发展的一个信息库。"著名的史学方法论者对考古学的技术不屑一顾，其态度傲慢得令人吃惊，

① 唐湘岳、米承实、赵斌斌、张军：《大酉洞后洞面纱揭开》，《光明日报》2013年3月7日。

② 傅斯年：《史学方法导论》，北京，中国人民大学出版社，2004，第5页。

他们沉湎于记事的资料范畴和事件的活动范畴，只和这类东西打交道。”①实体信息的概念，为考古研究在更广的视域(即信息学)内提供了理论支持。传统历史学应当向考古学借鉴更多的东西。诚如沈从文所言：“每个人都知道中国有所谓《二十五史》，就没有人注意现在从地下发掘的东西，比十部《二十五史》还要多。……任何部门都有大量的材料，存放在各省博物馆的库房里，等待有心人来整理和研究。这大多数都是过去文献上从没提到的……文献上的文字是固定的，死的，而地下出土的东西却是活的，第一手的和多样化的。任何研究文化、历史的朋友，都不应当疏忽这份无比丰富宝藏。”②考古可以为传统历史学提供更加可靠、翔实的资料，这些资料有许多是文献记载中所没有的。

顺便指出，以往的文学史研究对于非文字的考古资料同样重视不够，误以为不是自己的研究对象。

(六)DNA考古和碳-14测年

1. DNA考古

基因以遗传密码的形式编码在DNA分子上，表现为特定的碱基排列顺序并且通过DNA复制，把遗传信息由亲代传递给子代。对人类DNA的分析将揭示出人类个体及群体的遗传学信息。从田野考古发掘中出土的古代人类和动物遗骸以及古生物化石中提取的古代生物分子，为古代DNA。通过对古代人类遗骸中DNA的测试分析，不仅可以对出土人骨进行性别和族属的个体识别，还可以用来分辨个体间的亲缘关系。它为判定同一墓葬中两个或多个个体的关系，同一墓葬区内各墓葬个体间的关系提供了数字化依据。而群体间遗传信息的比较，可以为不同文化的区分提供佐证。

重庆万州石地磅墓地发现了4座东汉时期的砖室墓，墓中出土的器物多表现出地方性风格与中原风格并存的状况，而且在数量比例上也相差无几，很难从类型学角度对墓主人的族属做出推断。2001年，复旦大学研究人员从石地磅汉代墓地出土的人骨中，成功提取了部分古人骨样品的DNA片段。通过DNA测试，显示墓的主人极有可能为南方土著居民。

2. 碳-14测年

碳-14测年被认为是史前考古学的一场革命，它的原理是这样的：

---

① 〔法〕布洛赫：《历史学家的技艺》，上海，上海社会科学院出版社，1992，第43页。

② 沈从文：《沈从文全集》第十二卷，太原，北岳文艺出版社，2002，第387～388页。

碳-14的半衰期为5730年，也就是每5730年有一半的原子变成了另一种元素的原子，而另一半碳-14没有发生变化。在宇宙射线强度基本不变的情况下，高层大气中的氮原子核在太阳射来的高能粒子流的作用下产生碳-14，同时碳-14又自发地进行β衰变。碳-14的生成和衰变达到动态平衡，使大气中的碳-14含量保持不变。在大气和活的有机体中，碳-12和碳-14的比值是相同的。

当生物死亡后，新陈代谢停止，尸体内的碳-14便以其特有的规律衰变。只要测定其中碳-14的含量，就能知道这个生物是什么时候死亡的。如果在一个遗址中发现一块人骨，只要测出其中所含的碳-14的量，就能算出这个人的死亡时间，并进而知道这个遗址的大致年代。

1988年4月21日，考古专家和大主教一起来到意大利都灵教堂，他们从圣器中取出有争议的裹尸布。大主教亲自从上面剪下一块长7厘米、宽1厘米的布条，然后分成三小块，分别装在三个标有号码的金属盒中，送到三家权威检测实验室进行严格的盲测。结果很快出来了，三家实验室的独立测量结果非常一致，这块裹尸布的年代为1260～1380年。裹尸布是中世纪的产物，不可能是耶稣时代的东西。

北京周口店出土的“山顶洞人”，过去一直认为距今10万年左右；经碳-14测年，为1万9千年。早期商城郑州商城和偃师商城，专家们对它们的年代谁先谁后，打了多年口水战，后经碳-14测年，发现这两个商城的年代相差在50年内，基本上是同时代的产物。

无论是碳-14测年还是DNA考古测试都有一个共同点，测试对象必须是实体原件。准确的实体信息，只能从实体原件中得到。

三、解剖：获取生物实体内部各种结构的确切信息

解剖就是获取生物实体内部各种结构的确切形态、位置、大小和各结构间的关系的信息。

由于宗教等原因，早期的人体解剖被禁止，只能用动物解剖来代替。2世纪古罗马时期的医学家盖伦(Claudius Galenus of Pergamum)，只能把从动物体上得到的解剖知识应用到人体，难免有许多错误。比如，他认为人的肝脏像狗的一样有五叶，肝是静脉的发源地，心脏的中膈上有许多看不见的小孔，血液可以自由通过等。盖伦的解剖著作，曾在很长时间内被奉为经典。直到中世纪教会仍严禁解剖人的尸体，这些错误依然得不到纠正。

16世纪的维萨里(Andreas Vesalius)则突破禁区，直接观察人体。

他在巴黎求学时，曾偷过绞刑架上的犯人尸体，还曾把一个死人头骨藏在大衣内带进城，放到自己床底下，甚至盗过墓。由于这些“异端”行为，他被学校开除，不得不到意大利去继续学医。1543 年，年仅 28 岁的维萨里出版了著作《人体构造》。这本著作以大量、丰富的解剖实践资料，精确记述了人体的结构，遵循解剖的顺序描述了人体的骨骼、肌肉、血管和神经的自然形态和分布等。《人体构造》的出版标志着近代人体解剖学的诞生，是生物学发展史上的一个里程碑。

人体内部结构的准确信息，必须从重复的解剖和观察人类尸体当中得到。盖伦的某些错误，很大程度上是由于他不能进行人体解剖，也就是不能得到准确、详细的人体实体信息。维萨里之所以对解剖学做出了重大贡献，是由于他经过种种艰苦努力获得了人体实体，从而获取了全面的实体信息。由此不难发现实体信息之重要。事实上，即使维萨里也不是一下子就发现了盖伦的错误的，他早年研究解剖学时说过：当他发现了不同于盖伦描述的结构时，他简直不能相信自己的眼睛。事实上，不如他伟大的那些人确实也不相信自己的眼睛，或者至少认为不是解剖的对象便是自己的技术出了差错。认识一个预想不到的新事实，即使这个新事实已经十分明显，也往往是异常困难的。只有那些从未面对过崭新事实的人，才会嘲笑中世纪的观察者竟然不相信自己的眼睛。①

维萨里在他的《人体构造》一书的序言中写道：“我在这里并不是无端挑剔盖伦的缺点。相反地，我肯定了盖伦是一位伟大的解剖学家，他解剖过很多动物。限于条件，就是没有解剖过人体，以致造成很多错误，在一门简单的解剖学课程中，我能指出他两百种错误。”解剖动物只能得到动物的实体信息，只有直接解剖人体才能得到人体的实体信息。许多科学研究的种种努力，其实不过是为了获取不易得到的实体信息。

四、中医的望闻问切：获取病人身上的实体信息

望诊、闻诊、问诊、切诊合称“四诊”，是中医诊断疾病的方法。通常讲究“四诊会参”，即综合“四诊”得到的信息来诊断病情。

《难经》曰：“望而知之谓之神，闻而知之谓之圣，问而知之谓之工，切脉而知之谓之巧。”《古今医统》强调：“望闻问切四字，诚为医之纲领。”

望诊指观气色，就是用眼睛观察病人的整体和局部的状况，包括病人的发育情况、面色、舌苔、表情等。

---

① 〔英〕W. I. D. 贝弗里奇：《科学研究的艺术》，北京，科学出版社，1979，第 111 页。

中医认为，五脏开窍于五官，五官内应于五脏，所以望五官而知五脏。五官是五脏的外在表象，五官传递内脏的信息。

肝主目，“肝开窍于目”“肝受血而能视”。肝功能正常则视物清楚明亮，同时眼睛也是肝脏病变外在表现的一个方面。肝阴不足则两目干涩，肝血不足则可导致视物模糊和夜盲。

心主舌，“心开窍于舌”。心主血脉，舌上血管最为丰富而浅表，所以舌能灵敏地反映出心的功能状态。心血虚表现为舌暗淡；心血瘀阻，表现为舌紫暗或有瘀斑。

脾主口，“脾开窍于口”。“脾开窍于口唇，其华在唇”“脾气通于口，脾和则口能知五谷矣”。脾气健运则唇红润泽，脾失健运则唇色淡白无光。

肺主鼻，“肺开窍于鼻”。《灵枢·脉度篇》曰：“肺气通于鼻，肺和则鼻能知香臭矣。”肺脏疾病可以从鼻子反映出来，治疗鼻子的病变也往往从肺脏入手。

肾主耳，“肾开窍于耳”。肾精充盛则听觉灵敏，肾精不足则听力减退。

综上所述，眼睛出毛病往往是肝有问题，舌头有问题往往是心脏不好，口腔出问题往往是脾不好，鼻子有问题往往是肺不好，耳朵有问题往往是肾不好。

闻诊指听声息、闻气味，就是用耳朵听、用鼻子闻。听声息，包括讲话声、咳嗽声、呼吸声、呃逆声。凡气粗声高、重浊的为寒症；气微声低的为虚症。闻气味，包括口腔气味和各种分泌物的气味。凡恶臭味重的，属热症。有腥味或气味不重的属虚症。

问诊指询问症状，就是询问、了解既往病史与家族病史、起病原因、发病经过及治疗过程，主要痛苦所在，自觉症状，饮食喜恶、生活习惯等情况。

问诊是获取疾病信息的重要途径，医间流传有“十问歌”：

一问寒热二问汗，
三问头身四问便，
五问饮食六胸腹，
七聋八渴均当辨，
九问旧病十问因，
妇女尤必问经带，

迟速闭崩皆可见，
再添片语告儿科，
天花麻疹全占验。

切诊，指用手诊脉或按腹部有没有痞块。用手诊脉也叫摸脉象、切脉、候脉。切脉部位多在寸口，寸口为手太阴肺经之脉，因五脏六腑的脉都会合于此脉，所以从这里可以了解到全身脏腑经脉气血的情况。一般常见的脉有浮脉、数脉、滑脉、弦脉。正常脉象是寸、关、尺三部都有脉在搏动，不浮不沉，不迟不数，从容和缓，柔和有力，流利均匀，节律一致，一息搏动四至五次，谓之平脉。

切诊还可以包括触诊。医生以自己的手指，触摸病人的头面、皮肤、四肢、胸腹、腰背等处，获取温度、润涩、积聚、痞块、肿胀和疼痛反应等情况，称为触诊。

在中医“四诊”中只有问诊有符码传播的成分，其他三诊获取的均为实体信息。中医“四诊”也是人际传播，不过这种人际传播以获取实体信息的实体传播为特征。即使问诊，也可将得到的大部分符码信息通过获取实体信息来验证。

在中国古代，某些受封建礼教束缚严重的家庭中妇人尤其是年轻女子得病时，让大夫隔纱诊断、隔帘诊断。显然，这很难得到病人的实体信息，因而也就很难实现对症治疗。

五、裸体模特写生：获取人体外形结构的准确信息

真人裸体模特写生是美术基本功训练的重要方法，至少在油画专业和雕塑专业应有一定比例的人体习作。对真人裸体模特的人体写生，就是要全面、准确地描绘人体的运动、结构、比例、造型的外在信息。

具体说来，人体全身动作由头、胸、盆骨三者不同的方向和转折来决定，要准确地判断全身的变化，就需要清楚地确定头、胸、盆骨的相互关系。

只要不戴帽子，头部就比较清楚。但要确定胸部的斜、正、侧，只看肩膀的外轮廓还不行，肩膀会由于两臂和锁骨的上下活动而产生和胸廓不相一致的变化。要判断胸廓的方向转折，必须看胸腔下部、肋骨边缘的变化。肋骨边缘的两边是对称的，也比较明显，运动时，总保持着相应的、对称的变化。胸腔下部、肋骨边缘的变化是判断胸腔动向的关键。所以，穿背心不行，女模特戴乳罩也不行。

如果说胸部的大动向还能根据轮廓有个基本判断，那么人的下部若穿着衣服，却连大轮廓都很不容易把握。腰部和臀部的脂肪层比较发达，要确定盆骨动向，往往要找一些比较明显的骨点，也就是不长肌肉的地方，如髂骨前缘的一对前上角，和后面的髂骨后缘的三角窝等。这些骨点的方位是确切判断盆骨动向的关键。

总之，真人裸体模特写生，就是为了更准确地描摹人体运动、静止的外在形状信息，为绘画、雕塑等艺术创作打下基础。

六、中国烹饪与实体信息传播

色、香、味、形、营养为烹饪之五要素。其中“色”“形”属于食物显示出的视觉信息，“香”“味”属于食物显示出的嗅觉、味觉信息，“营养”则是食物性质更内在的品质信息，通常人的感觉器官不易识别。最直观显见的是视觉信息，小葱拌豆腐——一清二白，说的正是这种搭配的视觉信息。上乘的烹饪技艺保留食料的自然色泽信息，并使其达到和谐组合，而靠大量使用添加剂来增加色泽，往往不利于食用者的健康。烹饪就是要使食物的色、香、味、形这些信息达到最佳状态和最佳组合。精准的营养信息多要由仪器来测量，通常，人们是从原料、制作方法和过程等方面，来做出粗略的经验判断。最讲究的烹饪技艺，经仪器检测的营养信息也应当达到最佳状态。人们常说的中国“八大菜系”川菜、粤菜、苏菜、闽菜、浙菜、湘菜、徽菜、鲁菜，主要从色、香、味、形上来区分，尤其要从“风味”上来区分。

有烹饪专家总结中国烹饪技艺说：水最为始，火为之纪，味为之本，刀为之要，料为之博，配为之当，器为之美，名为之雅，肴为之新，筵为之丰。

《吕氏春秋·本味》曰：“凡味之本，水最为始。”意思是说，烹饪美味，首先的条件就是水。水是菜肴色、香、味各种信息的底色元素。烹饪中要用水来蒸、煮、炖、焖、氽、烫、焯，而卤、泡、烩、溜、汤等也不能离开水。此外，干货涨发需要水，挂糊、上浆、勾芡也需要用水来调和。

烹饪是从人类学会控制和使用火开始的。“火为之纪”的提法，也出于《吕氏春秋·本味》：“火为之纪，时疾时徐。灭腥去臊除膻，必以其胜，无失其理。”《本味》篇的注释说：“纪，犹节也。”而“节”当指节度，适度。“火为之纪”意思是用火要适度，烹饪要掌握好火候。掌握好火候的目的在于烹调出色、香、味、形、营养俱佳的菜肴，使菜肴的外在和内在信息都展现出最佳状态。不同的火候可以烹制出不同风味和质地的菜品，所以有“五味三材，九沸九变”之说。

味为之本，是说调味乃烹饪之根本、烹饪之精髓。通常烹饪的目的是追求味的变化；而这种味的变化最终要通过人的感受体现出来。味觉的变化不仅是酸、甜、苦、辣、咸这样的化学味觉，还包括温度、软硬度等物理味觉和色泽、形状等心理味觉，即广义的味觉变化。食物的味觉信息决定着菜肴的品位。

烹饪专家指出：“川菜的重要特征就在调味变化的巧妙上。川味之多，全国公认。常用的二十三种川味味型，主要就是靠味料的组合变化而来。例如糖醋味型和荔枝味型，前者口感甜酸味浓，回味咸鲜，后者口感酸甜似荔枝，咸鲜在其中，基调都是突出酸、甜二味。所用的调味品都有糖、醋、川盐（或酱油）、味精、姜、葱、蒜。其变化就在于糖、醋的数量差别：前者用糖量大，后者用醋量大。再如表现不同层次、不同风格的麻辣各味，分别用泡辣椒、干辣椒、辣椒末、辣椒油、郫县豆瓣、元红豆瓣、油辣子、煳辣壳，虽然都沾一个辣字，与其他调味品组合的效果就大不一样了。因此，才有红油味型、麻辣味型、酸辣味型、煳辣味型、陈皮味型、鱼香味型、怪味味型、家常味型的出现。”①由于味的组合的无穷变化，有“百菜百味”“五味调和百味鲜”或“五味调和百味香”之说。这些味觉信息都是实体信息，也主要是进入口内品尝之后才得到的。川菜的名气固然与口碑、媒体传播有关，但主要是靠人们直接品尝川菜实物传播开来的。

把不同的单一味加以组合而使之变化，这是传统调味技术的一个方面。利用烹饪的其他技术手段，使味发生更微妙的变化，则是传统调味技术的另一个方面。“口之于味，有同嗜焉”，人们对于味道的喜好有相同的一面，也有各异的一面。人们常说“众口难调”，烹调出不同的味道、有微妙差别的味道有助于满足不同人的不同口味。

利用加热手段进行调味，使原料与调味品的滋味、香气得到充分展现，的确很重要。还有其他一些手段也不能忽略。如用芡，其主要目的之一便是使原料与味料粘连，因为芡本身就属于佐助调味料，在芡的佐助下，味汁便能抱住原料并不使脱落，“用芡保味”说的就是这个意思；用刀工把原料切割成大小厚薄一致，目的之一便是使味汁对原料的渗透

---

① 熊四智：《中国传统烹饪技术十论》，见《烹饪理论》，北京，中国商业出版社，1987，第 36 页。

和覆盖面大致一样，从而达到受味均匀；用汤汁(如鸡汤、清汤、虾汁、笋汁)调味，目的就是使无味之料(如豆腐、海参、鱼翅等)和需要改变原料本味之物(如某些蔬菜)，与汤汁融合而出鲜味，即“有味使之出，无味使之入”，使有味道的原料充分挥发出来，让没有味道的原料吃进汤料的滋味；用主料、辅料、味料三者相结合(如生爆盐煎肉的香气和滋味，便是肉香、蒜香、豉香和郫县豆瓣、料酒、精盐滋味的结合)，目的是制造一种新的和谐的味道。用刀、火、料等综合技巧，能使滋味隽永，回味无穷。

说到味道和回味，有必要引用一段话：

> 味道的核心奥秘更在于“倒流嗅觉”。竹笋闻起来是无味的，咀嚼及下咽时则会感到醇厚的回味。不同于花香的嗅觉，作为“味道”的鼻感要素被感知的是进食时从口中冲入鼻腔、随呼气而倒流的气味。现代智者林语堂一度逼近这个暗堡，他谈到在“品鉴”竹笋时口中有“神出鬼没”的感觉，还把饮茶的类似感觉称为“回味”，在他以后再也没有人注意到这种感觉。“倒味”跟气味有质和量的不同……研究嗅觉的美国学者理查德·阿克塞尔和琳达·巴克 2004 年曾获诺贝尔奖，提供的鼻腔图显示，感知气味的神经触角有些是向后生长的。①

“倒流嗅觉”深刻揭示了味道和回味的细微机理，美国学者提供的鼻腔图也为这种机理提供了生理结构依据。

需要指出，片面追求味道而不顾及营养、健康等也是不正确的。适度的味道有利于体验美味，过度的味道则会对身体带来伤害。“美拉德反应”是烹调中与美味和色泽形成有关的一个重要反应，它能让食物颜色变黄、变褐，同时散放出诱人的香气。食物经过 120 摄氏度以上的高温烹制后很容易发生这种反应，到 170 摄氏度时反应最强。烤鸭、红烧肉等烹调后颜色变深发褐的处理，几乎都促进“美拉德反应”。这种反应发生后，会降低食物营养价值并产生有毒物质。特一级厨师杨安民指出，有人为了追求口感，使用不当的加工方法，如油温过高，既损害了菜肴的营养成分，又增加了有害物质。有人为了追求独特风味从而实现经济效益，使用不建议使用的烹饪工艺如烤、熏等，会给用餐者的健康带来某

---

① 高成鸢：《中餐的由来与味道的哲学》，《文史知识》2014 年第 1 期。

种危害。高级烹饪师吴利刚认为，过甜伤胃，过咸伤肾，过辣对身体的伤害是整体的，多数身体不好、气血两虚的人口味偏重。

刀为之要，“要”者，此处言重要，要点，要害，所以有“良厨一把刀”之说。菜肴外观信息如何，很大程度上取决于刀工。不同的刀法和刀口不仅与菜肴的外在形状信息有直接关系，还会影响原料成熟的快慢。庖丁解牛游刃有余，令人赞叹，是因为庖丁对牛身的结构信息了如指掌。充分掌握各种原料的结构信息，有利于提高刀工技艺水平。

配为之当，指配菜得当，包括量的配合、质的配合、色的配合、味的配合、形的配合等，尤其是荤素配合、时令配合、性味配合更为重要。配为之当就是菜肴的各种内在和外在信息的恰当配伍组合。

料为之博，指原料来源广博。原料同水一样是食物基元信息之源，好菜源自好料。《黄帝内经·素问》曰：“五谷为养，五果为助，五畜为益，五菜为充。”中华民族在长期的烹饪实践中，“天上飞的，地上走的，土里长的，水里游的”都可以用来做饭菜。禽、畜、鸟、兽，鱼、鳖、虾、蟹，山珍海味、蛋奶菌藻、瓜蔬菜果、稻麦杂粮、昆虫野菜都可以成为菜肴的原料。

霜前的白菜，霜后的萝卜，冬笋春芽，早韭晚菘，都是烹饪原料的最佳选择。秋天的鸭子，冬天的鱼，古今皆以为是最好的烹饪选用材料。特定的原料在恰当的时令选用，才能烹饪出味道和营养最佳的菜肴。

即使单一的原料，也可以通过不同的工艺制作出繁多的花样。比如，黄豆作为烹饪原料，加水浸泡、磨浆、过滤、煮沸而成豆浆。点卤、盛框、压制、除泔而成豆腐。再压榨、晾干则成豆腐干。加香料把豆腐干入卤，则又因香料的不同而成各式各样的卤豆腐干、五香豆腐干。或将豆腐盐腌、蒸熟、密盖、酶化，就是豆腐乳了。黄豆可依法生长为无土培育的黄豆芽，依方可制豆腐皮、千张、百页、腐竹，豆棍、豆筋，也可做成豆花、豆腐脑、豆腐粉、水豆豉、豆油、豆酱之类。豆腐、豆芽均为中国人在实践中的发明创造。黄豆的不同制作工艺，可以呈现出不同的外形信息和口感性信息。

器为之美，指美食配美器，美食美器和谐。一是指餐具餐器本身的美，二是指餐具餐器与馔肴配合的美。

名为之雅，是指为菜肴起一个好名称。大量的馔肴名称，直接从烹饪工艺过程中提炼出来。根据料、味、形、色、质、器及烹饪方法等都可为馔肴命名。以料为名的“荷叶包鸡”，就是荷叶包裹鸡肉等料制成的，“鲢鱼豆腐”就是取鲢鱼与豆腐为料制成的，“羊肉团鱼汤”就是以羊肉和团鱼(学名鳖)制成的汤。这些菜肴名称直截了当，毫不费解。以味命名的馔肴，如“五香肉”就是五种调料和香料烹饪而成的肉，“十香菜”就是用多种香料制成的菜。[①] 反映菜肴实体基本信息的名称是最实在的起名方法。

肴为之新，一是指烹饪工艺要有创新，二是指菜肴品种要有创新。同时，菜肴的食用时间要恰到好处，不早不晚。多数菜肴刚出锅即食用为最佳，因为只有新鲜才能呈现出菜肴的最佳信息。

筵为之丰，指宴席菜肴的丰盛。筵为之丰所传达的不仅是宴席、菜肴本身的实体信息，更有人文信息蕴于其中。盛大隆重、尊贵气派，甚至为显示豪奢阔气而挥霍浪费都能从这个“丰”字中找到根据。

总之，味为之本，是中国烹饪最核心的内容，所以有“中国菜是舌头的菜”的说法。水最为始、火为之纪、刀为之要、料为之博、配为之当、肴为之新，在相当程度上都是为“味”服务的。传统中国烹饪更注重食物的味觉信息，而对食物的营养信息重视不够。还有一点是不言而喻的，这就是“民以食为天，食以洁为先”。饮食必须干净、卫生，是否干净、卫生多数可以通过视觉信息、嗅觉和味觉信息判断出来，但更内在的信息则需要仪器来检测。

笔者在饮食过程中有下面两点体会值得写出：

第一，有些饭店以辣和咸来遮饰、掩盖不地道的味道甚至变质材料的信息。一辣遮百丑，一咸遮百丑，这是一些饭店总是离不开辣椒的原因。

第二，为什么“大味必淡”？珍馐佳肴，正因为是“大味”、珍味，所以应尽可能保留原味信息，所以要淡，不能让珍贵的原料味道被其他味道尤其是咸味遮掩、破坏。新鲜的大闸蟹不用加任何佐料，清水蒸煮就鲜美异常，新鲜的大虾也是如此。

七、新闻采访：获取真实的实体信息

(一)新闻采访就是要到现场获取真实的实事信息、实物信息等

新闻采访，就是要到新近发生的能引起人们普遍关注的事实现场去调查访问。这就意味着要到事实发生的现场获取第一手信息，包括实事信息、实物信息等。

---

① 以上部分内容参阅熊四智：《中国传统烹饪技术十论》，见《烹饪理论》，北京，中国商业出版社，1987，第 37 页等处。

1943 年 2 月，《大公报》因报道河南灾情和批评当局被“停刊三日”后，美国《时代》周刊驻重庆记者白修德深受震动，决定亲赴河南实地调查。

1943 年 2 月底，白修德和好友、英国《泰晤士报》摄影记者哈里森·福尔曼一起，沿陇海铁路经宝鸡、过西安到达河南境内进行调查采访。

一路上，白修德和福尔曼看到了一幕幕令他们难以置信的惨绝景象：狗在路旁啃着人的尸体，农民在夜幕的掩护中寻找死人身上的肉吃。无尽的废弃村庄，乞丐汇聚在每一个城门口，弃婴在每一条道路上号哭和死去。

飞驰的火车顶篷上，不时有拥挤的难民从车上摔下来。其中一个刚刚摔下来的难民，流着血躺在路基上，车轮切掉了他的脚。他孤身一人，号哭着，他那被轧平的血肉残留在铁轨上，他脚部的骨头露出来，像细弱的白色玉米秆。

白雪覆盖的郑州，碎石铺成的街道充满了衣衫褴褛、人形鬼貌的饥民。当他们要死的时候就躺在烂泥和水沟旁待毙。一个姓马的妇女试图吃掉她的小女儿，婴孩身上的肉被送到公堂作证据。官府指控她杀了孩子并吃了她的肉。她辩解说是孩子饿死在先，然后她才去吃了死者的肉。

与灾民的悲惨处境形成鲜明对比的是，驻防在河南的军队依然在征收粮食和实物供养自己，而当地每个政府官员也会按月得到定额的粮食。

令白修德和福尔曼意外的是，他们离开郑州之前，当地官员设宴招待他们，菜肴异常丰盛：有两个汤，有辣藕片、胡椒鸡、荸荠炒牛肉，还有春卷、热蒸馍、米饭、豆腐、鸡和鱼，最后，“我们还吃了 3 个霜糖饼”。

后来，白修德在著作《中国的惊雷》中再次回忆起了这顿饭：“这是我平生吃到的最漂亮和最不忍吃的一席菜。”

在返回途中，白修德急速在洛阳电报局向美国《时代》周刊发了一篇揭示河南大灾真相的新闻稿《等待收成》。1943 年 3 月 22 日，该报道在《时代》周刊刊发，国际舆论一片哗然。

后来，原来“根本不相信河南有灾”的蒋委员长，终于开始接受这个事实，他说白修德是“比我亲自派出去的所有调查员”更好的调查员。① 正是实地采访调查获得的第一手实事、实物信息使白修德的报道真实

① 金明大：《灾荒 1942：是谁揭露了真相》，《瞭望东方周刊》2012 年第 33 期。

可信。

《光明日报》记者唐湘岳六次获得中国新闻奖、一次获得范长江新闻奖提名奖。他是如何进行采访的呢？

> 了解唐湘岳的人都知道，他是每逢采访必到现场，最长的采访持续十几年，甚至有人开玩笑，说他“过度采访”。唐湘岳一笑，说：“只有把耳朵贴在大地上，你才能听到草木的叹息。如果你不和群众坐在一条板凳上，你就没有办法真切感受他的快乐或忧伤。”①

“必到现场”“把耳朵贴在大地上”，这就是唐湘岳的答案。

真实是新闻的生命。所谓新闻真实，就是获取并报道了准确的实体信息。道听途说，由于不是来自实事、实物，所以不足为凭。

在新媒体层出不穷的今天，获取新闻相对容易，有时一个电话或一段微博，就可能得到重要新闻线索。但如果仅仅停留于此，就不能得到现场第一手信息，容易出现人云亦云，使新闻失真。面对新媒体，更有必要强调到现场采访，获取第一手的、新鲜、准确的实体信息。

（二）“三贴近”“走、转、改”，其核心思想就是要到社会生活实践中获取第一手信息

“三贴近”就是贴近生活、贴近实际、贴近群众。贴近生活、贴近实际无疑就是贴近实际事物、实体事物；贴近群众自然是贴近实体的人和事。

“走、转、改”就是走基层、转作风、改文风。其前提是走基层，走基层与“三贴近”的基本精神是一致的。

不难理解，“三贴近”“走、转、改”，其核心思想就是要到社会生活实践中获取第一手信息、实体信息。

“问渠哪得清如许，为有源头活水来”，这个源头就是社会生活实践。获取实体信息的主要途径就是社会生活实践。

① 毕玉才：《上阵父子兵——光明日报记者唐湘岳一家三代走基层的故事》，《光明日报》2013年10月17日。

八、作家、艺术家深入生活是对生活实体的体验，作品离不开对生活实体的描写

（一）作家、艺术家深入生活是对生活实体的观察和体验

作家深入生活的目的就是对生活实体进行观察和体验，获取大量的人物性格和故事情节素材，也包括对生活环境和自然景物的观察和感受。从信息和传播的角度看，就是获取实物信息和实事信息、动作表情信息等。

我们来看《黄河大合唱》词曲的诞生过程：

1938年10月30日一早，诗人光未然与抗敌演剧队趁着晨曦未露启程，准备从壶口下游东渡黄河转入吕梁山抗日根据地。

> 那时，渡河的唯一通道是壶口下游的圪滩渡口。那天，抗敌演剧队一路攀登爬高，临近中午时分，忽听雷声滚地而来。万里晴空，哪里来的雷声？这时，赶牲口的老乡手指向东方，说这响声来自山那边的壶口。他们从顶峰曲折下行了一段路程后，看见远处的黄河面上笼罩着大团翻滚不停的水雾……这里的黄河被横阻的山峡断成了上下两节，原来较宽的河面突然被挤在仅有几丈宽的峡口里，以雷霆万钧之势，向下直奔狂泻，吼声震天动地。
>
> 第二天上午，抗敌演剧队登上了渡船。只听得一声吆喝，40来个打着赤膊、肤色赤黑发亮的青壮年“扑通”“扑通”地从岸上跳进水里，把渡船推向河水深处。他们的动作矫健敏捷，有秩序，有纪律，就像一支即将投入战斗的军队。由于水势湍急，渡船始终逆流朝东北方向上行。行进中，桨手和舵手们随着划桨的节奏，一呼一应呼喊着低沉有力的船工号子。这一曲又一曲的船工号子给了抗敌演剧队无限的力量，在最惊险的时刻，队员们已把恐惧之心抛到了九霄云外。这一幕幕情景给光未然留下了极为深刻的印象。

11月1日正午前后，剧团渡过了黄河，这时，光未然和抗敌演剧队的负责人兼指挥邬希零，就当时流传着的抗日救亡歌曲的创作体裁形式问题交谈起来。交谈之中，光未然忽然问起什么是“康塔塔”，邬希零说他也没有听过“康塔塔”，只能把在书本上看到的有关情况向光未然做了

介绍。“康塔塔”是欧洲宗教音乐中篇幅最长的声乐曲之一，它的中译名是大合唱……几十年后，邬希零回忆说：诗人为什么恰恰在这个时刻提出什么是大合唱问题？答案是肯定的，就是《黄河大合唱》这时已开始在光未然的心中酝酿。

1939 年 2 月 26 日，冼星海来到医院看望因坠马骨折的光未然，并提出合作一部大型诗乐作品的愿望。5 天后光未然完成《黄河大合唱》的全部歌词。受到了《黄河大合唱》歌词极大感染的冼星海拿着歌词，再三叮嘱要尽快向他详细介绍渡黄河时的实况，躲进了他那间挖在山坡上的小窑洞里。

第二天，邬希零就去给冼星海介绍了有关黄河的情况。那天，两人交谈了 4 个多小时，中心话题是抗敌演剧队在壶口渡河时的所见所闻。当邬希零说到当时的情景时，冼星海要他反复地叙述和描绘。当他模仿哼唱船工号子时，冼星海更是聚精会神地仔细倾听。可是，那时 40 来个船夫自然的劳动呼声，没有唱词，没有旋律，光凭着一个人的哼唱怎么能够完美表达呢？于是邬希零边哼边解释，还不时站起来用手比画动作……正当他忙得沁出汗水时，冼星海忽然好像有所感悟，拿起铅笔在纸上飞快地记下了一连串的音符。①

如果说光未然亲临黄河壶口瀑布获得的主要是自然景物实物信息，那么亲历在渡船上由船夫通力合作渡过黄河，则主要是实事信息和实事传播了。以上经历是光未然写出《黄河大合唱》歌词的直接原因，也是该歌词成功的一个最重要原因。冼星海谱曲时没有亲身经历，所以才要求邬希零向他反复叙述和描绘当时的情景。有一点需要强调，因为不在现场，所以当时的实体信息、现场气氛，邬希零很难给冼星海描述出来。“那时 40 来个船夫自然的劳动呼声”“光凭着一个人的哼唱怎么能够完美表达呢”？正是黄河、正是当时的民族灾难和抗日烽火给光未然以灵感和创作热情，没有船工号子也就没有其中的“黄河船夫曲”。

齐白石画虾最负盛名，也与他对游动中的虾长期、细致观察有密切关系。齐白石少年在农村生活，经常在小溪里看虾、钓虾。他对画虾的喜爱贯穿一生，从早期临摹八大山人的作品，到后来写生时在画案上放一盆活虾，也在院中的小池中养虾，观察虾的形状，在水中游动的姿态，有时用笔杆触动它，看它怎样跳跃，甚至把虾从水里拿出来数一数有几

① 孟兰英：《在抗日烽火中诞生的〈黄河大合唱〉》，《党史纵览》2010 年第 7 期。

条腿。就这样，齐白石创作出独特的虾的画作。

自己体验过的生活，获得了丰富的实体信息，就容易写好，反之就很难写好。著名小品演员黄宏在谈到近些年好的小品越来越少时说：

> 原因是什么？其一，直接生活太少，间接生活太多。过去，作品中的很多细节都是我们直接从生活中捞出来的，而现在的很多作品，往往是将网上看到的段子、素材再创作，这样一来，你其实是在“炒剩饭”了。这样的作品，观众看了肯定觉得不新鲜，自然很难受到好评。①

有过直接的生活体验，写出来和表演出来的作品才可能血肉丰满、形象鲜活。

（二）文学作品离不开对生活实体信息的描写

作家在对生活实体观察和体验的基础上，进入创作阶段。文学作品多首先对社会生活实体信息进行描摹，然后才有内心情感的表达和深远意境的营造。就连苏东坡在《送参廖师》中谈“空”说“静”时，也深刻地揭示了禅与诗，以及静与万事万物之动、空与万事万物之境的关系：

> 欲令诗语妙，
> 无厌空且静。
> 静故了群动，
> 空故纳万境。

要想写出好诗来，就应当进入“空”与“静”的状态，并深刻把握静与万事万物之动、空与万事万物之境的关系。心静、心态平静因而能观察、了解、体悟万事万物的动态、变化，对一切了然于心；虚空、空明所以能容纳、接纳万事、万物之境界。苏轼在《赠袁陟》中还说：“是身如虚空，万物皆我储”，与上边的意思相同。具体说来就要，“阅世走人间，观身卧云岭。成酸杂众好，中有至味永”。高境界的诗并非空无一物，因为在他看来“真巧非幻影”。善于捕捉生活环境中常人习以为常或难以发现的实体信息，并巧妙地融入自己的作品中，正是杰出艺术家的能耐。

---

① 肖莹、张建魁：《走过24年春晚路　“的确很难割舍”》，《环球人物》2013年第3期。

柳永的“幽蛩切切秋吟苦。疏篁一径，流萤几点，飞来又去。”(《女冠子》)不正是对夏秋野外实体信息的艺术化描摹吗？此些微实体信息一经进入整首词中，便使作品充盈着生活气息，动感、似有似无的视感和切切音感有机地化为凡人难以营造的悠悠意境，缥缈却又真切。

由《诗经》开创的“赋、比、兴”艺术手法在各类文学体裁中有着广泛运用，这些艺术手法无不与万事万物有着直接联系。

“赋者，敷陈其事而直言之也”，实际上是直接叙述事实。《诗经·氓》：

氓之蚩蚩，
抱布贸丝。
匪来贸丝，
来即我谋。
送子涉淇，
至于顿丘。

叙述的是一个叫氓的男子求婚这样一件事。后来杜甫的《北征》《自京赴奉先咏怀五百字》“三吏三别”，白居易的《长恨歌》《琵琶行》等，都主要是用“赋”。

“比者，以彼物比此物也”。“彼物”也好“此物”也好，都是实物的描写。《诗经·硕人》：

手如柔荑，
肤如凝脂，
领如蝤蛴，
齿如瓠犀，
……

此物“手”“肤”“领”“齿”，彼物“柔荑”“凝脂”“蝤蛴”“瓠犀”都是实物。

“兴者，先言他物以引起所咏之词也”，从《诗经》作品看“他物”多为自然景物。“兴”，都是首先对实体景物信息进行描写，从而引发出主题。《诗经》首篇《关雎》：

关关雎鸠，
在河之洲。

窈窕淑女，
君子好逑。

“关关雎鸠，在河之洲”是实体信息的描摹，“窈窕淑女，君子好逑”，既有实体信息的描摹，也有内心情志的抒发。

《诗经·蒹葭》也是如此：

蒹葭苍苍，
白露为霜。
所谓伊人，
在水一方。

“蒹葭苍苍，白露为霜”是实体景物的描写，“所谓伊人，在水一方”转而写人及其方位的实体信息。离开了对实体信息的描摹，叙事文学作品就不能存在，抒情文学作品也很难展开。

九、实体信息传播在企业公关和企业传播中的作用

在企业公关和企业传播实践中，虽然没有明确的实体信息、实体传播理论做指导，但在众多企业公关和企业传播成功的案例中，还是有意无意中巧妙地利用了实体信息、实体传播。如果有了明确的实体信息、实体传播的概念和理论，企业公关和企业传播在这方面会做得更好。

20世纪60年代初期，日本精工计时公司生产的精工表，虽然质量性能上乘并做了大量广告，但很难打入国际市场。是什么帮助他们打开国际市场上的销路的呢？有一天，公司派人坐飞机到澳大利亚上空投下许多精工表，精工表在阳光下银光闪闪、引人注目。更为惊奇的是从高空坠地的精工表走时依然准确，目睹此事的人无不为之叹服。这当然也成为澳大利亚的一大新闻，媒体纷纷报道，精工表从此走向了国际市场。引起人们和媒体关注的奇招，自然是打开国际市场销路的途径，但其手表产品能经得起高空跌落考验的质量，才是这种奇招得以施展的基础，没有质量前提就没有能够预期的实体传播。有了实体传播，才有之后的媒体传播。

香港一家经营强力胶水的商店贴出一则启事：“明天上午九点，在此将用本店出售的强力胶水把一枚价值4500美元的金币贴在墙上，若有哪位先生、小姐用手把它揭下来，这金币就奉送给他（她），本店决不食

言!”第二天，人群集聚在这家店铺门前，电视台的录像车也开来了。这家店铺里的人拿出一瓶强力胶水，将那块从金币店定做的金币背面涂上一层薄薄的胶水然后粘在墙上，并大声重复着承诺。围观的人们一个接一个地上来试图将金币揭下来，但金币纹丝不动。这一切都被电视摄像机记录下并在媒体中传播，从此这家商店的强力胶水销量大增。这则奇招的核心是胶水粘金币而揭不下来，它是强力胶水性能的实体信息和实体传播。

据《人民邮电报》报道：2002 年 10 月 5 日，上海“千里之行户外运动俱乐部”的廖千里等 8 名上海大学生，在井冈山五指峰原始森林探险时，因迷路陷入绝境。在饥困交加的时候，他们惊喜地发现随身携带的“全球通”手机还有信号，于是立刻用手机“紧急呼救”。当地中国移动分公司获悉后，紧急启动了全球定位系统(GPS)来帮助测定遇险学生的方位，使得救援得以顺利进行。当地政府组织力量历经 26 小时的大规模搜救后，找到了他们。脱险后 8 人不无感激地说：“是全球通给了我们第二次生命。”

很凑巧，事隔一天，2002 年 10 月 6 日上午 9 时 36 分，一艘载有 128 名中国游客的越南游船从越南海防驶向芒街时，因为船长酒后驾船失误，在下龙湾偏离航道 2000 米后触礁，游船随时有沉没的危险。不可思议的是游船上竟然没有任何求救通信设备，茫茫大海，游客的生命危在旦夕。但万幸的是中国游客梁先生的一部“全球通”国际漫游手机还有信号。梁先生立刻用这部手机向外界求救，与有关部门取得联系。经过多方救助，5 小时以后，128 名乘客获救。整个遇险、援救过程中，是这部中国移动的“全球通”国际漫游手机，为 128 名游客与外界筑起跨越时空的生命通道。

中国移动通信公司的公关人员撰写了《关键时刻　值得信赖——从“全球通”两度拯救游客生命说起》，借助新闻媒体传播出去，有效地塑造了“关键时刻，值得信赖”的“全球通”品牌形象。但无论是公关人员的宣传还是新闻媒体的报道，其前提是“全球通”强大的网络信号覆盖所实现的实体传播，没有“全球通”网络信号的覆盖和手机在偏远地带接到信号的实体传播，别的都无从谈起。

当然，在这些成功运用了实体传播的实例中，有一个要素也是不能忽视的，那就是在实体传播基础之上，还要得到新闻媒体的关注并能进入大众传播媒体，才能得以广泛传播和收到预期的效果。

第六节　提出实体信息传播的理论意义

一、提出实体信息和实体传播概念与新的信息、传播分类的意义

实体信息、实体传播是本书提出的新概念；实体信息与符码信息、实体传播与符码传播是本书对信息、传播的一种新的分类。这种新概念和新分类对于理解物质产品实物传播，对于理解电子传播产生的重要意义，对于拓宽传播学研究的视野，对于打通传播学与哲学认识论都是必要和有益的。确立实体信息和实体传播的观念，会从基础理论上改变我们对信息和传播的认识，并进而影响我们对整个客观世界的认识。

尽管本体论意义上的信息概念与实体信息的概念在实质上是一致的，但有了实体信息的概念，就与符码信息形成了一种明确的对比。实体信息和实体传播与符码信息和符码传播相比较的意识，对于我们认识和理解客观世界，对于我们更全面地认识和理解信息和传播打开了新的视域。

在实体信息、实体传播的概念提出之前，一提信息和传播大家总是把它们和符码信息、传播媒体联系在一起，总是把它们和人联系在一起。传播学中所说的人内传播、人际传播、群体传播、组织传播都考虑到了人，大众传播(指大众媒体传播)和网络传播考虑的是符码信息和传播媒体。比如传播学家 S. A. 西奥多森和 A. G. 西奥多森说："传播是个人或团体主要通过符号向其他个人或团体传递信息、观念、情感和态度。"①现在，有了实体信息、实体传播的概念后，我们就可以放开视野把世界上所有的事物，包括所有的物质实体和实事纳入信息学和传播学研究的视野。

还要指出，实体传播和符码传播也包容了原有的传播分类。人内传播、人际传播、群体传播、组织传播、大众传播和网络传播都可以在实体传播、符码传播中找到自己的位置。这六种传播类型，一般都可以归入符码传播中。但人际传播在许多情形下属于实体传播。群体传播、组织传播在许多情形下也属于实体传播。比如，某单位组织其成员到深圳实地参观、考察改革开放成果，就其主体来说属于实体传播，实地参观、考察获取的主要是实体信息。旅行社随机组织的旅游团体到名胜古迹游

① 转引自〔英〕丹尼斯·麦奎尔、〔瑞典〕斯文·温德尔：《大众传播模式论》，上海，上海译文出版社，1987，第 5 页。

览，大部分属于实体传播，到名胜古迹游览得到的主要也是实体信息。大众传播媒体报刊、广播、电视、网络、手机不过是一种特殊的物质产品(商品)——用来传播信息的物质产品(商品)，其实它们也在传递着自身的实体信息。

在实体信息、实体传播的概念提出之前，人们对信息的认识也经常出现片面性。比如，在专门讲信息技术的全日制普通高中教科书中，对信息的定义是："简单地说，信息就是消息，是以语言、文字、图形、图像等作为载体呈现的消息。"①显然，这里讲的信息指的是符码传播中的信息，把现实世界中物质实体和实事传达出的信息给排除在外了。也许我们可以说它指的是狭义的信息，不应过多苛责。但无论如何，全面、准确理解信息是必要和有益处的。实体信息、实体传播概念的提出，对于全面认识和理解信息这个重要概念的内涵和外延，提供了新的可靠路径。其实，除了媒体可以传递信息外，我们身处的全部实体世界也在以各种方式显示和传递着信息。

行文至此，我们会感到信息学和传播学的视野是如此广阔。实体信息、实体传播——一片新天地！从此可以以"大传播"的视野观察和审视这个世界了。

二、实体信息、实体传播是符码信息、符码传播的基础

在信息理论和传播理论上我们必须确立一个重要观念——实体信息、实体传播是一般意义上的信息传播即符码信息及其传播的基础，理由如下。

(一)如果没有实体信息和实体传播，符码信息、符码传播就不会产生，就不能理解

从根本上说，所有的符码信息都来源于实体信息。远古时人们对世界的认识是"近取诸身，远取诸物"(《易经·系辞下传》)，"身"和"物"都是实体。实体是信息源，它肯定显示和传递自身信息；实体信息是符码信息的原型；符码信息传递的是实体的信息，但它未必能够真正传播信息源的原真信息。符码信息、符码传播在相当程度上不过是实体信息、实体传播的模拟、语言和影像复制。实体信息和实体传播可以独立存在，符码信息和符码传播则依附于实体信息和实体传播。

保罗·莱文森没有实体信息和实体传播的概念，但在他看来，没有

① 苗逢春：《信息技术》高中版第一册，保定，河北大学出版社，2002，第1页。

"抽象"就没有传播，"对不在场的东西的感觉，是由于人的抽象机制才能够产生的。所谓抽象机制，就是从原来真实事件的感觉中挑选出一些特征，以后又在脑子里回放这些特征的机制。""对不在场的东西的感觉"就是笔者所说的符码传播。可见，对符码传播的理解是离不开对"真实事件的感觉"的。"君诗妙处吾能识，正在山程水驿中。"(陆游：《题庐陵萧彦毓秀才诗卷后》)叶嘉莹说过："早年背诵《论语》并不理解，但在我以后的人生路程中，遭逢各种各样的事情的时候，会忽然理解了《论语》中的某些话。"不仅是叶嘉莹，也不仅是《论语》，许多早年背诵古文古诗词的人都有类似体会。不少内容最初并不理解，随着经历的事情多了就逐渐理解了。

世界上的实际事物在不停地显示和传递着自身存在和运动变化的信息，符码传播的所有信息都来自实体事物。也就是说，符码传播来源于实体传播。绘画是符码传播的一种，刘海粟叙述自己在莱蒙湖写生时写道："像一座海市蜃楼一般，我片刻也不放过，我沉醉于它那千变万化之中，心悦诚服那层出不穷的发现与创造，我便自然而然转向这世界举起双手，拿了一支颓笔，在一块粗布上，不断地向着巍峨的峻峰挥洒、上升，努力呀！努力呀！尽情吸收这气象雄壮的白峰，绚烂诡怪的绿波，努力工作挥洒，我就可以享受伟大自然的恩惠了。……我从这湖光山色，认识了无终无极的生命，光荣和伟大，长是这么而且深入人心的。""有这样清奇的境域，我可以断言，才能产生丰富和美满的作品。"①不管是来自艺术创作和欣赏中的符码传播，还是来自其他活动中的符码传播，它们的源头只能是实体信息及其传播。

实体信息、实体传播与符码信息、符码传播的这种源和流的关系可以用下面的简图(见图 1-5)表示。

实体信息、实体传播：实体（信息源）——受众
符码信息、符码传播：实体（信息源）——传播者——符码（编码）——受众（译码）

图 1-5　实体信息、实体传播与符码信息、符码传播的源和流的关系

从简图中可以看出，实体是传播的信息源，没有它一切传播都无从谈起。同时，实体传播和符码传播的终点都是受众，只不过后者多了中间环节——经过传播者并进行编码之后才与受众见面，受众在译码之后才能接受信息。拉斯维尔(Harold Lasswell，1902～1977)在谈"传播五要

---

① 刘海粟：《多变的莱梦湖》，见钱谷融：《现代作家国外游记选》，上海，上海文艺出版社，1983，第 191 页。

素”时，没有提到信息源(传播源)，他从传播者(who)开始。但传播者从哪里得到的信息他没有深究。只要我们稍加追索就不难发现，信息来源于实物和实事。

著名的俄国生理学家巴甫洛夫认为，大脑皮质最基本的活动是信号活动，他把信号系统分为第一信号系统和第二信号系统。第一信号系统以直接作用于各种感觉器官的具体刺激如声、光、电、味等刺激为信号刺激，这是人类和动物都有的。第二信号系统以语言文字等作为信号刺激，以人类最为发达。所谓“望梅止渴”，就是以语言符号唤起想象中的梅子，作为条件刺激口水生成的第二信号系统的机体反应。

显然，第一信号系统以实体信息和实体传播为基础，有了实体信息和实体传播才有人类的第一信号系统，第一信号系统由于实体信息和实体传播而存在。人类具有第二信号系统的能力是符码传播的前提，如果人类没有第二信号系统这种能力，符码传播就不会产生和发展。但是，第一信号系统是第二信号系统存在的基础，没有第一信号系统就谈不上第二信号系统。自然，没有实体信息及其传播就谈不上符码信息及其传播。

我们说如果没有实体信息和实体传播，符码信息、符码传播就不会产生，还在于如果没有实体信息和实体传播，符码信息就无法显现和传播。比如，对于书刊符码信息的显现和传播来说，没有纸张特定的柔韧度、光滑度、反光度和吸墨性等实体信息，没有油墨的颜色信息和长时间不褪色的性质，文字符码信息就无法显现和传播。再比如，没有无线电电波可以承载编码信息和远距离传送的性能信息，没有收音机可以接收和转换无线电波所承载的编码的实体信息，广播这种有声语言符码信息就不能转换成声音来传播。

(二)在相当程度上，符码信息传播为实体信息传播服务并接受实体信息的检验

我们先来看符码信息及其传播为实体及其信息传播服务。

围绕着“马航MH370失联”事件的新闻报道和相关卫星数据就很能说明问题。2014年3月8日，马来西亚航空公司MH370航班在飞往北京的航线途中失去联系。之后，先后共有26个国家在南中国海、马六甲海峡及有关陆地、南印度洋展开海空联合搜救。3月24日，马来西亚总理纳吉布宣布，根据卫星分析数据，可以判定MH370客机在南印度洋“终结”。10月6日澳大利亚宣布重新启动中断4个月的水下搜索行动。围绕着这一事件有数不尽的新闻报道，还有相关的卫星数据，所有这些

符码信息都是为搜索到 MH370 航班飞机实体服务的。2015 年北京时间 8 月 6 日凌晨，马来西亚总理纳吉布宣布，专家证实在印度洋法属留尼汪岛发现的波音 777 客机襟副翼残骸属于马航 MH370 客机。法国巴黎共和国副检察官马科维亚克同一时间则谨慎表态称，残骸有“很大可能”来自马航 MH370，但得出最终鉴定结果还需进一步分析。

我们再来看学者索科拉夫斯基围绕着一位体育明星的分析：“我们可以从某个人的名字到他面部的轮廓，再到全身肖像和塑像，再到他在电视上的影像，最后到他本人。其中的每一个阶段都在性质上与其他阶段相区别，而且每一个阶段都充实前一个阶段但是依然指向下一个阶段。然而最后的一个阶段，也就是直观，不指向任何其他的阶段。它是终点，是最终的明见性。”①“直观”就是对象实际在场。“某个人的名字”“全身肖像和塑像”“电视上的影像”，这些全都是符码信息，而“他本人”才是实体信息。只有见到他本人才是“终点”，才是“最终的明见性”，才是最终目标。这位学者没有实体信息的概念，但我们可以从他的论述中辨析出符码信息为实体和实体信息服务的逻辑关系。

索科拉夫斯基举例说：我曾经去看过一场高尔夫巡回赛，并且想要看到杰克·尼克劳斯打球。我已经在体育杂志上读到过对他的报道，在报纸上见过他的照片，也在电视上看过对他的采访。来到赛场之后，我就绕着高尔夫球场走动，想找到他所在的那个三人组的比赛。我看到了写着他的名字的导示牌(比赛场上用来标示球员的姓名和成绩的牌子)，这就像是他的在场的指号或者信号。然后我又看到他的球童，我在别的照片上见过这位球童(这样我就获得了关于尼克劳斯在场的进一步的指示)。最后，我看见了尼克劳斯本人。就在此刻，我进入到知觉，并且脱离空虚的符号性意向、图像性意向、关联性(associative)意向以及所有其他种类的居间的意向。一旦进入到知觉，我就不能再转入任何其他种类的更好的充实，但是我却能够继续拥有越来越多的知觉(当我跟着尼克劳斯看他打下几个洞时，我的确继续拥有了越来越多的知觉)。不过这些进一步的知觉并不是转入另一种意向性，而只不过是更多的同一种意向性。这条充实之链达到了它的顶峰。

在这个例子中，“某个人”转变为具体的高尔夫球员杰克·尼克劳斯。体育杂志上关于尼克劳斯的报道、报纸上他的照片、电视上对他的采访，

① 〔美〕罗伯特·索科拉夫斯基：《现象学导论》，武汉，武汉大学出版社，2009，第 38～39 页。

还有赛场上写着他的名字的导示牌等都是符码信息，对于要寻找尼克劳斯的索科拉夫斯基来说，它们都指向尼克劳斯本人，都是为找到他本人服务的。只有见到了他本人并且“看他打下几个洞”时，“这条充实之链达到了它的顶峰”，因为索科拉夫斯基的目的达到了。

一切符码信息和符码传播最终还要回到实际的自然界和人类社会中，并接受自然界和人类社会的检验。

从人民公社成立直到“文化大革命”结束，中国大陆所有的媒体都说“人民公社好”。到安徽当省委第一书记的万里，这样记述自己到农村实际考察后的感受：“我这个长期在城市工作的干部，虽然不能说对农村的贫困毫无所闻，但是到农村一具体接触，还是非常受刺激。原来农民的生活水平这么低啊，吃不饱，穿不暖，住的房子不像个房子的样子。淮北、皖东有些穷村，门、窗都是泥土坯的，连桌子、凳子也是泥土坯的，找不到一件木器家具，真是家徒四壁呀。我真没料到，解放几十年了，不少农村还这么穷！我不能不问自己，这是什么原因？这能算是社会主义吗？人民公社到底有什么问题？为什么农民的积极性都没有啦？”①符码传播中的“人民公社好”，受到了实体传播的强烈质疑并最终被否定。

作为一种符码信息的图像也是如此，正如维特根斯坦在其著作《逻辑哲学论》中所说：“单从图像本身不能发现它的真假。”“图像的真假就在于它的意义与实在相符或者不相符。”图像符号也要接受实体和实体信息的检验。

2013 年 11 月 21 日最高人民法院对外公布了《关于建立健全防范刑事冤假错案工作机制的意见》(以下简称《意见》)，进一步明确了非法证据的范围，规定对于采用刑讯逼供或冻、饿、晒、烤、疲劳审讯等非法方法收集的被告人供述，应当依法排除。《意见》同时强调应当重证据，重调查研究，切实改变“口供至上”的观念和做法，注重实物证据的审查和运用。只有被告人供述，没有其他证据的，不能认定被告人有罪。被告人供述即口供只是符码信息，而实物证据才是实体信息，符码信息必须得到实体信息的验证才能被认定。“口供至上”的观念和做法，从信息科学的角度看就是只重视符码信息而轻视、忽视实体信息，经不起实践的检验。

(三)符码信息、符码传播永远代替不了实体信息、实体传播

固然，符码信息、符码传播在社会生活中越来越重要，但有一点必

---

① 《万里：大寨这一套，安徽农民不拥护》，《文摘报》2008 年 10 月 12 日。

须清醒地认识到，符码信息、符码传播永远不可能代替实体信息、实体传播。

余秋雨在记述庐山三叠泉景观时有如下一段文字：

> 记得宋代哲学家朱熹很想一睹三叠泉风采而不得，曾在一封信中写道："闻五老峰下新泉三叠，颇为奇胜，计此生无由得至其下。"他请两位画家把它画下，带给他看，看到画幅时他不断摩索，声声慨叹。这位年迈的哲学家也许已从画幅中看出了一点远超一般山水奇景的东西，否则何来声声慨叹？但我敢说，没有亲临其境，再有悟性的人也揣想不出一个生命意义上的它。①

朱熹看画中的三叠泉，看到的是符码信息，是符码传播。看画中之境与亲临实体之境当然不可同日而语。所以，余秋雨才断言，没有亲临其境，再有悟性的人也揣想不出"一个生命意义上的"三叠泉。"一个生命意义上的"三叠泉传递的当然是实体信息，也只有能够传递实体信息才算得上具有"生命意义"。

英国前首相希思在参观长城时说："中国的过去与将来，同样具有魅力……抵达长城时，我觉得比以往从照片上、刺绣上和绘画上见到的长城更为壮观多了。"②长城的雄伟、浩大与苍凉是任何画幅与文字都难以形容和表达的。要想真正认识长城，不亲自走到长城上触摸它、瞭望它、翻越它就无法办到。长城之长在正常视野下无法容纳、无法看全，这也为"大象无形"做了一个注脚。真正的旅游美，只有到旅游地现场才能得到，它是不能够靠符码信息和符码传播实现的。旅游的最大魅力就在于对实体信息的感受和体验，这也是符码传播不能取代直接到旅游目的地亲身体验的根本原因。

即使你读遍了所有描写良辰美景的文学作品，即使你观赏了所有描摹自然景观的美术画作，甚至你观看过了所有这些良辰美景和自然景观的电影和电视片，都不能代替你到实体的良辰美景中的亲身体验。正如汤显祖的《牡丹亭·游园惊梦》中杜丽娘所唱："不到园林，怎知春色如许?"真实的"朝飞暮卷，云霞翠轩。雨丝风片，烟波画船"，是文字符号

---

① 余秋雨：《庐山》，《文化苦旅》，北京，知识出版社，1992，第63页。

② 罗哲文：《文物古迹保护与旅游事业的发展》，《中国社会报》2001年10月6日。

所无法全面传达的。这折戏为什么叫“游园惊梦”？正是真实的游园才使杜丽娘的春梦惊醒。

我们衡量一所博物馆的价值，主要是看馆藏的实物真品、实物珍品有多少。只有这些实物真品才能以实体传播的方式向我们传递实体信息。复制品、图片、文字等资料其价值是不能与实物真品相提并论的。由于实物真品太珍贵了，多数博物馆把它们放在玻璃罩内，或以其他方式来保护，这就使许多参观者由于不能直接触摸真品实物而感到遗憾，导致文物真品的实体传播效果打了折扣，但这是没有办法的事。只有极少数高级专家和贵宾才有机会直接触摸珍品实物，从而使这些珍品实物的实体传播效果充分发挥出来。

对于历史文化名城来说也是这样。武汉大学哲学学院教授、中国环境美学的重要开拓者之一陈望衡，在宁波市图书馆天一讲堂的演讲中指出：

> 历史文化名城还有一点很重要，我刚才讲的首都发生了重大的事件，在经济、政治、宗教方面享有重要地位，但还有一点是关键的，就是保留了比较多的、质量比较高的文化遗迹，这一点至关重要。就算你曾经拥有过一段辉煌的历史，在你这里曾经发生过威武雄壮的事情，但是只有文字记载，没有实例证明，就是“遗憾”。是不是历史文化名城，根本还要看你是不是保留了比较丰富的，而且质量比较高的遗存。马克思家乡特里尔我去访问过，这座大概只有十来万人口的小城市，不仅因为有马克思而骄傲，还因为拥有世界八大文化遗产而骄傲。众所周知，罗马是世界文明的发源地之一，曾经拥有过世界上最为灿烂的文明，虽然数千年的时间已经过去，罗马城遭到了巨大的毁坏，但罗马仍然拥有世界上最多的建筑遗迹，有些建筑还完好无损，比如说凯旋门；有些就算损坏了，比如说角斗场，还仍然拥有很多震撼人心的魅力。宁波的保国寺，是世界上最早的木建筑之一，而天一阁则是中国最早的私人藏书楼、私人图书馆，保存这样完美的在中国还找不到第二家。

只有真实的遗存才能以真实实体的身份传递出准确的历史信息，这是其他任何方式都不能代替的。无论是仿制品还是符码传播，其价值都不能与真实的历史遗存相比。如果一段历史仅仅有文本记载而无实物证明，对于历史学家来说就是极大的缺憾，这段历史甚至永远不能得到确认。所以“一定要强调历史遗存的原真性，只有原真性才有真正的历史价值，任何仿造充其量只是一件艺术品，而且是一件没有独创性的艺术作品，毫无文物价值，因此一定要把握它的原真性”①。原真的历史文物保留着原真的历史信息。为什么要重视考古新发现，为什么要保护历史文物，原因就在于此。

冯骥才谈到有人试图在中国南方原样复制世界文化遗产奥地利的哈尔施塔特(Hallstatt)小镇时指出：“既然古镇的精神、气质、历史、风俗、生活气息、审美情趣，是一种生命，都无法复制，看来能复制的只有那些冷冰冰的建筑空壳了。然而建筑上的历史感——历史感也是生命感，也还是不能复制。”②复制哈尔施塔特小镇可以看作一种特殊的符码传播，因为它非常接近实体传播，但要想复制哈尔施塔特小镇的生命，就要复制出这个小镇的全部实体信息，但那几乎是不可能的。

符码信息和符码传播不能取代实体信息和实体传播还在于，有时符码信息会“以假乱真”，即使信源是仿制的模型，当它们以符码信息和符码传播的方式出现时，人们几乎无法辨认其来源于实景还是布景道具。比如，好莱坞电影曾大量使用仿制实景的布景道具，往往具有逼真的效果。图 1-6 就是好莱坞的布景道具街，拍摄出来的效果简直与真实的街道没有区别，绝大多数人根本无法辨认出来。但是只要我们看看它的背面(见图 1-7)就会一目了然。看过此道具楼的背面后，恐怕好莱坞电影的真实感就会荡然无存了。

图 1-6　好莱坞的一面道具楼和多辆道具汽车

(赵建国摄于 2013 年 4 月 7 日)

---

① 陈望衡：《城市——我们的家》，《光明日报》2008 年 12 月 11 日。

② 冯骥才：《别急，哈尔施塔特》，《南方周末》2011 年 9 月 15 日。

图 1-7 道具楼的背面
（赵建国摄于 2013 年 4 月 7 日）

尽管符码信息和符码传播成为传播学研究的主要对象，并已经在信息社会中引起高度重视，成为信息社会不可或缺的要素，但由于我们上边谈到的第一和第二条原因，它永远不可能取代实体信息和实体传播。

三、实体信息、实体传播的认识论意义

（一）实体传播对哲学认识论和实践论的意义

有哲学认识论基础的读者可能已经发现，刚刚谈过的实体信息、实体传播是符码信息、符码传播的基础中的观点，诸如如果没有实体信息及其传播，符码信息及其传播就不会产生；如果没有实体信息及其传播，符码及其符码传播就不能理解；符码信息及其传播为实体传播服务并接受实体传播的检验等，实际上不过是辩证唯物主义认识论在上述语境中的一种具体表述，也可以说是辩证唯物主义认识论在实体传播研究中的灵活运用。我们没有给这种研究贴标签，然而这种研究却实际上打破了哲学认识论与传播学之间的樊篱，在相当程度上实现了它们之间的对接与沟通。

如果我们无视实体信息、实体传播的存在，认识不到实体信息、实体传播是符码信息、符码传播的基础，就很容易使信息学、传播学研究失去与客观世界和现实生活的天然联系这个十分重要的链条，从而使信息学、传播学研究成为空中楼阁。有了实体信息这种认识，我们就可以在信息学领域内把唯物主义认识论落到实处、贯彻到底。

人类所有的实践活动都伴随着实体信息和实体传播。实体信息和实体传播都是人类实践的产物，由于实体传播是符码传播的源泉和基础，

所以符码传播同样也是人类实践的产物。离开了人类的实践就没有实体传播和符码传播。实体信息和实体传播也将传播学与哲学实践论连接起来，并把传播活动建立在实践基础之上。

人类的认识过程也是信息传播过程。所谓感觉、知觉就是对事物各种信息的感觉和知觉。感觉是对信息的简单辨识。知觉则是对信息的一定程度的综合，对某种事物形成整体印象。理性认识是对实体信息的综合和升华。认识、认识过程、认识系统都可以在信息意义上得到解释。

（二）实体传播实现了传播学与文艺创作论的沟通

文学艺术创作的源泉是社会生活，丰富的社会生活体验是作家、艺术家创作的前提。所谓社会生活体验就是对实事、实物等的体验，获取的主要是实体信息，是一种实体传播，包括实事传播和实物传播。用另一种说法，文学艺术创作和接受的过程，实际上是一种符码传播的过程，而这种符码传播的前提是实体传播，即作家、艺术家的直接的生活体验，同时，接受者要想真正欣赏和深入理解文学艺术作品也需要有相应的生活体验。

著名诗人余光中有这么一段话："奥运会期间，我也写过很多运动的场面，是靠新闻摄影得到的灵感。所以我相信，除了写实主义这条大路之外，有一些不需亲身经历，仅靠密切的观察、深刻的同情与想象，也可以从别人的美感经验中，间接地转化为你的艺术的素材。"[①]余光中的这段话与我们上边所说的内容并不矛盾。首先，他承认写实主义是条"大路"，也就是说主要靠亲身直接体验；其次，"有一些不需要亲身经历"，那是"从别人的美感经验中"间接地转化为你的艺术的素材，这是建立在别人直接经历的基础之上的；最后，如果自己没有任何类似的直接体验就很难把这种素材"转化"好。比如，画家经常利用照片来创作景物、人物画，但有经验的画家们都知道，到实地观察、体验后拍下的照片，与不是自己亲身观察、体验后拍下的照片是非常不同的。只有那些到实地观察、体验后拍下的照片才使创作更加得心应手。

（三）新的重大实体信息的发现会引发思想革命和思维方式的转变

新的重大实体信息的发现必然会催生新的理论，从而引发思想革命和思维方式的转变。当科学家发现地球绕着太阳转时，地球中心论就被打破了。

有学者指出："如同物理学上改变惯性状态需要某种外力一样，在认

① 余光中：《用艺术感受人生》，《光明日报》2008年5月15日。

知上打破惯性思维也要有某种外力，这个外力或为新的信息，或为新的理论，或为一场新的行动。”[①]这里所说的“新的信息”当然首先是指实体信息；而“一场新的行动”也是以实体行动为主的，实体行动必然传递实体信息；至于“新的理论”其来源也只能是实体信息。所以，新的重大实体信息的发现会打破惯性思维方式。

四、实体信息、实体传播还是认识某些未知领域的重要思路

著名中医专家潘德孚是这样定义生命的：

生命是信息运行的一个自组织过程。这里所说的“信息”是指与生俱来的生命密码。之所以叫作密码，就是不可能被轻易解开的。而“运行”是强调动态的、变化着的，因此目前还未被解开。“解”是需要时间的，而时间却不可能停止不动。“一个”则是指任何生命都是唯一的，都具有个体特异性。“自组织”是说每个生命，都有自己的执行密码展开的能力。“过程”是指每个生命都只有一段时间。这说明，生命是动态的，是不断展开的一个靠自组织能力实现生、长、壮、老、已的过程。推动着这个过程的，是生命的自组织能力。生命自组织能力的强弱，决定了生命的活动能力，包括它应对疾病及自我痊愈的能力。因此，医疗的目的是要维护生命的自组织能力。治疗也必须十分小心，避免伤及自组织能力。

人从一个细胞(胚胎细胞)不断分裂、复制，演变成一个完整的人，从出生直到走完生、长、壮、老、已，这个过程，就是一个生命信息在身体里运行的过程。信息运行有序就是健康，运行障碍就是生病，运行停止就是死亡。例如人的身体形成初期，以一个细胞变成了拥有无数细胞的整个人体，进而组织出生。头朝下、脚向上，就是顺产，就是有序；头朝上，脚向下，就是难产，就叫障碍，就是生病。又如人在生活中，精神、饮食、睡眠甚至大小便都一切正常，就是信息运行有序，就是健康。一旦出现咳嗽、发热、呕恶、泄泻等症状，就标志着信息运行障碍。所以，治病就是要帮助病人克服信息运行障碍。患者如果感觉舒服，就是治疗正确；如果不舒服，就是生命发出

① 乌东峰：《学术期刊原始伟力旨归》，《求索》2012年第9期。

了反抗信息，就是治疗错误。这也是患者自我判断医生对错的最好方法。当然，这种舒服必须有长期效果，而不是缓解。

潘德孚在这里所说的“信息”，是指“与生俱来的生命密码”，实际上就是基因。关于基因与实体信息的关系，请读者参见本书第三章中“一种极其特别的实体信息和实体传播——基因和基因的传递”。也就是说，他所说的“信息”，显然是指实体信息——尽管他没有实体信息这个概念。因为符码信息用在他上文所说的“信息”中是根本讲不通的，只有用实体信息才能解释通。

接着，这位中医专家实际上还用“实体信息”的传递来解释针灸和经络、穴位，他说：

中医用针灸能治百病，也正是遵循了这样的道理。针灸是通过经络、穴位治病的。经络不是神经，也不是血管，而是一种目前人们还无法看见的信息通道。试想一下，当胚胎还只是两个细胞的时候，它们是如何演化联系成整个身体的？这里面必然有着极其周密的内部信息联系与分工。这种联系构成了信息网络，后来就成为经络；这种分工不仅极其有序，而且还极其迅速。

细胞为什么会如此有序地组织成一个完整的人体？这些问题只能使我们想到细胞以及母体，都在无时无刻地进行信息沟通，而且一定是顺着这种无形的信息通路进行的。这些无形的信息通路，会随着细胞增多及人体变化，进一步演变得完整，进一步长大，最终形成网络。所以，经络是生命信息的通路，它形成的网络成为经络。也可以认为，经络是人体生命信息通路的集成。犹如蜘蛛网只是一个平面结构，但无论小虫被缠在哪个点，无论蜘蛛在网上的哪个地方，都会马上接收到这个小虫被捕捉的信息。人的经络组织当然是更多维度的结构，其信息运行能力与速度是无法比拟的。

穴位则是信息放大、加压的要扼或点，就如同电力网的加压站一般。针灸就是利用穴位接收的刺激，放大经络来进行信息沟通，克服运行障碍。但现实中，由于医生的学识有限，所以针灸并不能治百病，这与处方用药不能治百病同理。[①]

这位中医专家认为人体内存在着“生命信息的通路”——“信息网络”，即中医所说的“经络”。毫无疑问，这个信息网络当然是指能够传递实体信息的网络。“穴位则是信息放大、加压的要扼或点”，这就是经络和穴位的关系。“针灸就是利用穴位接收的刺激，放大经络来进行信息沟通，克服运行障碍”，他在用实体信息的传递来解释针灸治病的道理。

通过上述引文和对引文的分析，我们可以看到这位中医专家实际上使用了实体信息及其传递解释生命，解释中医的基本术语经络、穴位，解释针灸。当然，这是一种探索性解释，但它能够自圆其说。

用实体信息和实体传播来解释和认识中医中的一些重大问题，以上只是一个例子。实体信息和实体传播的概念和理论还可以用来认识和解释许多其他未知领域的问题。

五、实体信息传播为什么没有引起传播研究者的充分关注

实体信息、实体传播没有引起传播研究者的充分关注，有如下原因：

一是人们已有观念的障碍。一说信息，就是报纸、广播、电视、网络上传播的那些东西，一说传播就是人内传播、人际传播、群体传播、组织传播、大众传播、网络传播，就是纯(符码)信息的流动。

其实，这些传播类型传播的信息都是从实体(自然界和人类社会)而来。实体传播中同样有信息的流动，并且实物的传播能力是很强的。比如，如果我们第一次看到火箭，那么它传给我们的信息是非常强烈、非常多的，它的外形、它的速度、它的材料、它的动力等，都是我们所关注并可能得到的信息内容。抗日战争时期，美军观察组携带着物资设备来到延安。美军观察组带给了延安的普通老百姓无尽的新奇感，他们的白皮肤、笔挺的军装、好吃的巧克力、神奇的吉普车等，都给当地人留下了难忘的印象，并成为长时间议论的话题。中国歌曲《马儿啊，你慢些走》，很好地描述出人们看到从未见到过的实体事物时的感受：

没见过一队队汽车云中走，
没见过千里平原跑铁牛，
没见过渠水滚滚山上绕，

① 潘德孚：《是生命生病不是身体生病》，《光明日报》2013年9月8日。

没见过天旱水涝保丰收，
没见过深山密林修工厂，
没见过公路通到深山沟。

所以，歌唱者才要马儿慢些走，“我要把这壮丽的景色看个够”。

20世纪40年代，李约瑟(Joseph Needham)作为英国科学特使前往重庆，游历中国的万水千山，考察过都江堰、敦煌等集中国文明之大成的历史遗迹。英国媒体驻亚洲记者西蒙·温切斯特说：“李约瑟的一生从此改变”“这一改变也随后影响了整个西方世界对中国的看法”。因为李约瑟写出了鸿篇巨制《中国科学技术史》。

还有两个故事很能说明实体传播的效果。1864年，曾国藩麾下的大将胡林翼率领湘军终于打进了久攻不下的太平天国起义军的都城天京。战后，胡林翼踌躇满志地率领一帮幕僚骑着马在天京城头巡视战场。忽然，远处长江里有一艘外国轮船正逆流而上，耳听着突突的发动机声，眼看着那轮船劈风斩浪、势不可当，他突然大叫一声，落马而下，昏了过去。手下急忙把他扶起送回营中。胡林翼醒来后痛苦地吐出一句话：世界变了……胡林翼是敏感的，他从这艘轮船看到了工业文明的巨大力量，这种巨大力量远非太平天国农民军能比，它要冲击和颠覆的不仅是满清王朝，还有整个中华农业文明。“听惯了艄公的号子，看惯了船上的白帆”的胡林翼，从来没有见过以如此强劲的力量逆流而上的大船，他内心受到的震撼可想而知。

著名企业家王石是怎样走上创业之路的呢？我们来看他自己的叙述：“我在深圳施工半年就回广州了，但是深圳老乡每年春节会带点鱼之类的东西来到广州看我。1982年春节，老乡突然带着那时很少见的加州蛇果、新奇士橙来看我，他妻子还烫了一头摩登的卷发——以前可都是插秧的农民，一下我就愣住了，受冲击很大。我很好奇，专门到了深圳，一看就激动人心，到处是欢腾的工地，到处是车，在修路、平小山丘。从深圳回广州，我立刻就办了停薪留职。”①首先是很少见的加州蛇果、新奇士橙，还有曾经插秧的农民竟然烫了一头摩登的卷发；然后是到深圳实地一看，到处是欢腾的工地，到处是车，在修路、平小山丘。正是这些实体信息和实体传播使王石毫不犹豫，“立刻就办了停薪留职”。

还有一点需要指出，传播学四大奠基人之一拉斯维尔总结概括的传

① 王石：《我绝不是中庸的人》，《中国企业家》2014年第9期。

播五要素，即“5W”——谁(who)、说了什么(says what)、通过什么渠道(in which channel)、对谁说(to whom)、产生了什么效果(with what effect)，没有考虑传播者(谁)所传播的内容(说了什么)是从哪里来的这个问题。他所设定的传播起始点是“传播者”，没有顾及传播者所传播的信息其源头在何处。后来的学者一直沿着这个框架去思考和探索，就忽略了信息的真正源头这一重大问题。拉斯维尔“5W”程式对传播学具有开创性贡献，但这一缺陷也一直影响了后继的学者。可见，学科开创者对一个学科的影响是巨大的，这种影响也包括他的局限。

二是不少实体信息、实体传播比较隐蔽。人们往往注意到了实体事物的实用性和现实性，而忽略了它也携带并传递信息。而大千世界中，绝大部分事物人们都比较熟悉了，所以我们的感觉就迟钝了，以为它们没有携带和传递信息。当我们把实体信息、实体传播和符码信息、符码传播这两对概念联系起来考察的时候，就可以发现我们熟悉的周围所有事物同样在不停地传递自身信息。

三是大部分实体传播范围有限。像静态的山体，如果不是名山，人们很少有机会接触它和从它身上获得信息。即使名山，它的信息的广泛传播也要依赖于传播媒体。一般生活情境也是如此，如果形不成事件被口口相传或进入新闻媒体，它的传播范围是极其有限的。

四是绝大多数被制造出来的实物产品都有其实用功能，它们不是用来传播的，人们主要关注它们的实用功能；若想从实物产品中“发现”出有意义的信息，需要相应的素质条件。有中国学者无意中谈到了这个问题：“同是一件陶瓷制品，用来盛物的器皿和用来装饰的器皿给消费者带来的满足是不同的。前者作为非信息物品为消费者所使用，后者作为信息物品为消费者所使用，它具有审美意义的心理效用。显然，能够欣赏用来装饰的陶瓷制品的消费者，必须有一定的审美观念、历史知识等，才能欣赏制品内含的工艺造型、文化传统等信息内容，其素质和消费方式的层次要比单纯用作盛物的陶瓷制品的消费者高。”①许多实体信息需要具有观察能力的人去“发现”。

① 乌家培、朱幼平：《论信息商品与信息市场》，《财贸经济》1991年第6期。

第二章　实体传播的类型

本章我们将按照实体传播的三种类型实物传播、实事传播和动作表情传播分别做论述分析。

第一节　实物传播

一、实物传播的分类

（一）自然实物传播和人工实物传播

1. 自然实物传播

作家徐志摩说："自然是最伟大的一部书，葛德说，在他每一页的字句里我们读得最深奥的消息。并且这书上的文字是人人懂得的；阿尔帕斯与五老峰，雪西里与普陀山，来因河与扬子江，梨梦湖与西子湖，建兰与琼花，杭州西溪的芦雪与威尼市夕照的红潮，百灵与夜莺，更不提一般黄的黄麦，一般紫的紫藤，一般青的青草同在大地上生长，同在和风中波动——他们应用的符号是永远一致的，他们的意义是永远明显的，只要你自己性灵上不长疮瘢，眼不盲，耳不塞，这无形迹的最高等教育便永远是你的名分，这不取费的最珍贵的补剂便永远供你的受用。"①作者列举了大自然中许多实体的山水、植物、动物等传达出我们能够接受的信息（"消息"）。徐志摩对旅游的观察、体验很敏锐，我们读他写的游记会受到有价值的启发。由于他把大自然比喻为最伟大的一部书，所以这部书传达信息时便使用了"文字""符号"。请读者注意，这里的"文字""符号"并不是书面的文字、符号，而是徐志摩的一种比喻性说法，与我们下面将要说的实物传播不需要符号并不矛盾。徐志摩自己也做了说明："这书上的文字是人人懂得的"，人人懂得那就不会是书面文字符号，因为书面文字符号需要专门学习才能懂得，并不是人人能够懂得的；"他们

① 徐志摩：《翡冷翠山居闲话》，见《徐志摩散文》，杭州，浙江文艺出版社，2009，第20页。"葛德"通译歌德。"阿尔帕斯"通译阿尔卑斯，欧洲南部山脉，著名旅游胜地。"雪西里"通译西西里。"来因河"通译莱茵河。"梨梦湖"通译莱蒙湖，即日内瓦湖，著名风景区。"威尼市"通译威尼斯，意大利水城。

应用的符号是永远一致的”，永远一致也不会是人工符号，众所周知，不同语言文字系统中符号是不一致的，比如汉语的“红色”和英语的“red”，不仅发音不同，而且字形也完全不一样。

自然实物传播最常见的两个领域，一个是自然科学研究，一个是旅游观光。

植物种子飘散、生根、发芽、成长是自然实物传播的一种特殊方式。这一点请参阅后面“自然界中实体信息传播的特征”的相关内容。

2. 人工实物传播

人工实物很多，我们来看作家王统照记述自己游历当时荷兰阿姆斯特丹最大的水闸——吉慕顿(Ijmuiden)新水闸的情景：“新闸的边岸平洁，坚固，完全用水泥、大石砌成。旁有一所专司看守者住的小房，内中装有电力设备。岸上有不少的圆铁柱，桩下通有大力的电流。新闸比旧的既然宽大(这边的河面也宽得多)，一切设置全凭机械的应用。铁制的电杆两行分列。闸面横阔将近三丈，完全是钢骨制成，平时可通行人，可走火车，如有船只经过，隔好远，司启闭的工人便开了红色灯光，同时在闸两端阻止行人。我们上去走了一半的路程，听见警铃响，向河道的来路上看，一只大轮在微茫中缓缓开来。于是我们不能到对岸，退回原立的岸上，等待看这大水闸是如何启闭。闸两面的红灯光明了，小屋子中的电铃叫响，不久那伟大的钢门在桥中心活动了，向两面分开，与对面要出闸的轮船是一样缓缓地做有规律的运动。两扇巨大的铁门向南北分张，那份重量可想。河水被积压得发出沉重的叫响。即时，石岸下骤然添置了几尺高的水痕。经过五分钟，铁门完全靠到两面，空荡荡的水面，尽容那只五六千吨的巨轮如蜗牛似的冲过去，她走时十分小心，虽然碰不到移开的闸面。”①这里有静态的实物，更有动态的实物，他们都传递着自身的信息。我们也能发现，在这种静态和动态的实物传播中，基本上不需要用文字或有声语言来做解释，实物自身就能比较准确地传递出自身的信息。

有些手工制作物(实物)，只有现场制作才能保持其特有的全部真实信息。费孝通曾经在美国拜访一位叫杜洛斯的农民，当说起中国时，这位农民说自己没有到过中国，中国好坏“我没有看见”。但是当与费孝通同去的朋友下厨房做了拿手的红烧鸡和红烧白菜后：

① 王统照：《荷兰鸿爪》，见钱谷融：《现代作家国外游记选》，上海，上海文艺出版社，1983，第213～214页。

> 那位主人吃着了这味儿，脸上露着满意的笑容，一块又一块，最后大声地说了："中国东西真好，从此我知道了。"这坚决的声调是典型的。他尝着了，他有经验了，他不怕下断语了。他决定了他的态度，也就负责了，不容易改变了。①

这位美国农民亲口品尝了中国人现场做出的红烧鸡和红烧白菜(实物)，他直接感受了菜肴的色、香、味等信息，经过验证的东西最容易使人相信，而且不会轻易动摇。

强调现场制作和品尝，是因为不少饭菜不仅制作需要特定的火候等，而且品尝也需要恰当的时间。比如到开封旅游品尝"提起像灯笼，放下似菊花"的传统美食灌汤包，必须现包、现蒸、现吃。假如不现包和现蒸，包好稍放一段时间，其中的灌汤就会渗透到面皮里，从而不再是灌汤包。同样，如果不是蒸好马上吃，包子里的灌汤也会浸入面皮或蒸发掉。初到开封的游客吃灌汤包时，有时可能由于需要等待而不耐烦，他们还不知道灌汤包必须现包，不能事先包好。知道了这个道理，也就会明白，为什么有游人买了速冻的灌汤包回到出发地一蒸，压根就没有"灌汤"。

文物真品保留和传递历史信息也是一种人工实物传播。1781 年，22 岁的彭斯离家到欧文城来学理麻。请看一位学者的游览记述："那理麻店早已在彭斯当年就失火烧毁，但是我看到了那时理麻的工具。这是一个大铁盘，上有一排钉耙似的铁刺，彭斯的工作就是拿一把乱麻在这排刺上来回移动，直到把杂质清除，剩下一束干净、整齐的亚麻。这是费力的工作，一天到晚不停地干着，就是棒小伙子也支持不了多久。我过去读过彭斯理麻之事，然而印象不深，这一次看了实物，才体会到劳动的艰苦。"②当年的理麻工具实物，可以让人想象到劳动的强度。

由于本书多处涉及自然实物传播和人工实物传播，这两个内容在这里就从简了。

(二)动态实物传播和静态实物传播

动态和静态是相对而言的。大山可看作静态实物传播，河流可看作动态实物传播。但火山爆发就使山体这种静态实物传播转化为动态实物传播。

特别需要指出，火山爆发、地震、海啸等当然可以看作"自然事件"，

---

① 费孝通：《初访美国、访美掠影、重访英伦》，北京，东方出版社，2007，第 29 页。

② 王佐良：《彭斯之乡沉思录》，见《世界华人学者散文大系》第四卷，郑州，大象出版社，2003，第 105 页。

但我们一般不把这种“自然事件”当作实事传播。然而，一旦这种“自然事件”与人发生了关联，就会形成真正意义上的事件，成为引人注目的实事传播。维苏威火山大爆发瞬间埋没了庞贝古城，就成为一个历史事件，就成为实事传播。1978 年唐山大地震、2008 年汶川大地震、2012 年菲律宾海啸等都是如此。

(三)不可移动实物传播和可移动实物传播

大山大湖不可移动，其实体信息的传播依赖于人们来到它们面前，将信息传播出去。有很多的自然实物和人工实物可移动，这些实物信息的传播可以以自身移动的方式来实现。前面我们主要谈的是不可移动实物传播，下面我们重点谈可移动实物传播。

文献记载了清康雍乾三朝，人们向四川移民的状况：“荆楚广黔粤之民，背负提携，杂沓而至。”①“清政府号召各省贫民移民四川，闽粤赣、湖广客家人为追求新的生活资源和环境也就背井离乡来到巴山蜀水之间，并将玉米、甘薯带到第二故乡种植和推广。”②“湖广填四川”还给四川带去了辣椒，从而孕育了后来享誉世界的现代川菜。

尽管伴随着血腥，“早期的欧洲移民给美洲土著居民带来了许多新产品，其中包括谷类植物、糖、洋葱、卷心菜、豌豆和水果。在欧洲人到来之前，印第安人的陆路运输全靠人背，耕耘也没有使用牲畜，食用肉完全依赖于猎取来的野兽。欧洲人还带去了家畜，为土著居民发展农业填补了一项空白。欧洲人还传授给土著居民知识技能，如从白人那里得来的火器和火药大大提高了土著居民的狩猎能力”③。

天竺高僧竺法兰来到洛阳为中原人带来了第一幅释迦画像，让中原人能够一睹佛祖的容貌。利玛窦来华传教用以赠送明代士人的礼品有自鸣钟、地球仪、日晷等。这些物品凝结着欧洲先进的科技文化。

费孝通回忆说：“我初次出国时，我的奶妈偷偷地把一包用红纸裹着的东西，塞在我箱子底下。后来，她又避了人和我说，假如水土不服，老是想家时，可以把红纸包裹的东西煮一点汤吃，这是一包灶上的泥土。”④将东方中国的泥土带到了西方，这包泥土也散发着古老中国的文化气息，也许这种气息显得有些神秘和可笑。

---

① 乾隆《威远县志》卷八，转引自李映发：《清初移民与玉米甘薯在四川地区的传播》，《中国历史》2003 年第 2 期。

② 李映发：《清初移民与玉米甘薯在四川地区的传播》，《中国农史》2003 年第 2 期。

③ 刘军：《移民对美国经济竞争力的贡献》，《财经问题研究》2003 年第 5 期。

④ 费孝通：《乡土本色》，见《乡土中国　生育制度》，北京，北京大学出版社，1998，第 7 页。

还要指出，随着人类运输能力的提高，迁移者到一个地方后还会从家乡不断运来自己喜欢的东西。作家铁凝在美国遇到了河北老乡孙鹏程，“孙先生的客厅可谓中西合璧：既有造型简洁、新颖的沙发，又有从杭州运来的硬木镂花太师椅。”①若不是孙先生喜爱，颇具中国地方特色的硬木镂花太师椅就不会从杭州运来，尽管现代运输运来它很容易。

可移动文物的移动是文化传播的重要方式。

> 如果你到过苏州，或甚至是只到过上海的豫园，那么当你在纽约的大都会艺术博物馆内，见到他们花了几百万美元向我们买去的“明轩”，真觉得没什么好看。但是美国人却把它当作宝贝，都要去看看，在那里徘徊不忍遽去。我想他们一定是在感觉着是到了中国了。②

因为这是来自中国的实物。

（四）有时可移动实物的流转起到意想不到的作用

有学者在谈到历史上向四川移民的情况时指出：每当社会发生动荡，战争和灾难爆发之时，地域文化几乎都会面临毁灭的危险。地域文化中最精华的那一部分，却常常随着官宦、文人、学者移民外流，往往辗转流传到远离战祸的四川，沉积下来。比如晚商——商周之际三星堆——金沙文化，战国“钟磬之乐”嵌错铜壶雕刻，汉代画像砖、石图像，三国文化遗迹，唐代古琴，前蜀王建墓 24 伎乐石刻，宋代杂剧、“勾栏”表演石刻，明清时期大量戏剧故事石刻，以及建筑、书法、绘画等，每个历史时期的艺术精品，都积淀在巴蜀文化深厚的土壤中，几乎没有断层，许多是稀世珍品，弥足珍贵。③

移民不仅向四川传播了移出地的文化，而且对移出地的文化起到了意想不到的保存作用，有的甚至成为移出地某些文化物品的唯一遗存。

二、实物和实物结构组合所营造的环境氛围信息

环境主要由实物构成，实物和实物组合构成了人类生存的环境。

作家韩少功写道：“走进中国南北的很多传统民居，如同走进一种血

---

① 铁凝：《河之女》，沈阳，春风文艺出版社，1994，第 250 页。

② 马国亮：《唐人街》，见《世界华人学者散文大系》第三卷，郑州，大象出版社，2003，第 105 页。

③ 幸晓峰、廖钊：《论移民对巴蜀文化的影响》，《四川戏剧》2009 年第 6 期。

缘关系的示意图。东西两厢，前后三进，父子兄弟各得其所，分列有序，脉络分明，形貌和气氛肃然，一对姑嫂或两个妯娌，其各自地位以及交往姿态，也在这个格局里暗暗预设。在这里的一张八仙大桌前端坐，目光从中堂向四周徐徐延展，咳嗽一声，回声四应，余音绕梁，一种家族情感和孝悌伦理油然而生。中国文化就是在这样的民居里活了数千年。”①人工建筑实物和建筑实物结构组合构成了人类生存的物质环境，同时也构成了人类生存的文化环境，成为人类文化的一部分。中国民居也深藏着中国文化密码。

三、实物与动作相结合：时装表演

时装表演(fashion show)是服装实物与人体实体动作的有机结合。所谓有机结合，是指服装必须与模特的身材搭配合适，同时模特的表演动作要把这种服装的各种信息尽可能充分地展现出来，模特自己的形体、姿态、动作要与时装有机融合。

1858年，著名法国高级时装创始人查尔斯·费雷德里克·沃斯(Charles Frederick Worth)让自己时装店的女店员充当“人体模特”，推销一种羊绒披肩。结果，销量非常好。后来这个店员也成了他的妻子和最早的人体模特。这就是第一次真人服装展示。真人服装展示传递的是时装和真人穿上时装之后的实体信息，比人体模型展示服装效果要鲜活、要好得多。

在传播媒体尚不发达的过去，某种服饰的流行主要靠真人穿戴所起的示范效应。比如，流行于陕北一带的两个角向前围羊肚子毛巾的围法，就是这样：“延安文艺座谈会后，新秧歌开始兴起，一些当时的文艺工作者在现在子洲县马蹄沟一带组织秧歌队员闹秧歌，这才开始将羊肚子毛巾作为饰物围在头上，感觉将两个角围在前面，能让人显得更精神、更威武、更气派。就是在这样的表演示范下，对民众形成了示范导向效应。后来无论在绥德、米脂一带，还是在延安一带，这样的围法就慢慢成为约定俗成的样式了。”②当然，头上围上羊肚子毛巾跳秧歌并不是时装表演。

时装表演通常容易出的一个毛病，就是表演者展现的是自身的美而不是服装的美，受众的注意力主要落在了模特本人身上，而不是服装上

---

① 韩少功：《人情超级大国》，《读书》2001年第2期。

② 王祖文：《陕北人与羊肚子毛巾》，《光明日报》2015年7月10日。

面。目前，时装表演的服装样式、类型已经不少，而模特的表演动作相对单调，其实，时装表演动作还有较大的开发空间。人类穿上服装所做的各种动作都有可能提炼成时装表演动作。此外，不同的时装，在动作设计上应有不同的思路。现在的时装表演，不管服装如何，动作几乎千篇一律。

第二节 实事传播

一、实事传播是一种综合传播方式

实事传播中既有实体信息也有符码信息。最常见的实事中，主体是人，人体是一种生物实体，同时实事都发生在特定的环境之中，环境主要由物质实体构成。人体和环境都在传播实体信息。

有些实事围绕着实物进行，比如，虎门销烟对象是鸦片这种实物，销毁鸦片实物是人们关注的中心。再比如，航天器发射，人们的所有活动都是围绕着航天器这一实物进行的，航天器的运行轨迹和工作状态成为人们关注的中心。此类围绕着实物进行的实事，往往会在实物体上留下人的行为痕迹，为人们保存着历史记忆、历史信息。我们来看散文作家梁衡记述的一段真实的历史：1958年“大跃进”过程中，为了炼铁，不少地方在大规模伐树。彭德怀在老家湖南湘潭调查时就碰到了人们在砍一棵名叫“重阳木”的大树。

> 那天，他从黄荆坪出来看见一群人正围着一棵大树，正熙熙攘攘，原来又是在砍树。他走上前说：“这么好的树，长成这个样子不容易啊。你们舍得砍掉它？让它留下来在这桥边给过路人遮点阴凉不好吗？”这时大树的齐根处已被斧子砍进一道深沟，青色的树皮向外翻卷，木质部已被剁出一个深窝，雪白的木渣飞满一地。而在桥的另一头，一棵大槐树已被放倒。他心里一阵难受，像是在战场上，看到了流血倒地的士兵，紧绷着嘴一句话也不说，便默默地上了车，接着前去韶山考察人民公社。周小舟见状连忙吩咐干部停止砍树。这天是1958年12月17日。

砍树，树是行为对象，树是实事的中心。由于彭德怀的干预，这棵砍了半截的树被保留下来。梁衡又写了55年之后的这棵重阳木：

> 我蹲下身去，仔细察看树上当年留下的斧痕。这是一个方圆深浅都近一尺的树洞，可知那天彭总喝退刀斧时，这可怜的老树已被砍得有多深。我们知道，树木是通过表皮来输送营养和水分的，55年过去了，可以清晰地看到，树皮小心地裹护着树心，相濡以沫，一点一点地涂盖着木质上的斧痕，经年累月，这个洞在一圈一圈地缩小。现在虽已看不到裸露的伤口，但还是留下了一个凹陷着的碗口大的疤痕。疤痕呈一个圆窝形，这令我想起在气象预告图上常见的海上风暴旋动的窝槽，又像是一个旧社会穷人卖身时被强按的红手印，似有风声、哭喊、雷鸣回旋其中。55年的岁月也未能抚平它的伤痛。就像一只受伤的老虎，躲在山崖下独自舔着自己的伤口，这棵重阳木偎在石桥旁，靠树皮组织分泌的汁液，一滴一滴地填补着这个深可及骨的伤洞。我用手轻轻抚摸着洞口一圈圈干硬的树皮，摸着这些枯涩的皱褶，侧耳静听着历史的回声。①

一棵残存下来的老树(实物)，留下了“大跃进”中的砍树风潮和彭老总护树(实事)的记忆，后来当地人把这棵树叫作“元帅树”。

此外，在实事发生、发展过程中，人有思维、有语言，甚至还有媒体参与其中，这部分多属于符码传播。实事进展过程中和实事传播过程中实体信息与符码信息是交替出现、混杂在一起的，所以，实事传播是一种综合的传播方式。不过，实事传播中的符码信息(主要是语言)有一个特征——多与实事相关。所以，准确地说，多数实事传播是以实体信息为主的综合传播方式。

实际生活中的实事，实体信息与符码信息，动作、表情和语言往往是夹杂在一起的。我们看一个实例：在英国留学期间，费孝通的老师马林诺斯基经常搞讨论会。费孝通初到讨论会现场时，马林诺斯基向所有的同学介绍了这位中国来的年轻人。

> “话犹未息，我身旁有一只巨大、有力、黑皮肤的手紧紧地把我握住，一股热情直传到我的心头。抬眼一看：是个古铜色

① 梁衡：《带伤的重阳木》，《人民日报》2014年1月22日。

的脸，下巴长着一撮胡子，目光炯炯，满面笑容，端庄纯朴，浑重真挚。耳边听到轻轻的声音说，'我叫肯尼雅塔'。这是我平生第一次和非洲黑人兄弟握手。"

这一握，让当时人地两生的费孝通倍觉温暖。亚洲非洲关山万里，两颗爱国之心豁然相通。①

这里，就是以动作和表情传播为主的综合的实体传播。黑皮肤的手、古铜色的脸、下巴长着一撮胡子、目光炯炯、满面笑容等都是实体信息。即使"我叫肯尼雅塔"这样的符码信息（语言），也与实体信息（那个活生生的人）紧密相关。

二、名人所经历的实事更易得到流传

这不难理解，因为名人总是被人们关注，因而也总是被新闻和历史关注。只有被新闻和历史报道和记载的实事，才能在更大的空间和更长的时间里得到传播。我们来看著名的胡适在留美期间的一个例子：

有一天，胡适（1891～1962）跟随同学们去看足球比赛。这是他有生以来的第一次。起初，他正襟危坐，用读哲学课本的眼光来看球赛，自然看不出什么门道；而且，运动员们那么粗野地拼抢，观众们那样拼命地欢呼与狂叫，他看着总有些不顺眼，觉得有失大学生的尊严和体面。但是，随着竞争的愈趋激烈，胡适也渐受感染，渐渐领会到观众的热心。随后，他偶然回过头去，看到他认识的一位白发苍苍的植物学教授，也像青年人一样，在看台上手舞足蹈，诚心诚意地欢呼狂叫。胡适很受感动，觉得惭愧，不再正襟危坐了。不久，他也不知不觉地加入了那热心欢呼的行列。②

胡适之所以能够一改自己固有的心态和行为，包括行为、动作在内所营造的群体环境起了决定作用。它也显示了异质的文化环境对人尤其是年轻人的塑造作用。话又说回来，这件事是发生在名人胡适身上才被记录下来，若是发生在普通人身上，恐怕就自生自灭、无人知晓了。类

① 张冠生：《费孝通传》，北京，群言出版社，1999，第158页。

② 易竹贤：《胡适传》，武汉，湖北人民出版社，1987，第82～85页。

似的例子不胜枚举。

三、实事传播与新闻传播

所有的实事当然都具有传播能力，实事能够被新闻记者所采访和报道、能够被历史学家所记载就表明了这一点。但除了由众多人参与的大规模事件外，多数实事传播范围有限。只有那些被新闻报道和历史记载的实事才可能流传久远。

这样说不为过，实事和实事传播哺育了包括新闻报道、史书、戏剧、小说在内的叙事文体和叙事艺术。

（一）实事和实事传播是新闻报道的前提和基础

新闻就是对新近发生的、能引起人们普遍关注的事实的报道。也可以说，新闻就是“事学”，新闻采访、报道就是发现事实、追踪事实、调查研究事实、叙述事实、传播事实的活动。这里所说的“事实”与“实事”指的几乎是同样的东西。事实是事情的实际情况，实有的事情。实事当然也是指事情的实际情况，实有的事情。只不过作为与实物传播并列的实事传播中的实事，是相对于文本、图像即符码所承载的“事实”而言的，强调其是实体的事情、实有的事情。实事和实事传播是新闻报道的前提和主要对象，新闻以实事和实事传播为基础，没有实事和实事传播就不会有新闻传播。

请看一则20世纪初的新闻报道——《空战：一种新的战争形式》：

> 【路透社伦敦1914年12月25日电】当濒海的绍森德的英国居民准备坐下来进圣诞节之餐时，突如其来的飞机声将他们吸引到大街上呆呆地观望。数千人向天空中望去，只见两架德机被两架英国飞机追赶着向泰晤士河上游飞去。一阵枪炮射击，但没有一架飞机被击落。不过，还是英国飞行员胜利了，因为他们在9000英尺的高空以惊人的每小时70英里的速度同敌机展开空战，解除了德国飞机将要造成的危险。

这场空战被数千英国人观望到，这些英国人看到了一场实战（实事），这本身就是实事传播。同时这些观望者和空战一起也构成了一件实事，被记者所观察到和报道出去。先有空战和观战这样的实事，然后才有记者对于它的报道。

新闻传播最理想的状态应当是最大限度地接近实事传播。在这个意义上，新闻传播本质上就是实事的直播、模拟基础上的扩散。

那些对社会影响大、能普遍引起人们关注的实事成为新闻关注的对象，也正因为这些实事能够引起新闻的关注和报道，就使它们具有很强的传播能力。这种传播能力是借助于大众媒体所得到的。

（二）实事成为新闻传播对象的条件

实事具备哪些要素才能成为新闻传播的对象呢?

对此，新闻学已经给出明确答案。新闻学中有一个核心概念叫作新闻价值，新闻价值就是事实本身所包含的能引起社会各种人共同兴趣的素质，是用以衡量客观事实能否构成新闻的标准。一般认为新闻价值包括五种要素：

其一，时新性，即报道及时，内容新鲜。事件发生与报道之间的时间差越短，新闻价值就越大；内容越新鲜，新闻价值越大。

其二，重要性。新闻事实所包含的社会意义，即新闻事实同新闻受众的利害关系称为重要性。对人类社会、国计民生的影响越大就越重要，新闻价值就越大。

其三，显著性。新闻中所涉及人物、事件、地点、时间的知名度越高，新闻价值就越大。

其四，接近性，即地理上和心理上的接近性。地理上越接近，新闻价值就越大；心理上越接近，新闻价值就越大。

其五，趣味性。趣味性越大，新闻价值就越大。

凡是具有新闻价值，或者说具备某一新闻价值要素的实事，就可以成为新闻传播的对象。

四、新闻事件报道、讲案例故事是法律传播和普及的好方式

新闻事件报道和讲案例故事都是实事传播基础上的再传播。事实表明，新闻事件报道和讲案例故事是法律传播和普及的好方式，许多受众的法律知识都是从新闻事件报道和案例故事中得到的。当然，这里所说的新闻事件和案例故事都是指涉法的新闻事件和案例故事。

单纯讲解法律条文，多数人往往缺乏兴趣，但新闻事件报道和讲案例故事受众容易接受。这些事件和案例所适用的法律在叙事中自然出现，成为事件和案例的有机组成部分，受众在了解新闻故事和案例故事的同时，也得到了法律知识。记住了某一新闻故事或案例故事，也就记住了某一法律内容。在这方面，中央电视台的《今日说法》成为一个品牌栏目，这个栏目基本上都是通过具体案例来“说法”，以案说法效果较好。一些

法律意识强的记者报道某些影响大的新闻事件，对于法律的传播和普及会起到更广泛的作用。

然而，新闻事件报道和案例故事不能沦为某法律条文的图解，我们也不能奢望通过新闻事件报道和讲案例故事来让受众得到全面、系统的法律知识，专门的法律学习还是必要的。

通过新闻事件报道、讲案例故事来传播和普及法律，只是以事说理的一个方面。各种实事都蕴含着各自的事理，都可以以事说理。

五、实事传播与历史传播

历史记录了人类生活的发展变化；典型的历史记载了重大实事。美国的弗兰克·萨克雷和约翰·芬德林主编的《世界大历史》(中文版由新世界出版社于2014年出版)更是别出心裁地采用以“大事件”展开分析的方式，记载了人类700年现代文明发展的历史。

新闻与历史在报道或记载实事方面有重叠之处，也有各自独立的轨迹。在新闻独立之前，历史承担了新闻报道的某些任务；新闻独立之后，新闻为历史提供了大量的史料。

仅有新闻的报道，还不能保证一件实事世代流传，从根本上说，只有进入历史的实事才能流传久远。历史要对新闻报道过的实事进行筛选。在历史中，那些保留了生动情节和细节的实事更容易流传下来，人们俗称这些具有生动情节和细节的实事为历史故事。

新闻和历史都追求客观、真实地报道和记载实事，都力图还原实事，但在理论上，它们都不能达到严格意义上和全方位的客观、真实。当然，我们不能因此就放弃对实事客观、真实的追求。

由于历史学家面对的是过去发生的实事，这就使史学家和真实的历史实事之间，不能形成一种生动的、直接的现实统一性关系，也就是不可能对要认识的事物获得现场的感性认识。通常，历史学家无法经历像人们认识现实事物那样一种直观、生动、形象、具体的感性认识过程，这是历史学面对的难题和麻烦。在对历史的叙事中，历史学家通常都“不在场”，而是事后追述，历史叙事很少用全知叙事。

第三节　动作、表情传播

动作语言、表情语言早就引起了人们的关注，已经有许多研究动作语言、表情语言的书籍和论文。与已有研究不同的是，本书将把动作、表情从实体信息和实体传播的角度做审视和分析。

一、人体实体信息和人体实体传播

身体是每个生物的实体。实体信息和实体传播当然包括身体信息和身体传播。人体本身是特殊的实体信息源，也是特殊的实体传播者。人体的肤色、眼睛的颜色、头发的颜色，高矮胖瘦，身体结构，五官结构，音高音低音色，血型，等等，所显示和传递的都是实体信息。比如，亚洲的蒙古人种多为直发，欧洲的白色人种多为波形发，非洲的黑人多为卷发。遇到陌生人，人们往往首先注意到的是其身上的实体信息。例如，哥伦布当年见到的美洲一个岛上居民的外观信息是这样的："人人身上一丝不挂，如刚出娘胎一般，连女子也一样。吾只见到一个少女，余者皆为青年男子，无一人超过三十岁。彼等个个身躯魁伟、体态俊美、相貌端庄。像马尾一样粗硬的短发垂于眉端，少数长发披在肩上，这部分头发好像从不剪短似的。他们有的把身体涂成褐色，有的涂成白色、红色以及任何可以办得到的颜色，也有的只涂面或仅仅涂眼周及鼻子。彼等肤色不黑也不白，颇像加纳利人。"①人类个体脸部特征非常多样性，比其他大型群居动物脸部差异要大很多。

人体生理信息属于实体信息，人体社会信息尽管与符码信息有关联，却与人造媒体所传播的符码信息有明显区别，它与人体这个特殊的实体密不可分。中国人喜欢中餐，美国人喜欢西餐，中国人习惯喝热水，美国人习惯喝冷水，这些都通过一个个个体表现出来，总体上表现为行为动作，但符码信息和符码传播也伴随其中，比如中国人对美国人说"我要热水"，就是有声语言符号表达。

人体所传递的自身实体信息包括生理信息、心理信息。人体还能接受、储存、携带和传递人体之外的实体信息和符码信息。

二、人体实体动作、表情信息的重要性

两个来自斯堪的纳维亚国家的年轻游泳好手来到一个地中海国家度假，他们很快厌倦了在拥挤的度假海滩玩水，于是就选择了一次长距离的游泳，最后在一个海岬处，发现自己游到了某个海岸军事基地的旁边。站在岩石上的一名全副武装的哨兵看见了他们。哨兵怀疑他们在搞间谍活动，便召唤他们上岸接受讯问。两位年轻人看到了他的手势，但误会

---

① 〔意〕哥伦布：《航海日记》，上海，上海外语教育出版社，1987，第29页。

了他的意思。他们以为他是要自己转身离开，他们也很快这样做了。可是哨兵认为他们是试图逃跑，试图逃跑必定是间谍，于是开枪打死了这俩人。

原来，两个年轻人来自北欧国家，在那里，召唤的手势是手掌向上，向着自己的身体曲成勺状。而武装哨兵来自南欧国家，召唤的手势是手掌向下，向着自己的身体曲成勺状。南欧人的召唤手势在北欧人看来是让自己走开，就是这个细微的手势语言差异使两个无辜年轻人丧命。

（一）动作、表情传播的不可替代性

随着电影、电视技术的发展，动作基本上都可以用符码的方式得到传播，比如体育比赛、手术操作、航天飞行器内外的航天员活动直播或录像等，都是动作的符码传播。但真实的实体动作传播不能被符码传播所取代。比如，运动员、演员训练中教练、老师的示范动作和现场指导，对优秀运动员、演员的现场观摩等都是电视、电影不能代替的。至少，没有教练和老师，运动员和演员的不正确动作得不到有针对性的、及时的纠正。

另外，对抗性体育运动，比如足球、篮球、羽毛球、乒乓球比赛等，如果不直接与对手交锋，仅看对手比赛的直播或录像，还不能够真正体验到其动作特征，也很难找到对付这些动作的办法。许多体育爱好者都有这样的体会，作为旁观者看比赛，也许感觉某一位选手并无超人之处，似乎也能与其一比高低，但自己真正与这位选手交锋却相差距离非常大。这也从一个方面说明了实体动作传播的必要性与重要性。

表情也有其不可替代性。通常情况下，我们为什么总是感到打电话不如面谈呢？因为打电话听到的只是声音符号，而面谈除了听到声音之外，还可以看到表情和动作。谈话时的表情和动作对于理解谈话内容有着重要的辅助作用，有时候离开了表情和动作就不能准确理解谈话者所要表达的准确意思。可视电话受到欢迎，原因就在于它在相当程度上接近了真正的面谈。过去人们把书信说成是“千里面语”，在书信中有“见信如晤面”的习惯表达，其实书面语言永远达不到当面谈话的某些效应。正因为书信看不到对方的表情和动作，可以免去直面对方的某种难堪，才有了斯蒂芬·茨威格笔下的那位“陌生女人”写给小说家 P 先生的长信。这位“陌生女人”作为 P 的崇拜者，不仅是 P 的邻居，和 P 也有过不同寻常的亲密接触，为 P 生养了一个孩子；也就是说，她完全有条件并且可以和 P 约会面谈，但是为什么选择写信的方式向 P 倾诉？原因正是这位“陌生女人”在信中对 P 所表白的：写信就像“在黑影里同你谈话，我不感到害羞”，书信充当了她和P进行交谈的“遮羞的黑影”，屏蔽了对话双方的面孔和表情，从而增强了她的自信和勇气，回避了直面交谈可能遇到的怯懦和尴尬。书信作为“遮羞的黑影”这一意义，在民间书信来往中可谓屡见不鲜。① 当然，书面语的优势也是不用赘言的。

（二）表情、动作在传情达意中占重要地位

人的内心活动（包括感情）看不见、摸不着，通常只能通过表情、动作、语言显现出来。就人的感情显现来说，首先是生理变化，其次是表情变化，再次是用语言表达，最后是用动作行为表达和发泄。当然表情、动作和语言可能同时出现，也可能次序上有先后改变。情感、意志如果通过身体动作和表情直接显示出来，本质上也是一种实体信息和实体传播。用动作、表情表达内心情感非常普遍。比如，作家茅盾这样描写小说中人物的烦闷情感：“章秋柳闷闷地嘘一口气，睁大了眼，惘然看着那一轮刚从浮云中露出脸来的太阳。渐渐地她觉得头脑有些晕眩了，她跳下窗台，疾退行了几步，扑身倒在床里，缩做了一团。她把面孔贴着薄棉被的细面，得救似的领受这丝织物特有的冷滑，但是她的心里还是烦躁得很，她又跳了起来，赤着脚在房里来回走着。”②章秋柳的烦闷情绪通过各种动作和表情显现出来。

根据美国心理学家艾伯特·梅拉比安（Albert Mehrabian）的研究，在面对面的人际交流中，一个人对交流对象的全部印象中言语的印象占0.07，声音的印象占0.38，面部及其他形体表达的印象占0.55。这就是著名的梅拉比安公式：

全部印象＝言语印象＋声音印象＋面部表情及形体动作印象

$$1 = 0.07 + 0.38 + 0.55$$

美国口语传播学者雷蒙德·罗斯（R. Rose）的研究表明，在人际传播活动中，人们所得到的信息总量中只有35％是语言符号传播的，而其余的65％的信息是非语言符号传达的，其中仅面部表情就可传递65％中的55％的信息。

巴恩罗德（Barnlund）也指出：“人类交往中的许多甚至绝大多数关键的意义是由触摸、眼神、声音的细微差别、手势、说话或无语时的面部

---

① 关于斯蒂芬·茨威格笔下的那位“陌生女人”写给小说家P先生的长信，参见赵宪章：《论民间书信及其对话艺术》，《清华大学学报》2008年第4期。

② 茅盾：《追求》，《茅盾文集》第一卷，北京，人民文学出版社，1958，第397页。

表情传达出来的。从认出对方的那一刻起到相互告别，人们利用所有的感官观察对方：倾听话语的停顿、语调的变化，留意着装、仪表，观察眼神、面部表情，乃至注意其遣词造句、话语背景。”[①]以上三位学者的研究都指出了表情、动作在传情达意中占重要地位。

动作和表情是传情达意的重要方式，尤其是在语言不通的情况下，动作和表情传播就更加重要。

有时特定的动作、行为能更加有效地传递某种思想内涵。18世纪60年代有人在美国新泽西看到了这样的现象并把它记录下来：“我看到绅士们，当他们不从事公务时，就在他们的农场上劳动，以便为他们底下人做出榜样；而另一方面，我们又看到劳动者在主人的客厅里和主人坐在同一个餐桌上吃饭，一同话家常。”[②]在这里，动作、行为传递出了某种平等观念，它比语言所宣称的“平等”更加可信。

(三)人们更相信动作和表情

1. 发自本能的动作和表情很难主观控制

面部表情、身体动作、姿势，还有身体间的空间距离都可以传情表意。事实上，当一个人说话时，他(她)的整个身体都在随着说话的内容在表达；通常人们观察到的是手势和表情，身体其他部位的表达往往不被注意。进行内心活动时也是如此，人的整个身体也随着内心活动内容在有意无意地、或隐或显地表达。

一个人可以有意识地控制自己说什么或不说什么，但他却难以控制那些发自本能的动作和表情。不经意间，人们就会把内心的秘密泄露在一个眼神中，或者一个看似没有意味的手势及其他动作里。保罗·艾克曼(Paul Ekman)指出：“情绪的流露是不由自主的；即便我们不想，它们也会表现出来。我们能够抑制自己情绪的外露，但不一定能够完全隐藏它们。假如我们能够彻底消除情绪的表露——从表情、声音、肢体都看不出任何蛛丝马迹——那么，这样的情绪就像我们说出的谎话一样不可靠了。”[③]真实的情绪一定会通过身体的某些部位显示出来，即使我们发现不了。即使在一些场合某人忍住不说话，他/她也无法阻止身体的表达，身体必定会做出肯定或否定的判断，说这是对还是错，而不可能什么也不说。

① 〔美〕拉里·A. 萨默瓦、理查德·E. 波特：《跨文化传播》，北京，中国人民大学出版社，2004，第200页。

② 刘祚昌、王觉：《世界史·近代史编》上卷，北京，高等教育出版社，2001，第271页。

③ 〔美〕保罗·艾克曼：《情绪的解析》，海口，南海出版公司，2008，第90页。

非语言的动作、表情等能更加准确地表现出一个人的真实心理、情绪。因为“许多非语言行为很难有意识地加以控制”①。正如大名鼎鼎的奥地利精神分析学家弗洛伊德(Sigmund Freud)所说：“我们可能口出谎言，但我们身上的每一个毛孔都渗出背叛的信号。”②达尔文认为情绪也是自然选择的产物，情感比理智更加古老。他的这个观点有助于帮助我们理解直接表达情感的动作和表情比语言难以控制。

如果把动作和表情再做比较的话，捕捉内心的想法最可靠的是动作。身体动作往往是自发的、难以控制的，它所透露的才是一个人最真实的内心想法。即使有人想隐藏自己内心的真实想法，也只能在某一个时间段里刻意设计自己的身体动作。但平时无意的一举一动，仍然显露出真实的内心世界。身体可以泄密。

在纳粹统治时期，犹太人想尽办法把自己说成是非犹太血统的白种人，然而他们往往用自己的动作暴露了自己。他们的手势毫不拘束，动作的幅度比其他德国人大，这些手势即使用所有的伪装技巧也难以控制。又如，第二次世界大战期间，被德国盖世太保逮捕的许多美国情报人员，大多数是因为他们用右手拿叉子吃东西，而没有严格训练成欧洲人用左手拿叉子吃东西的方式，因而露出了马脚。

2. 人们更相信动作和表情

英国心理学家米谢尔·阿孟依尔等人在1970年做的一个实验发现：当语言符号和非语言表达不一致时，人们相信的是非语言表达所代表的意义，而且非语言交流对交际的影响是语言的许多倍。

人们的动作和表情，更多的是一种对外界刺激的直接反应，很难掩饰和压抑。一个悲苦的人想努力表现出幸福的笑容，的确是一件很困难的事。许多事实表明，动作、表情等传达出的信息比语言更加真实。当人们说违心的话时，动作、表情等却能把真实的想法流露出来。研究者曾经观察过说谎人的动作，发现说谎时人们手部的动作减少了。因为在下意识里，人们觉得挥动双手会把自己的秘密泄露出去。于是在说谎时就不自觉地把手藏起来，放进口袋里或者互相紧握着。

美国的一位律师，在调查一起保险赔偿案件中，发现原告说他的肩膀被掉下来的升降机轴砸伤，至今右臂仍抬不起来的事实有诈。于是，

---

① 〔美〕拉里·A. 萨默瓦、理查德·E. 波特：《跨文化传播》，北京，中国人民大学出版社，2004，第201页。

② 〔美〕拉里·A. 萨默瓦、理查德·E. 波特：《跨文化传播》，北京，中国人民大学出版社，2004，第204页。

律师在法庭上要求原告："请你给陪审员们看看，你的右臂现在能举多高。"原告显得很费劲地将受伤的右臂举到耳的高度，以示不能举得更高了。律师平静地接着问了他一个问题："那么，在你受伤前能举多高呢？"原告不由自主地将右臂举过了头顶，顿时，法庭内响起了一阵嘲讽的笑声。原告用自相矛盾的动作让人们看到了谎言的真面目，看到了言行不一的荒唐与虚伪。实际的调查研究表明：当非语言信息和语言信息二者互相矛盾时，你会相信非语言信息。正如两千多年前赫拉克利特所说："更准确的见证人是眼睛而不是耳朵。"①

动作信息的可信性，还表现在其传播效果上。中国古语说"听其言而察其行"，重点是看其说了之后的行动，因为行动乃实体的行为，是实体信息，而"言"还没有付诸实体，还没有付诸实际，还是符码信息。"言教不如身教""说一尺不如行一寸""说破嘴皮不如做出样子"，这些习语都表明了人们对行为、动作信息传播的信赖和看重。

3. 动作、表情等传播的多维性特征

动作、表情传播信息要比语言符号传播信息更可信。原因是人们对语言的运用是自觉的、理性的，可能掩饰和"择其善者而从之"，而动作、表情等往往在不知不觉中就传递给了对方。同时，语言符号传播具有一维的线性特征，它只能一个跟着一个顺序出现，在时间的线条上绵延，不能在空间中立体展开，传播方式也是单通道的。而动作、表情等的传播具有多维性的特征，它占据立体空间，人们可以在共时的情况下一览无余，它的传播方式则是多渠道的。例如，我们对某人表示亲热，可以通过笑容，可以通过手势，也可以通过两人之间的距离多方位同时来表现，而不必表现完了一个再去表现另一个。符号传播有始有终，持续时间很有限；动作、表情等的传播则是连续的，几乎时刻都在传递信息。

关于动作、表情等传播的多维性和语言符号传播的线性特征，有一种贴切的比喻说法：语言符号的传播是"射击"式的，只能一发一发地射出。非语言的动作、表情等传播是"爆炸"式的，它一下子把所有的表达"爆炸"出来，包括色彩、声音、活动的画面，甚至气味、氛围等，全面地展现在接受者的面前，使接受者不得不动用多种感觉器官，包括视觉、听觉、味觉、触觉、嗅觉等同时去接受所有信息。所以，动作、表情等的传播常常会带来"一目了然"的感觉，让人感到形象、生动，富于表现

---

① 〔美〕拉里·A. 萨默瓦、理查德·E. 波特：《跨文化传播》，北京，中国人民大学出版社，2004，第201页。

力和感染力。

4. 声音比动作和表情更准确

声音也可以看作是一种动作，因为发出声音肯定要有动作，只不过这种动作的结果是发出声音。

在谈论了人们更相信动作和表情之后，还有一点需要指出，“声音通常不会传递假的信息，只有不说话时声音才不传达任何信息。和声音相比，表情往往更容易传达虚假的情绪信号，因为我们不能彻底关闭表情系统。”①这里所说的声音是指音高音低、语速快慢、音量大小等，而不是指有声语言的具体内容。所以，人们常说“说话听声，锣鼓听音”。说话的声音本身(而不是词语)会告诉我们真实的意图。

语速慢，音调低，音域起伏较小，声音沉重而呆板，这是悲哀时的声音特征。声音高且尖，语速快，音域起伏较大，带有颤音，这是激动时的声音特征。所以，要想准确判断一个人说话的情绪和意图，不仅要听他说什么，还要听他怎样说。所谓“怎样说”，就是从他说话声音的高低、强弱、快慢、节奏、起伏、转折、腔调以及是否有口误等诸多细节，来领会其“言外之意”。声调更有助于判断说话者感情和意向的精微之处，而这并非谈话内容所能完全表达。

研究表明，情绪的声音表现和表情表现一样，是人类共通的。但对声音的研究成果比面部表情的研究成果要少得多。

5. 判断表情动作的细枝末节

停顿时间长的表情很可能都是假的，比如 10 秒或 10 秒以上的时间，甚至是停顿 5 秒时间的表情也可能是不真实的，除了那种极其强烈的情绪感受，自然的表情都不会超过 4～5 秒。而且，即使是非常激动的情绪，其表情也不可能持续太久，而是一阵阵地、短暂地出现。

艾克曼指出：“通过脸部运动编码系统，我们已经发现了人们在说谎时的面部表情信号。我们所说的微表情，指在不到 1/5 秒内一闪而过的脸部动作，它是揭穿谎言的重要来源，显示出一个人试图掩盖的内心活动。有很多方法可以揭穿虚假的表情：虚假的表情通常是不对称的，它的出现和消失都不会很自然。”②

被艾克曼激赏的法国神经学家杜兴·德·布伦(Duchenne de Boulogne)这样写道：“真心流露的喜悦所产生的面部表情是由颧骨主肌和眼

① 〔美〕保罗·艾克曼：《情绪的解析》，海口，南海出版公司，2008，第 62 页。

② 〔美〕保罗·艾克曼：《情绪的解析》，海口，南海出版公司，2008，第 22 页。

部轮匝肌同时收缩形成的。前一块肌肉受意识支配，而后者只有真的有感而发时才会发生变化……假惺惺的喜悦……假装出来的笑容不可能让眼部肌肉产生这样的收缩……眼睛周围的肌肉是不受意识控制的，只有真正的情绪才会使它发生变化。这种肌肉的惰性可以让我们通过笑容撕下伪善者的面具。”[①]这是辨别真假表情的重要科学依据，它是靠面部肌肉的收缩变化来判断的，要点是“眼睛周围的肌肉是不受意识控制的”。也就是说，眼睛周围的肌肉不会说谎。

（四）越是远离大脑部位的动作可信度越大

英国心理学家莫里斯经过研究发现了一个有趣的现象：“人体中越是远离大脑的部位可信度越大。”人体中越是远离大脑部位的动作，越可能表达其内心的真实感情。面部紧靠大脑，受大脑控制较精细、严密。

“面和心不合”“佛面兽心”“笑面虎”“皮笑肉不笑”等习语，就表明了面部可以显示出与内心不一致的表情。手位于人体的中间偏下部位，诚实度可以算中等，人们或多或少在利用手来说谎。脚离大脑的距离最远，相比之下人的脚部要比其他部位“诚实”得多，脚的动作更接近于人的下意识，往往会泄露人们独特的内心信息。要想洞察一个人的内心世界，腿和脚是不应忽视的观察对象。

大部分人都对腿部和双脚的动作不太关注，很少考虑掩饰或者伪装这部分肢体的动作。研究者曾经邀请一些经理参加系列测试，要求他们在情景访问中撒谎，并且尽量表现得令人信服。大部分经理都会伪装面部表情，甚至还会控制手部的姿势，但是对双腿和脚部的动作却几乎浑然不觉。心理学家指出，当人们撒谎的时候，下部肢体动作会大量增加，所以，只要观察者能够看到撒谎者的整个身体，识破谎言的成功率就会有较大提高。

（五）表情、动作：人类的集体无意识

达尔文在写《人类和动物的表情》一书之前，为了探讨“是否相同的表情和姿态通用于人类的各个种族”，特意将这个问题以及其他问题写信询问世界各地的人。达尔文从收到的 36 封来自世界各地的回信中得出结论：人类所特有的一切主要表情是全世界都相同的。[②]

其他研究也显示，人类出于本能的动作、表情十分相近。人类表达内心强烈的情感冲突时，在空中挥舞拳头；无论哪个民族或国家的成人，

① 转引自〔美〕保罗·艾克曼：《情绪的解析》，海口，南海出版公司，2008，第 196～197 页。

② 〔英〕达尔文：《人类和动物的表情》，北京，北京大学出版社，2009，第 11～12 页。

愤怒的时候都可能会跺脚甚至砸东西；表示友好或顺从的动作往往是握手、鞠躬、下跪等。这些身体动作的相似是与人的动物本源分不开的。

达尔文等专家研究发现：哺乳动物被激怒有攻击欲望时，它最先采取的是一种威胁手段。许多动物的脸部或者臀部都有部分皮肤裸露，当动物们愤怒时，这部分皮肤不是发白，就是泛红，似乎向对方发出威胁的信号，同时发出急促的呼吸声乃至嘶叫与怒吼声。

(六)面部表情和身体姿态的相仿性

相仿性是指模仿、随附对方的面部表情和身体姿态。瑞典一位心理学家曾用电子仪器对人相互模仿表情和动作的行为做过测试，他发现当人看到一张生气、发怒的脸时，自己的脸部肌肉也会下意识地模仿发怒，只是肌肉运动程度不易用肉眼察觉到而已。甚至长期生活在一起，共同享受相似的情感经历，常常会无意中模仿对方的表情，还会使人的长相越来越像。美国密执安大学心理学家罗伯特教授把几对夫妻刚结婚时与共同生活了 25 年以后的两组照片加以对照后发现，许多夫妻进入老年后，俩人的相貌竟然变得相像起来。虽然这种相像没有戏剧般的明显痕迹，其变化往往表现在皱纹等微妙之处，但与年轻刚结婚时相比，俩人长相的接近却是显而易见的。

一些学者的研究也证实，两个彼此要好的朋友，如果对所讨论的问题持相同的态度，他们的身体姿势也会很相像，据说，会像到几乎是面对镜子的程度。他们并非故意模仿，这种回声似的对应是来自一种不自觉的本能，也是人类表达友谊的自然方式之一。一对意气极相投的好朋友，他们头部的小动作、手指的伸长、嘴唇的抿撇、身体的欠动等，几乎配合得完全一样，而且配合的节奏精细到只有用录像才分析得出来。

(七)动作行为的模仿

在一个不熟悉的环境中，当拿不准某些行为是否被允许，周围人的动作、行为很容易成为跟着学或模仿的对象。这种情形屡见不鲜。

作家孙伏园等人游莱蒙湖时，由于这里“整洁而又繁华”几乎没有见过，“甚而至于我们不敢拿出茶叶蛋等东西来，怕吃完了以后没有地方放蛋壳。但是事有凑巧，湖边凳上坐着一对美国人模样的男女，已经打开了食物包，而且我自己也发现了每隔一二十步路有一个字纸篓，虽然十分清洁，里面并没有看见字纸，但是我们用报纸包了蛋壳，不也是字纸一类东西吗，于是决定另找一凳坐下吃了。”[1]本来不敢随便吃东西，怕破坏这里的整洁，但见到其他游客的行为后，就模仿别人的动作、行为了，放心地吃起来。这算作一种动作、行为传播。

动作、行为的模仿也能够传播不良习俗。抽烟作为一种社会行为其流传与模仿有关。拉斯·卡萨斯神父在其《西印度通史》第四十六章中详细描述了此事：“两个基督徒在路上看见很多男女穿过村庄。男人手中常拿着一根柴棒和一种草，吸草点燃后冒的烟。这是一种干草，把它放在干叶子上卷成筒，就像圣灵狂欢节时小伙子们做的那种纸枪。然后，把筒的一端用柴棒点燃，在另一端用嘴或鼻子吸冒出的烟。那玩意儿能使肌肉麻痹，使人昏醉，但据说也能使人消除疲劳。当地人将其叫作——如我们今日所称——托巴菰。我在该西属岛屿上见西班牙人也吸此物。当人们指责他们，说是一种恶习，彼等却回答说，只要一上瘾就难以戒掉。我不知烟有何味或有何好处。”[2]西班牙人很快就学会吸烟，并把它普及到世界各地，流毒全球至今。

（八）动作行为也有文化差别

与中国人相比，西方人耸肩动作使用比较频繁。耸肩可以表达多种意思，其中之一是可以表示忍耐，或者没有任何反抗的意图。莎士比亚的《威尼斯商人》第1幕第1场中犹太人夏洛克(Shylock)说道：

> 安托尼奥先生，您曾经多次而且时常
> 为了我的借金和我的重利
> 而在里阿多耳交易所里辱骂我；
> 可是我总是用忍耐的耸肩来忍受了它。

这里的动作耸肩表达的是忍耐和不明显反抗，中国人表达忍耐的动作通常不是耸肩，这就是一种文化差别。

三、动作、表情与符号

许多人把动作、表情看作符号。确实，不少动作、表情已经符号化。但只要稍加观察，人类的大部分动作、表情绝非符号。

---

① 孙伏园：《丽芒湖上》，见钱谷融：《现代作家国外游记选》，上海，上海文艺出版社，1983，第187～188页。

② 〔意〕哥伦布：《航海日记》，上海，上海外语教育出版社，1987，第57页注。

（一）不少动作、表情已经转化为符号

中国舞台戏剧表演的程式就是对生活中常见动作和表情的概括和符号化，它来源于生活，又把生活模式化了。

明代的朱载堉《乐律全书・小舞乡乐谱》指出，凡动作姿态皆有一定含义，要注意准确运用："进者邀也，面皆向前，若邀客之势也；退者送也，面皆向后，若送客之势也；驰者摇也，面皆向外，若相别之势也；张者招也，面皆向内，若相会之势也。此四势者，唐人谓之送、邀、招、摇，古人谓之进、退、张、弛。"

清代弃儒习艺的昆山腔演员黄幡绰在其《梨园原・身段八要》中对戏曲身段有专门论述，他提出身段八要："辨八形，分四状，眼先引，头微晃，步宜稳，手为势，镜中影，无虚日。"

"辨八形"就是辨别八种不同人物的情态形容：

> 贵者：威容，正视，声沉，步重；
> 富者：欢容，笑眼，弹指，声缓；
> 贫者：病容，直眼，抱肩，鼻涕；
> 贱者：冶容，邪视，耸肩，行快；
> 痴者：呆容，吊眼，口张，摇头；
> 疯者：怒容，定眼，啼笑，乱行；
> 病者：倦容，泪眼，口喘，身颤；
> 醉者：困容，模眼，身软，脚硬。

"分四状"，就是分清喜、怒、哀、惊四种情感类型的不同表现：

> 喜者：摇头为要，俊眼，笑容，声欢；
> 怒者：怒目为要，皱鼻，挺胸，声恨；
> 哀者：泪眼为要，顿足，呆容，声悲；
> 惊者：开口为要，颜赤，身战，声竭。

"眼先引"：凡做各种状态，必须用眼先引。故昔人有曰："眼灵睛用力，面状心中生。"

"头微晃"：头须微晃，方显活泼。然只能微晃，不可大晃及乱晃也。

"步宜稳"：台步不可大，然而亦不可过小。须求适中，以稳为要，虽于极快、极忙时，亦要清楚。

“手为势”：凡形容各种情状，全赖以手指示。

“镜中影”：要求学者宜对大镜演习，自观其得失，自然日有进益也。

“无虚日”：告诫演员要日日用功，不可间断。间断一日，则三日不能复原。

黄幡绰的“身段八要”对于戏曲中的动作表演和人物塑造，具有重要的指导意义和参考价值。

认真品味“四势”“辨八形”“分四状”，很容易看到它们不过是实际生活的舞台化，来自生活，但将生活固化。以上只是中国戏剧表演程式艺苑中极小的一部分，用来说明动作、表情的符号化情况。戏剧中动作、表情符号化比较突出，实际生活中也有部分动作、表情被符号化。

研究动作、表情的符号化，对于理解语言文字的产生也有帮助。“应该在情绪动作中寻找语言的最初形态，人就是通过情绪动作把符合人的世界重迭在给出的世界上。”①在人类的语言文字历史中情绪动作也依稀可见。

动作的符号化并非人类所独有，有些动物也具有把动作符号化的简单能力。以蜜蜂为例，蜜蜂是一种群体活动的昆虫，它们具有严密组织的控制系统，并具有较完善的信息联系，它们通过特有的信息交换方式来调节群体的活动。一只侦察蜂从外界获得信息后，就在群体内部按照特有的方式进行传递、交换，使群体内部成员了解、接受，以调节整个群体的活动。当一只侦察蜂发现了蜜源，获得了食物的信息后，立即飞回蜂群，通过舞蹈动作，把这一信息传给工蜂，工蜂接受信息后，立即按照侦察蜂的舞蹈动作所表明的距离、方向去采取花蜜。

奥地利学者克·符利士曾进行了如下试验，他把盛有果酱的盘子放在离蜂箱不远的地方观察，开始蜜蜂并未注意，忽然有一只蜜蜂发现了它，就飞去尝了尝，然后飞走了，不一会儿就引来了大批蜜蜂，它们开始了盘子——蜂箱——盘子之间的飞行，直到把盘子里的果酱搬完为止。克·符利士通过试验与观察，发现侦察蜂传递给工蜂的信息是通过舞蹈动作表现出来的。舞蹈的图形和次数的变化表示着蜜源的方向与距离的不同，据统计：

当盘子距离蜂箱 100 米时，舞蹈 9～10 次；

当盘子距离蜂箱 200 米时，舞蹈 7 次；

---

① 〔法〕莫里斯·梅洛-庞蒂：《知觉现象学》，北京，商务印书馆，2001，第 245 页。

当盘子距离蜂箱 2 千米时，舞蹈 4 次；

当盘子距离蜂箱 6 千米时，舞蹈 2 次。

如果舞蹈方向垂直向上，则表示朝太阳方向飞行；如果舞蹈方向垂直向下，则表示向太阳相反的方向飞行；如果舞蹈有一定的角度，则相应地朝偏离太阳的一定角度的方向飞行。①

(二)动作、表情并非都是符号

舞台表演动作、表情符号化最突出，我们还是从它说起。

人类动作、手势、表情的巨大表现力不可能归结为某一公式。可以说，动作姿势就是性格和感情的自然流露。人可以从头到脚都富有表情。舞台舞蹈表现和传播美，显示旺盛的生命状态，有时不一定非要表达某种刻板的具体信息从而成为一种符号。当代美国符号美学家苏姗·朗格说："没有任何一种艺术，比舞蹈蒙受到更大的误解、更多的情感判断和神秘主义解释了。关于舞蹈的文学评论，尤其是那些不成其评论的评论，即伪人类文化学、伪美学，读起来是十分乏味的。"②对舞蹈的误解，有相当一部分来自把舞蹈的每一个动作还原为意义符号。正因为如此：

> 人们常说优秀的舞蹈"只能意会，不能言传"，在舞蹈家看来，最美的舞蹈用语言说不清楚，即使能说出来不仅词不达意，而且也会变得浅白而失却生动性。因此全世界的舞蹈家都不喜欢用自己的嘴巴去诠释自己的舞蹈……口头语言或文字确实不能准确说清舞蹈……人类发展舞蹈理论，只不过是让它帮助人自己加深与舞蹈本体的接近罢了。③

舞蹈家最善于用肢体说话，而不喜欢用自己的嘴巴去诠释自己的舞蹈。正如德国现代派舞蹈家魏格曼所说：如果舞蹈能用语言说清楚，何必舞蹈。

美国舞蹈史学家、美学家塞尔玛·珍妮·科恩说：

> 我们对《天鹅湖》中那段著名的慢板双人舞看上几分钟，最

① 王雨田：《控制论、系统论、信息科学与哲学》，北京，中国人民大学出版社，1998，第 337～338 页。

② 〔美〕苏姗·朗格：《情感与形式》，北京，中国社会科学出版社，1986，第 193 页。

③ 吕艺生：《舞蹈文化面面观》，《人民政协报》2014 年 5 月 19 日。

后我们所能说出的只是：一个小伙子和一个姑娘在恋爱，我们会发现很难指出任何一个芭蕾演员的足尖旋转的“含义”是什么。舞蹈作为一个整体，是具有表现的特性的，但这一特性并不能说明它的所有组成部分。之所以不能，是因为舞蹈的动作是为超出表现力之外的一定意图而设计的。①

俄国的加·尼·多波罗沃尔斯卡娅说：

按其本性而言，舞蹈动作不能“翻译”成具体概念的语言……在这一点上，卡尔普说得正确：“想从每一个舞步中找出具体的，甚至比较普遍的哲学涵义的企图，总是导致荒谬的结果。”②

美国的奥伯特·A. 詹斯顿也说：

只要从舞蹈的外观特征上做一番粗略的考察就可发现，无论是观众或是舞蹈演员，都无法完全像解释和体验文学作品那样“一字一句”地意译舞蹈动作。③

即使程式化非常突出的中国戏剧比如京剧，也不是所有的动作和表情都被符号化和模式化。真实生活中痛苦的眼泪和喜悦的眼泪与京剧中同样的情境动作表情没有什么不同。斯坦尼斯拉夫斯基指出：“程式越少，创作越朴实，越自然，越自如，也越接近真实和天性。”“刻板的根是剧场程式，艺术形式的根是真实的生活、体验和活生生的情感。”④为表演而存在的舞台表演（包括舞台舞蹈）动作尚且如此，日常生活活动中的动作就更不用说了。

就连符号学家罗兰·巴尔特的《符号帝国》一书在肯定动作有符号的

① 〔美〕塞尔玛·珍妮·科恩：《舞蹈美学绪论》，见朱立人：《现代西方艺术美学文选：舞蹈美学卷》，台北，洪叶文化事业有限公司，1994，第165页。

② 〔俄〕加·尼·多波罗沃尔斯卡娅：《舞蹈——哑剧——舞剧》，见朱立人：《现代西方艺术美学文选：舞蹈美学卷》，台北，洪叶文化事业有限公司，1994，第187页。

③ 〔美〕奥伯特·A. 詹斯顿：《舞蹈的语言与非语言》，见朱立人：《现代西方艺术美学文选：舞蹈美学卷》，台北，洪叶文化事业有限公司，1994，第332页。

④ 〔苏〕斯坦尼斯拉夫斯基：《斯坦尼斯拉夫斯基论文讲演谈话书信集》，北京，中国电影出版社，1981，第493、508页。

性质这一面的同时也承认："这里出现的是设想中的那种坦率的、野蛮的、赤裸裸的关系，剥下了(可以这样设想)一切符号性表示，对一切具有媒介性质的符码丝毫不感兴趣""消除任何符码的掺杂"。[①] 人的动作更有非符号性一面。

有了上面的论述，下面的说法就不用多费口舌辨析了：

> 符号互动理论认为，人际交往是不能直接进行的，它必须通过中介物"符号"才能实现，哪怕是最简单的交往也是如此。因为人们的思想相互之间是看不见的，人们所能看见的只是相互间表现出来的行为。所以，人际交往中最重要的就是正确地选择和使用符号。[②]

这段话夸大符号在人际交往中作用的谬误是显而易见的。语言交流固然需要有声语言这种符号做中介，但表情、动作是直接可以看得到的，还需要什么"中介"吗？有些表情、动作纯属下意识，眼泪、鼻涕不受意识控制，难道一定要戴上符号的帽子吗？

四、动作、行为传播

人体动作大体可以分为：生产劳动活动动作，这是直接创造财富的动作，包括机床操作、手术技法、车辆驾驶等；日常生活动作，比如吃饭、喝水、穿衣、洗漱等动作；社会活动动作，比如处理人际关系的握手、挥手致意等动作；文体活动动作，包括体育、舞蹈、杂技、健美、游乐等活动的动作。

举手投足，可见其内心机蕴，深谙世事的人会从一举一动中找到有价值的信息。点头同意，摇头不满，人们经常说"摇头不算点头算"。仰头傲慢，低头沉思，谄媚时点头哈腰，得势时指手画脚。肩头一耸表示遗憾，大腿一拍表达叹为观止，捶胸顿足显示悲痛欲绝。得意忘形时就挺胸凸肚，精神饱满时就会昂首挺胸。

人的行为既是人的有机体对于环境刺激的反应，又是人通过一系列动作实现其预定目的的过程。人的身体运动、动作姿势、语言表情、注意力与思考态度等都是行为反应。从文化角度看，人和人的一切行为方

---

① 〔法〕罗兰·巴尔特：《符号帝国》之第16"鞠躬"，北京，商务印书馆，1994。

② 蔺朝国：《人际关系学12讲》，北京，地震出版社，2003，第43页。

式的表达就是文化；行为传播的是文化。

（一）手部动作

招手表示呼唤或告别，摇手表示反对或放弃，举手表示赞成或反对，搓手表示为难或思考，摊手表示坦诚或无奈，拱手表示礼节，“摩拳擦掌”用来形容人在进行某项活动前的兴奋、期待之情。

通常，摊开的手掌表示真切、诚恳、忠贞和顺从。当表示真诚时，人们会暴露部分或整只手掌。有心理学家断言：“判断一个人是否坦率与真诚，最有效的、最直观的方法就是观察其手掌姿势是否双手摊开。”

著名的美国盲人作家海伦·凯勒曾经这样写道：“我接触过的那些手虽然无声，但却告诉我很多东西。有些人的手很粗鲁；有些人一点也不快乐，当我握着他们冷冰冰的指尖时，就像和东北风在握手呢；另外有些人双手如阳光一样，因此和他们握手使我内心温暖。那些可能只是小孩子的手牵着你的手，但对我来说，里面的阳光和别人爱的一瞥所带来的温暖同样多。”①

手势往往与语言配合。凤凰卫视记者注意到一个细节，李克强同志新任总理后与记者的见面会上回答问题的时候，双手打手势有 30 多次。

（二）脚步

心情愉快的时候脚步轻盈，处境不好的时候脚步沉重而不均匀，心事重重的时候脚步迟缓。脚步铿锵有力与勇敢、坚强连在一起，“如履薄冰”与谨慎和存有戒心连在一起。

“踏着沉重的脚步，归乡路是那么漫长。”歌曲《故乡的云》的这两句歌词表达的正是处境艰难的游子心境。

（三）坐姿和站姿

正确的坐姿从正面看，头正、肩平；从背面看，脊柱伸直，没有扭转，也没有侧弯；从侧面看，耳垂、肩峰和髋关节三点基本在一条直线上。“坐如钟”正是对正确坐姿的一种形象说法。“站如松”则是对正确站姿的一种形象说法。

坐姿也反映了一个人有没有良好的生活习惯。《健康时报》刊登了 2009 年教师节前夕，温家宝同志与北京市第三十五中学的同学们一起上课的照片。在这张照片中，一位家长敏锐地发现，除了温家宝同志，照片中的 6 个孩子的坐姿都是错的。温家宝同志有着良好的坐姿习惯，而现在的中小学在培养学生良好习惯方面有待加强。

---

① 〔美〕海伦·凯勒：《假如给我三天光明》，北京，中国书籍出版社，2008，第 151 页。

姿势强调动作静止的一面，强调姿态样式。正襟危坐往往是恭谨或紧张，昂首挺胸则表明自信与自豪。人的坐姿和站姿各式各样。比如坐姿，有的人把全身猛然扔出似地坐下，有的人慢慢坐下，有的人小心翼翼地坐在椅子前部，有的人将身体深深沉入沙发中。

报纸上有人著文说："猛然坐下者，内心隐藏不安""深坐椅内者，自大自负""佝偻状站立，缺乏责任心""站立时喜欢双手插兜，性格谨小慎微"。仅凭坐姿、站姿就下这样的论断，缺乏科学依据。某一坐姿、站姿与人的性格有一定联系，也与具体情境有关，应当综合分析，不应简单给出评判。

(四)人体的动态位置

人体的动态位置表达的往往是心理和文化。体态确实是文化，但也与环境和生理有关。两位不熟识的人在电梯中会保持电梯空间所提供的最大距离，三个人时会形成一个三角形，四个人时会分别站在正方形和长方形对角线的顶端。当人多时，即使陌生人也不可避免地近距离甚至有身体的接触，这都是电梯狭小空间造成的。

不同文化对人与人之间位置和距离的理解也有不同，不同的位置和距离传递不同的文化信息。

> 在典型的美国人鸡尾酒会上，每个人没有固定的位置，他们说笑，开玩笑，在这种自然轻松的气氛中表现个性，并塑立自己良好的形象。但在中国人的宴会上，等级是按座位固定的。每一位被邀请的人都很清楚自己与其他人的地位。他们的行为都遵循"礼"的规范，对适当的人做适当的态度，鞠躬行礼表示敬意。①

中国人在宴请官员或者尊长时的位序安排大致为，正对餐厅门口的位置是主宾位，主宾位的右手是次宾位，余者依此类推。主宾位的左手边是主陪位，也就是这次宴席的主办方级别最高者的座位，余者依此类推。

(五)动作、行为美

中国古诗词有许多对动作美的描写。《沈园二首》是南宋诗人陆游75岁时重游沈园(在今浙江绍兴)写下的悼亡诗，其一：

---

① 〔英〕迈克·彭等：《中国人的心理》，北京，新华出版社，1990，第211～212页。

城上斜阳画角哀，
沈园非复旧池台。
伤心桥下春波绿，
曾是惊鸿照影来。

这桥下的春波绿水，曾经照见像曹植《洛神赋》中“翩若惊鸿”的凌波仙子的倩影。“惊鸿照影”是一种动作姿态美，轻盈如雁之身姿，翩然而至。

徐志摩曾经描写过英国康桥几个女郎撑船的优美动作：“你站在桥上去看人家撑，那多不费劲，多美！尤其在礼拜天有几个专家的女郎，穿一身缟素衣服，裙裾在风前悠悠的飘着，戴一顶宽边的薄纱帽，帽影在水草间颤动。你看她们出桥洞时的姿态，捻起一根竟像没有分量的长竿，只轻轻的，不经心的往波心里一点，身子微微的一蹲，这船身便波的转出了桥影，翠条鱼似的向前滑了去。她们那敏捷、那闲暇、那轻盈，真是值得歌咏的。”①这是身姿、动作传达出的美。动作美几乎全凭着直感，不需要符号之类的陪伴就可欣赏。即使是外行，也能凭直觉判断动作的美与不美。

五、表情传播

表情在人际沟通上占有相当重要的位置。人的表情主要有三种：面部表情、语言声调(声音高低强弱、语速快慢等)表情和身体姿态表情。面部是最有效的表情器官，本书所说的表情主要是指面部表情。表情，顾名思义，就是动物尤其是人的内在情感直接表现在面部，或者说，面部表露出人的内在情感。人的面部表情主要表现为眼、眉、嘴、鼻以及面部肌肉的变化，脸部的颜色、光泽、肌肉的收缩与展开，脸面的纹路与脸部的动作构成面部表情。

其实，表情是肌肉运动，表情也是一种动作，只不过是一种微小的动作罢了，可能仅仅是眼睑或者上唇的细微动作变化。表情这种微小的动作，只发生在面部。在这个意义上，我们可以把表情看作一种特殊的动作。人的情感变化通常会在面部表现出来，表情在传达情感方面非常

---

① 徐志摩：《我所知道的康桥》，见《徐志摩散文》，杭州，浙江文艺出版社，2009，第45页。

重要。独自一人可以真情流露，面对他人时就要控制情绪的表露。

罗曼·罗兰说："面部的表情是多少世纪培养成功的语言，比嘴里讲的更复杂到千百倍的语言。"一方面，面部表情像语言一样可以传情表意；另一方面，它传情表意之复杂、微妙，甚至语言都无法描述。

表情主要由面部和眼睛来传达。演艺界有句行话："一身之戏在于脸，一脸之戏在于眼。"此行话就抓住了眼睛和面部，是对人类表情传达的准确把握和总结。

（一）最传神、最会说话的是眼睛

苏联作家费定（Константин Александрович Федин）对人的眼睛有一段出色的描写：

> 人的眼睛，会表示很多的意义：在蛇一般有伸缩性的表情上，它胜过了舌头。眼睛会放光，会发火花，会变得像雾一样黯淡，会变成模糊的乳状，会展开无底的深渊，会像火花跟枪弹一样向人投射，会把冰水向人浇灌，会把人举到从来没有人到的高处，会质问，会拒绝，会取，会与，会表示恋恋之意，会允诺，会充满祈求和难忍的表情，会毫不怜惜地磨折别人，会准备履行一切和无所不加拒绝。哇，眼睛的表情，远比人类琐琐不足道的语言，来得丰富——眼睛在每种意思上，附加无数种浓淡深浅的区别，简简单单一个"是"字，眼睛能用各种颜色来表达，从天蓝到沼泽般的颜色，从松香色到褐色，从灰黄到深黑，这种用颜色表示出来的"是"字，在男人眼睛里的，又和女人眼睛里的不同，每个"是"字，都有自己相应的"不"字，每种表情里面都像疑惑般的，隐藏了个"但是"，在呼之使来，蹴之使去的当儿，还在欣赏自己不声不响的力量。①

在费定看来，眼睛比语言更能表达丰富的意义，这位作家对眼睛意蕴丰富性的描写简直无可附加。

眼睛通常是情感的第一个自发表达者。美国诗人爱默生说："眼睛的语言有这样的优点：他不需要字典，世界各地的人都能读懂。"因为它是人的内心情感的最直接、最自然的流露和表达。正眼看人，显示出坦诚；躲避对方的视线，暴露出心虚或心怀鬼胎；斜着眼看人，表达了看不起

① 〔苏〕费定：《初欢》，上海，文化工作社，1952，第481～482页。

对方或对对方不满意。人们早就注意到眼睛最能传达感情，“眉目传情”“暗送秋波”“眉来眼去”“脉脉含情”等就是对这种现象的点睛性描述。人们在交流时总爱看着对方的眼睛，注视眼睛是人的天性。通常，一个好的交谈者，在整个交谈过程中目光与对方目光的接触率应该累计达到50％～70％。

中国经济学家林毅夫对农民接触较多，他印象最深的是农民的眼睛：“记忆里到处是他们的眼睛。他们的眼睛看着你，流露的眼神那么淳朴善良，很单纯的眼神告诉你，他们想过好日子，希望你能给他们解决各种问题。”①也许一个眼神，比一箩筐话给人留下的印象更深。

而在眼睛中，瞳孔是内心世界高度灵敏的显示屏且无法用意志控制，高兴、惊恐放大，消极、愤怒缩小，瞳孔不发生变化，表示他(她)对所看到的事物漠不关心。“眼睛是心灵的窗户”，而这扇窗户的中心又是瞳孔。

东晋著名画家顾恺之擅长画人物，他画人像，有时画几年都不点眼睛。别人问他为什么，他指着眼睛回答道：“四体妍媸，本无关于妙处，传神为照，正在阿堵中!”意思是说，四肢的美丑，是无关紧要的，画像要能传神，关键就在这个里头(指眼睛)。表演艺术家程砚秋说“上台全凭眼”，他说的是表演，但表演也来自生活。

与眼睛相关的是眼眉。愤怒时，剑眉倒竖；悲伤时，眉头紧皱。与眼眉有关的中国成语有喜上眉梢、眉开眼笑、眉飞色舞、扬眉吐气、愁眉苦脸、横眉冷对、挤眉弄眼等。

达尔文曾指出：“一切种族的人在思想上发生任何疑难的时候，就会皱眉；这是我根据那些回答我寄给他们的询问信的人的话来断定的。”②而中国有句成语“眉头一皱，计上心来”，正与达尔文上面的话相呼应。

(二)面部是人体表情最集中、最丰富的区域

眼睛是面部的一部分，包括眼睛在内的整个面部，是表现人的情感最集中、最丰富、最敏感的部位。美国心理学家艾克曼通过对脸部运动编码系统的研究发现，人类脸部表情多达1万种以上。③

与面部有关的惯用语有满面春风、面若冰霜、笑脸相迎，面红耳赤、面色铁青、板着脸、哭丧着脸、嬉皮笑脸、皮笑肉不笑等。这些惯用语都是用来表达人的感情和心理的。

---

① 林颖：《传奇林毅夫》，《解放日报》2006年5月12日。

② 〔英〕达尔文：《人类和动物的表情》，北京，北京大学出版社，2009，第146页。

③ 〔美〕保罗・艾克曼：《情绪的解析》，海口，南海出版公司，2008，第21页。

当人们生气时，会气得“满脸通红”“脸色发白”；难堪时，也会“满脸通红”。准确判断还要看当时的具体情境。也就是说，面部表情也有多义性的一面。

(三)微笑

微笑是一种面部表情，也是一种面部动作。

微笑是疲倦者的休息，拘束者的轻松，悲哀者的阳光，快乐者的表达。微笑是交际中的通用货币。有一首英语歌曲唱道：“微笑意味着对每一个人的友谊。(Smile means friendship to everyone.)”

20 世纪 90 年代初，基辛格博士参加在上海锦江饭店举行的一个国际会议，中午休息时，他自己就近到南京路转了一圈。回来对赵启正说：“街上的人脸上都洋溢着佛一样的微笑。这是一个善良、纯朴、和平的民族。”微笑是传播一个国家、一个民族、一个人的精神面貌的最好方式。①

罗伯特·布诺温发现，人在群居生活时欢笑的次数是独处时的 30 倍。实验证明，实验参与者处于孤单的环境中时，更多的人会选择自言自语，而不是哈哈大笑。

看来，与朋友愉快地交往有利于创造更多的欢笑，这就是孤独不利于健康的一个原因。

六、动作和表情的有机结合

苏格拉底说：“高贵和尊严，自卑和好强，精明和机敏，傲慢和粗俗，都能从静止或者运动的面部表情和身体姿势上反映出来。”动态的人体形成体态；体态由人的面部表情、身体姿势、肢体动作和体位变化而构成。体态是一种信息载体，一种包含着心理、生理、社会、民族、历史、文化、人种等多方面因素的信息系统。体态的核心是动作和表情，而动作和表情往往是相互配合并同时出现的。

(一)动作和表情往往相互配合、同时出现

许多情形下动作和表情相互配合、同时出现、融为一体。这个时候如果人为把这二者分离开，单独分析就有割裂的感觉，最好是综合看。

方令孺在《游日杂记》中记述了他看到的一位园丁的动作、神态：“有一个园丁在修剪树木。我从来没有看见过一个人工作像他那样细致了。他爬到一棵树上细细地端详，最注意枝叶的姿势，不肯略微伤害自然生长的形状；在一枝一叶的去留之间，都好像费了莫大的心事。他那种木

① 赵启正：《在同一世界——如何面对外国人》，《文汇报》2007 年 8 月 25 日。

讷无言，沉没在他工作的深思里，很感动我。”[1]这里的神态和动作互相依存、不能分割，看到这些动作、神态几乎不需要语言解释，就能知道他在干什么和干这种工作的认真态度。

高明的艺术家会捕捉到这种表情和动作的有机结合并在作品中表现出来。莎士比亚曾经在其剧作《亨利五世》第3幕第1场中把愤怒、奋进的表情和动作结合起来描写：

> 在和平的时候，一个人显得多么的安分，
> 具有最适当的沉静和谦逊；
> 可是，当战争的呼号吹送到我们耳朵里来的时候，
> 马上就要扮起老虎般的动作来：
> 使肌肉变得刚强，使血液奔涌起来，
> 于是使双眼带有一种可怖的形象；
> 现在又再咬紧牙关，扩张鼻孔，
> 保持激烈的呼吸，而且像拉满的弓一样，
> 鼓足全部精力！最高贵的英国兵士，向前猛进。

“双眼带有一种可怖的形相”，是一种比较典型的表情描写，而“咬紧牙关，扩张鼻孔”“激烈的呼吸，而且像拉满的弓一样”，是动作还是表情，就很难分得清。

(二)捕捉微妙动作和神态细节是作家、艺术家的功力之一

作家、艺术家比常人有更精细的观察能力，微妙的内心世界正是通过捕捉到的动作和神态细节表达出来的。我们来看宋代女词人李清照《点绛唇·蹴罢秋千》的描写：

> 蹴罢秋千，起来慵整纤纤手。露浓花瘦，薄汗轻衣透。
> 见有人来，袜刬金钗溜，和羞走。倚门回首，却把青梅嗅。

袜刬(chǎn)是未穿鞋子，只穿着袜子行走。清晨的花园内，绿杨掩映着秋千架，架上绳索还在悠悠地晃动。年轻的女词人刚刚荡完秋千，两手有气无力，懒懒地下垂。在她身旁，瘦瘦的花枝上挂着晶莹的露珠；

---

① 方令孺：《游日杂记》，见钱谷融：《现代作家国外游记选》，上海，上海文艺出版社，1983，第70页。

在她身上，涔涔香汗渗透着薄薄的罗衣。蓦然间，进来一位客人。她猝不及防，抽身便走，连金钗也滑落下来。客人是谁？词中未做正面描写，但从词人的反应中可以知道，他定是位风度翩翩的少年，甚至可能是作者心仪之人。少女走到门口，又强按心头的激动，回眸偷觑那位客人的身姿。为了掩饰，她嗅着青梅，边嗅边看，娇羞怯怯，昵人无邪。“和羞走”和“倚门回首，却把青梅嗅”为全词出彩之处，都是对动作、神态细节的独特捕捉和表现。欲看含羞，欲走不忍，“却把青梅嗅”，掩饰中意味无限。

唐代诗人白居易的长诗《长恨歌》中写杨贵妃的娇美有一句是“回眸一笑百媚生”。“回眸一笑”就是细微动作和表情的和谐共生，这“回眸一笑”竟然能够“百媚生”，回转眼眸一笑，千娇百媚、风情万种，让人禁不住神魂颠倒。

现代诗人徐志摩的诗《沙扬娜拉——致日本女郎》有这样两句：

> 最是那一低头的温柔
> 像一朵水莲花不胜凉风的娇羞

“低头”是些微的动作，但“温柔”却带着表情。也就是说，动作和表情是结合在一起的。正是这轻微的动作和轻柔的表情给人留下了最难忘的美妙印象，因为它表达的是难以体察和言说的微妙情愫——娇羞伴着温柔。

“一低头的温柔”与“回眸一笑”，细微之处，微妙至极，无可复加。生花妙笔的细节点睛，胜过千言万语。

第四节　动作和表情传播的两个独特领域：体育和舞蹈

一、体育的动作传播

体育运动的核心内容是身体动作变化，因此体育运动是动作传播的内容之一，而且是一种独具特色的动作传播方式。我们平时所说的体育交流，离开了运动动作就失去了最根本的内容。通过竞赛运动会进行交流和传播是体育交流和传播最为有效的方式。全世界最大的体育赛事奥林匹克运动会传播范围之广、影响之深远更是无可匹敌。

体育是人类推动社会运行的动力和中介之一。体育运动也是一种人际交流、传播方式。如果把身体运动看作语言，身体运动的节奏就如同语音，身体运动的动作、技巧、姿态等就如同语汇，动作、技巧、姿态等的衔接规律和组合方法就如同语法，体育运动的交际、传播功能就在这三者的动律形态与神态有机结合的过程中实现。

跳高姿势从跨越式演变为剪式，由剪式演变为滚式，由滚式演变为俯卧式，然后是当今流行的背越式，传递了人类对自身身体结构和如何更好地摆脱地球引力的认识信息。

从传播角度看，许多体育项目不过是对实体信息的反应与应对，看谁反应快，看谁应对及时、准确。射击、球类、武术、击剑、拳击等都有这样的特征。在体育运动和比赛中，多数情况下实体信息比符码信息更重要。比如，乒乓球在接发球时需要准确判断来球的速度、力量、旋转、角度等实体信息，才能恰当应对。好的接发球不仅要求将球回到对方的球台上，而且要回到对方感到难受的位置上。回球动作就是对来球信息的反馈，这种反馈准确不准确还要通过看回球的落点位置、速度、旋转与力量如何来检验。球类运动就是对实体信息从发现、反应、应对到反馈、检验、调整的一个完整传播过程。许多体育运动锻炼的效果之一，就是身体对实体信息的反应、判断与反馈、调整能力的提高。

竞赛体育各种动作的不断完善与改进，传递了人类追求自我超越的信息。径赛跑道上飞人们疾速的步频、争先恐后的摆臂，游泳赛道中的劈波斩浪、奋力争先，球类比赛中的你争我夺、互不相让等都体现了体育运动的竞争精神。体育的生命活力正是在这种超越与竞争中生成和传播。

体育比赛动作表现和评价的显性、直观，也是体育动作传播的特点之一。这个特点也是体育比赛的魅力之一。很多比赛项目，即使外行人也能大致看出高下，裁判很难作假。与人间其他有竞争的领域相比，公平原则在体育比赛中最容易体现出来——这并不意味着体育比赛评价就是绝对公平的。

体育的教与练属于教育传播，但这种教育传播有自己的特点，这就是言传身教。动作传播在其中极为重要，不可缺少。武术“口传身授”中的身授包括做示范动作，也是动作传播。

二、舞蹈的动作、表情传播

舞蹈与体育相比，动作固然非常重要，然而表情也不能忽视；好的舞蹈应该是动作和表情的有机结合体，更重要的是，表达感情乃舞蹈之根本。因此，我们在论述了动作和表情之后才来谈论舞蹈，以便有一个认识和理解它的好的基础。

舞蹈是人体动作的艺术，以经过提炼、组织和艺术加工的人体动作为主要表现手段，其基本要素是动作姿态、节奏、表情。动作是舞蹈的核心元素。舞蹈以个人的形体运动为基础条件来实现。

舞蹈的动作一般分为表现动作、说明动作、装饰动作三种。表现动作是舞蹈艺术的主体或最重要组成部分，是描写情节进展、表达人物情感、塑造人物形象的主要手段；说明动作和装饰动作，则是舞蹈中叙述、描写与抒情的“说明”与“连接”。

舞蹈艺术的媒介就是人体本身。与其他艺术门类相比，舞蹈以自身形体动作为媒质而无须依赖“第二工具”。

（一）舞蹈以动作为主、表情为辅

舞蹈是以身体动作为核心的动态造型体系，它以人体为物质基础并以占有时间和空间的运动来表现感情精神、体现审美观念。舞蹈的本体就是动作，用动作抒情、表达和传播，动作就是舞蹈的语言。

舞蹈的情感主要由动作来表达，但动作表达情感时面部表情不参与其中是不可想象的事情；如果富有表现力的动作配之以相应的表情则会锦上添花。

（二）舞蹈表达和激发情感

1. 舞蹈直接表达情感

舞蹈作为直接体现生命的生命体，是表情达意的最直接方式。人类表达内心情感最自然、最直接的方式就是动作和表情。玛丽·魏格曼也说：“舞蹈是表现人的一种活生生的语言——是翱翔在现实世界之上的一种艺术的启示。目的在于以较高水平来表达人的内在情绪的意象和譬喻，并要求传达给别人。最重要的是，舞蹈要求直接传达而不是转弯抹角。”[①]所谓“直接传达”，正是人体动作作为舞蹈的唯一表达手段所决定的。而舞蹈的情感表达又最易为人所感知，人们对于“情”的感知是最无障碍、最容易的。感情的直接表达就是“足之蹈之”，同时，强烈情感最适宜用舞蹈来表达。

2. 舞蹈最善于、适宜表达强烈情感

舞蹈生发于人的情感最激越并且用语言难以表达之时，此乃舞蹈的特质。闻一多有“舞蹈是人的生命情调最直接、最实质、最强烈、最尖

① 〔德〕玛丽·魏格曼：《舞蹈的语言》，《舞蹈论丛》1980年第3辑。

锐、最单纯而又最充足的表现”之说。舞蹈乃内心激动外化于身体。惊吓、狂喜、悲伤、急躁等情绪都可以用舞蹈动作来表现，没有内心表达的舞蹈是没有价值的。大悲大喜是人类情感的两极状态，由舞蹈来体现最是恰当，因为舞蹈是表达情感的最为有效的方式。舞蹈抒情性最强、最浓、最烈，有人干脆给舞蹈下出这样的定义：“舞蹈是情感的艺术。”

舞蹈艺术最善于用形体动作来抒发人的感受和情怀，表达人的丰富精神面貌，强烈的抒情性是舞蹈艺术的重要特征之一。

舞蹈善于抒发情感，也善于激发情感。舞蹈艺术是舞者和观者通过愤怒、忧伤、痛苦、欢乐、幸福等情绪进行的相互之间的精神交流。

(三)舞蹈对自然实体信息的模仿和追随

1. 舞蹈模仿自然、表现自然

美国著名舞蹈家、现代舞的先驱伊莎多拉·邓肯认为，学习舞蹈根本的一条是“观察自然，研究自然，理解自然，然后努力表现自然”①。“我在周围的一切事物中看到舞蹈的基础。凡人的身体所能做出的真实的舞蹈动作，最初都存在于自然界。”②“在自然中寻找最美的形体并发现能表现这些形体内在精神的动作，这就是舞蹈家的任务。”她通过仔细观察窗前的棕榈树叶在风中的颤动，创造出一种胳膊与手指轻微颤动的舞蹈动作。她观看海浪翻滚树木摇晃等波浪式运动，悟出了“以波浪曲线为特征的节奏”。“我的灵感来自于树木的摇动、波浪的翻动、飞雪的飘动，来自于激情和风景之间、温情和微风之间的联想，等等。我始终赋予舞姿以某种得自天然的延续性，而大自然的一切就是因为有这种延续性才显得美妙而有活力的。”“凡是伟大的艺术大师都懂得，具有真正价值的、无比崇高的典范就是大自然。”③追随自然，本是所有艺术的通则。顺便指出，建筑作为一种艺术也在明显地模仿和表现自然，著名的西班牙建筑师圣地亚哥·卡拉特拉瓦(Santiago Calatrava)设计的某些建筑屋顶，就体现了植物棕榈树的形状。

俄国的卡尔普也说：

> 舞蹈的造型动机直接地或间接地描绘着人体的现实的或潜

① 〔美〕邓肯：《邓肯论舞蹈艺术》，上海，上海文艺出版社，1985，第129页。

② 〔美〕邓肯：《舞蹈家与自然》，见《邓肯论舞蹈艺术》，上海，上海文艺出版社，1985，第64页。

③ 〔美〕邓肯：《伟大的源泉》，见《邓肯论舞蹈艺术》，上海，上海文艺出版社，1985，第96～97页。

在的动作。而且不仅仅是舞剧，一切艺术当它形成自己的符号时都这样或那样地“模仿”生活……①

中国舞蹈家杨丽萍的孔雀舞正是从对孔雀生活习性的观察、模仿、升华而来。杨丽萍说：“我们云南，向日葵叶子都会跳舞，风一吹，那个形状。”她谈到她的舞蹈团队时说：“他们和我一样，都从自然里学跳舞。”所以，孔雀开屏、青蛙翻身、蜻蜓点水、蚂蚁走路都出现在他们的跃动的足下。

唐代的平冽《舞赋》曰：“其为体也，似流风迴雪而相应；其为势也，似野鹤山鸡而对镜……迴身若春林之动条，举袂若寒庭之流雪。”观赏神采各异的舞姿会使人想到大自然中的万千气象、千姿百态，不仅彰显了舞蹈受惠于大自然，同时表明了观赏者的想象力也受到自然景物的强烈影响。“舞蹈用人体呈现惊鸿、游龙之象，秋月、春水之韵；用人体呈现流风、回雪之态，电闪、雷鸣之势；用人体呈现古松、弱柳之姿，大海、溪流之景……这一切，是宇宙万物生命跃动的状态，是宇宙间万千气象的自然之美!”②舞蹈模仿自然，舞蹈表现自然。

2. 动作与环境的一致

邓肯说：“人可以在海边跳舞，可以在林中跳舞，也可以在阳光下、在旷野里赤身裸体地跳舞，但若他的舞姿不跟海浪的节奏和谐一致，不跟树枝的摇曳和谐一致，不跟风景中的生命及宁静的气息和谐一致，那么，无论怎样跳，他所做出的每一个动作都将是虚妄的，因为它们和大自然和谐的基调格格不入。这就是舞蹈家为什么特别重视那些能表现有生之物的力量、健康、高尚、恬静、安详等特点的动作的原因之所在。”③与环境实体信息保持和谐，是人对环境的反应和适应。舞蹈不仅有自身的节奏，与环境节奏相呼应则是一个更高层次的节奏理念。同时，顺便指出，这也是所有实景演出必须遵从的法则。

（四）舞蹈的原生动作与虚拟符号

1. 原生动作

塞尔玛·珍妮·科恩在《舞蹈美学绪论》中说：“舞蹈的手段是人体运

---

① 〔俄〕波尔·卡尔普：《作为手段的舞蹈》，见朱立人：《现代西方艺术美学文选：舞蹈美学卷》，台北，洪叶文化事业有限公司，1994，第 209 页。

② 袁禾：《中国舞蹈美学》，北京，人民出版社，2011，第 345 页。

③ 〔美〕邓肯：《伟大的源泉》，见《邓肯论舞蹈艺术》，上海，上海文艺出版社，1985，第 97 页。

动，它只同人而不是同事件或观念打交道。”“舞蹈的领域不是概念（概念是透过词语由思维来掌握的）而是知觉（它们是凭借运动而被眼睛把握的）。”“感性美毕竟是舞蹈作品的巨大魅力之一。”①如果说艺术化的舞台舞蹈是这样，原生舞蹈动作就更是如此了。感性、直观、拒绝概念化始终是舞蹈的内在性格。

2. 虚拟符号

舞蹈表现的并不是演员本人的情感，而是创作者对人类各种情感的一种艺术表现。仅仅在这个意义上舞台舞蹈是符码传播。

舞蹈是一种“虚的实在”，它具有二重性：一方面，由于有人体等物质材料，因而它是物质的、客观的存在；另一方面，由于是在这个物质基础上人工创造出来的虚幻的形象，它又是虚幻的。

从舞蹈的产生和发展史看，舞蹈动作源于生活动作，但逐渐摆脱原来的具体意义，从简单的模拟走向抽象。“符号化的人体动作及其运动之轨迹在舞蹈领域内部首先被构成一种被认识的对象，并由各种形式的表演，直接传达给观众，并延伸为生命意蕴和精神意义。这时，知觉对舞蹈过程的揭示具有双重性，一方面来自舞者的实际表演，另一方面来自观众，两者间的交汇点则是动作符号的演示及其所制造出的艺术幻象。”②当人们面对舞台时，呈现于眼前的并不是舞蹈设计者，甚至不是参与表演的舞者，而是作为完整作品的舞蹈，是由动作符号和艺术形象所提供的那一部分关于世界和生活的幻象。尽管是幻象，多数情况下，人们还是相信那就是生活或生活应当是那样。

（五）现场表演和影像是舞蹈传播的最佳方式

现场表演再加上动作指导当然是舞蹈最理想的传授方式，但这种方式很多时候并不容易实现，尤其是舞蹈名家的现场传授更是不易办到。如果要求便易，影像显然就是最佳的方式了。这是由舞蹈以身体动作为核心的特点决定的。以直观的动作阐释和传播动作才是最佳的方式。文字说明和图示只能在一定程度上接近这种方式，但永远达不到理想的、最佳的效果。

汉唐盛世，舞蹈也发展到巅峰。但宋元后，舞台舞蹈逐渐式微并汇入戏曲之中。到了明清，古典舞蹈几乎全部湮没，真正“活着”的中国古典舞未能流传下来。古代没有影像技术，只能靠口授和文字记载，最多

---

① 〔美〕塞尔玛·珍妮·科恩：《舞蹈美学绪论》，《舞蹈论丛》1984年第4辑。

② 〔美〕奥伯特·A. 詹斯顿：《舞蹈的语言与非语言》，见朱立人：《现代西方艺术美学文选：舞蹈美学卷》，台北，洪叶文化事业有限公司，1994，第330页。

再加上图示，所以要复原古代某一种舞蹈是非常困难的。为了重现古典舞的真实姿态，现代人只好从戏曲中提炼古代舞蹈的动作、从壁画中捕捉古代舞蹈的神韵、从武术中寻找古代舞蹈的风骨。绘画和雕塑中的舞蹈动作造型在某种程度上可以帮助我们复原相应的古代舞蹈。比如，舞蹈《踏歌》(见图 2-1)显然是受到了古代乐舞俑造型(见图 2-2)的启发和指引，其动作造型如出一辙。看到这两种舞蹈造型，我们会想到一个中国成语——“长袖善舞”。然而完全复原几乎是不可能的，可以想见，舞蹈动作造型雕塑只能是部分静止的动作，动作间的衔接也无法显示。多少年之后，未来的人们全面复原我们现在的舞蹈就比较容易了，只要影像完整就基本可以实现了。

我们始终不要忘记，对于舞蹈传播来说，即使是现场视频直播，它跟观赏现场演出的氛围和效果也不可相提并论。

图 2-1　中国古典舞精品《踏歌》

(见资华筠《话说中国舞蹈》资料照片，《光明日报》2009 年 12 月 17 日)

图 2-2　西汉驮蓝山楚王墓出土乐舞俑

(赵建国 2009 年 12 月 15 日摄于徐州)

第五节　传播学视野下的人的身体

人的身体是多维度、多侧面的生物实体，我们可以从动物的身体、医学的身体、交往的身体、美学的身体、劳动的身体、消费的身体等不同视角来审视和研究人类的身体。

人体是实体信息与符码信息、实体传播与符码传播的神奇统一体。人体既有丰富的实体信息，也可以以人体为媒介传递符码信息。在许多情境下，实体信息和符码信息在人身上高度交叉融合，简直难以区分。因此，我们审视人体时，不能从单一的实体信息或符码信息、实体传播或符码传播的角度看问题，而应当从综合的角度看问题。因此，在我们对动作、表情传播进行了具体分析之后，还应当对人的身体本身进行综合的尤其是传播学的研究。实际上，动作和表情传播都属于身体传播，也就是说，身体传播是一种特殊的实体传播。使用身体传播这个术语，才能把身体传播与媒体传播区别开来；显然身体传播是媒体传播的前提和基础。

当关注我们的身体时会发现：我的身体，我却不能完全观察它，为了相对完全观察它，需要有另一个本身也不能被自己观察到的身体。对于自己的身体，我们在思考它时，也在体验它。

一、人体是最综合的传播媒体，人是活媒体

（一）人体是最综合的传播媒体

为了生存和发展，人不能不传播，因而人体必须承担起传播的使命，人体必须成为传播体。在一定程度上，我们的身体为交流、交往、创造而存在，因交流、交往、创造而进化。身体是最古老、最基本的认知工具、传播媒介、文化载体。身体具有天然的表现、储存、传达和反馈能力。在他人和我们自己身上，我们都能感觉到交往性的身体存在(communicative bodily presence)。“人类身体是一种交往性身体，其直立姿态和视听能力的结合拓展出了一个符号的世界，这极大地丰富了我们的经验并使之超出了其他任何生命形式的范畴。”能够创造和使用复杂的符号系统，是人类身体的一个特征和优势。

莫里斯·梅洛-庞蒂说，身体是我们能拥有世界的总的媒介。在此观念基础上，约翰·奥尼尔发挥说：“我们所拥有的并正在加以思考的交往

身体是我们的世界、历史、文化和政治经济的总的媒介。”[①]我们的身体是交往的身体、媒介的身体、文化载体的身体。主体通过自己的身体感觉到世界的存在并进而认识世界。有什么样的身体，就有什么样的交流、交往和传播；身体与媒介同一。交流、交往和传播永远不能把身体排除在外。社会传播的所有内容都与人和人的身体有着或隐或显的、千丝万缕的联系。

过去的“我思(想)故我在”(I think, therefore I am)，在信息时代已经发展、转变为“我传(播)故我在”。一个人如果没有传播能力就几乎等于从这个世界上消失了，当然，至少在笔者这里并没有否认思想的重要性。不过，正像罗丹的青铜雕塑《思想者》(见图 2-3)所展示的那样，思想活动也要通过人体来实现，没有人体，思想活动便无以附着。手托着下巴这种身体姿势，正是思索、思考活动的典型姿势。同样，传播者的传播活动也要通过身体来实现，没有身体，传播便无法进行。

图 2-3 罗丹的青铜雕塑《思想者》

1. 人体是天然的、最高级的、最综合的传播媒体

人体天然就是传播媒体，同时又是最高级的传播媒体，人体也是“全媒体”(omni media)、多媒体，尽管现代传媒技术已经发展到令人惊叹的水平。

身体是一个完整的信息传播系统。人的眼、耳、鼻、舌、身、脑等，

① 以上两段引文出自〔美〕约翰·奥尼尔：《身体形态——现代社会的五种身体》，沈阳，春风文艺出版社，1999，第 4、3 页。

所有的感觉和思维器官都是用来感知、接受和传播信息的。眼睛主要负责视觉信息，耳朵和嘴、舌、声带等主要负责听觉信息，鼻子等主要负责嗅觉信息，舌头、口腔等主要负责味觉信息，身体(皮肤等)主要负责触觉信息。大脑则是所有感觉器官的信息感知、接受、储存、分析、传播的指挥中心。所谓以互联网络为支撑的多媒体、全媒体以及还可能出现的其他新媒体，在相当意义上，可以说都是人体的仿生学结果。电脑是向人脑的逼近。

人类的身体正好形成了一个从信息感应到信息、反馈和使用的完整系统。感觉器官即眼、耳、鼻、舌、身感应、识别、获取、接受信息，神经系统运送、传递信息，思维器官即大脑分析、加工、判断信息并生成指令信息，效应器官包括双手和双臂、双脚和双腿等应对信息(使用和执行大脑根据信息发出的指令，包括反馈信息)。这是一个完整的感受、认识世界和改造世界的过程，可以看出这个过程就是一个信息过程。这个过程可以用图 2-4 表示。

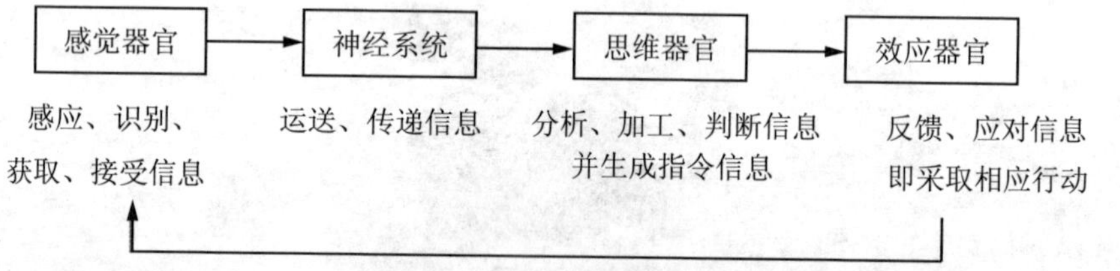

图 2-4　身体从信息感应到信息反馈和使用的完整系统

需要指出，效应器官对信息的反馈、应对即采取相应行动，在相当程度上又回到了感觉器官，也就是形成了一个回路，成为一种循环。这种行动对于实体环境的作用即所产生的效应信息，还会通过感应器官反馈给大脑。

现在，传播媒体上最常用的是语言文字，它们都是人的创造物。口头语言是人类社会的产物，它是最初始的、最重要的、最基本的传播工具。口头语言从身体中来又到身体中去，没有身体，口头语言就无从谈起。文字是口语基础上的进一步创造。其实，语言是在人体这个天然媒体上首先使用的，直到现在依然在使用，将来也需要继续使用下去。语言在人体这个天然媒体上使用，是一切人造媒体使用口头语言和文字语言的基础，人造媒体延伸了人体使用口头语言和文字语言的能力。

说人体是最综合的传播媒体和最高级的传播媒体，是因为人体的各种信息接收、反馈和传播器官高度精密、协调，各司其职和互相配合，尤其是大脑在对信息的接受、分析、处理、传播中具有高度的灵活性、能动性、创造性。到目前为止，任何人造的传播媒体都无法与之匹敌，同时所有的人造传播媒体都是为人服务的。

2. 人全面具备"传播五要素"

拉斯维尔在《社会传播的结构和功能》(The Structure and Function of Communication in Society)论文中总结的传播五要素是：

谁，
说了什么，
通过什么渠道，
对谁说，
产生了什么效果。①

"谁"是指传播者，"说了什么"是指传播内容，"通过什么渠道"是指传播媒体，"对谁说"是指受众，"产生了什么效果"是指传播效果。

人全面具备拉斯维尔所说的传播五要素：就传播者而言，人当然就是传播者，是信息传播的发起者和主导者，决定传播什么、对谁传播、通过什么渠道传播；就传播内容而言，人是传播的主要内容，是主要的信息源；就传播渠道或载体而言，人本身就是天生的传播媒体；就受众而言，每个人都是受众，对于社会传播来说，没有人就失去了传播的对象和意义；就传播效果而言，一切传播效果都与人有关，直接或间接影响人，而且多数情况下效果发生在人身上。所以，人是最综合的传播体。到目前为止，还没有任何人造媒体能够同时具有如此全面、综合的功能。

一切人造媒体都是人体的延伸，也都是应人的需要而造，根据人体的感官而设计。新媒体的不断出现，目的都是最大限度地调动人体的全部感官，使更多的感觉器官参与到信息接收和传播活动中。技术在模仿、复制人体的感知模式、认知模式和传播模式，技术发展的趋势是越来越像人，当然超越人也是技术发展所追求的一个目标。

人创造了技术(包括媒体技术)，技术又反过来塑造了人的身体。我

① 拉斯维尔的原话是：

A convenient way to describe an act of communication is to answer the following question:

Who
Says What
In Which Channel
To Whom
With What Effect?

们的身体已经是技术化的、被技术和传播媒体塑造的身体，技术内化于身体，人体从孕育到死亡都被技术化。

3. 传播学者普遍忽略了人体这个最天然、最高级和最重要的媒体

"媒介研究"是传播学的一个重要分支，传播学者研究各种媒体，但普遍忽略了人体这个最天然、最高级和最重要的媒体。其实，身体是人类传播的真正原点，身体是人类传播的起点和归宿。

当我们把人作为传播媒体看待时，就会从一个角度更好地理解麦克卢汉"媒介是人体的延伸"这一著名论断。媒介确实延伸了人体，然而媒介的延伸是以人体为根据的。麦克卢汉从人出发，但关注点和落脚点是媒体机器。他说他的代表作《理解媒介：论人的延伸》(*Understanding Media*：*The Extension of Man*)"有一个自始至终的主题：一切技术都是肉体和神经系统增加力量和速度的延伸"①。在这里，我们与麦克卢汉相反，要回到人体本身，回到人(体)本身的理论可以叫作"人本媒体理论"。

当我们把人作为传播体看待时，就会发现人的交往、交流、传播本能，人是最善于交往、交流、传播的生物，人把传播推向了极致。而人在不断交往、交流、传播过程中也使自身的交往、交流、传播器官及其功能不断完善，也就是说使人自身的交往、交流、传播能力不断提高。

(二)人是活媒体

1. 人是活媒体

把人看作传播媒体，当然是指活着的人；死人是不能接受和传播信息的。

活着的人才能移动或迁移。人的移动或迁移也伴随着文化和信息的移动或迁移，伴随人的移动或迁移而来的文化和信息，多是"活"文化、"活"信息，"动态"文化、"动态"信息，具有能动性的文化和信息。由传播媒体送去或带来的外来文化和信息，凝固而缺乏弹性。在这个意义上，人是活媒体，人造媒体都是"死"媒体。

2. 人体携带着"能力信息密码"

人的身体作为媒体绝不仅仅像普通媒体那样是信息集散地或平台，而且还是信息加工、制造、创造的工厂和试验场。人不仅传播通常意义上的"死"信息，更可以传递"活"信息。这个"活"信息最重要、最有价值的部分就是"能力信息密码"。人体是一个最高级的、极其特殊的自然信

---

① 〔加拿大〕麦克卢汉：《理解媒介——论人的延伸》，北京，商务印书馆，2000，第127页。

息控制系统。“能力信息密码”正是这个最高级的、极其特殊的信息控制系统结出的弥足珍贵的果实。

能力是人最重要的素质。从信息角度解析能力，因为每个人的能力不同，并且不会轻易获得能力，有些特殊能力、“绝活”甚至只存在于个别人身上，尤其是创造能力更是以隐秘的、与众不同的信息组合方式存在于某些人身上，所以笔者用“信息密码”解释能力，于是就出现了“能力信息密码”这个术语。

“能力信息密码”是综合信息，但不是多种信息的简单相加，而是以创造性思维和思路、创造技能和技巧等方式传达出的信息的升华和灵活运用。

“能力信息密码”是普通媒体几乎不能使用和传递的。比如，由人直接操作一部先进机器，或直接做一次前沿科学研究演讲，媒体机器是不能代替的。能力信息密码就存在于人身上，看不见、摸不着，只有在处理具体事务尤其是探索性的实践之中才显现出来。若想获得这种能力，必须得到携带着这种能力信息密码的人(体)。这就是我们通常所说的“引进人才”。要想远距离引进人才，就需要人的迁移。人迁移过来了，他或她随身携带的能力信息密码也就随之而来了。

“能力信息密码”的部分内容可以由人来传授，但有一部分内容以暗箱或灰箱的方式存在，即使拥有“能力信息密码”的人自己也不完全明了，更不用说传授给别人了。同时，接受“能力信息密码”也难度很大，即使传授者使尽浑身解数，接受者还是可能不得要领。也就是说，创造能力的培养和传授是一个极其复杂的、几乎不能复制的过程。

手工活的有些特殊技艺难以言传。比如，有作家在记述库车铁匠时写道：“吐迪·艾再孜知道，有些很微妙的东西，是无法准确地传给下一代的。铁匠活就这样，锤打到最后越来越没力气。每一代间都在失传一些东西。比如手的感觉，一把镰刀打到什么程度刚好。尽管手把手地教，一双手终究无法把那种微妙的感觉传给另一双手。”①

就艺术美的创造来说，在康德看来，“(天才)是怎样创造出它的作品来的，它自身却不能描述出来或科学地加以说明……(作者不能)在规范形式里传达给别人，使他们能够创造出同样的作品来。”“所以牛顿在他不朽的自然哲学原理那一著作里所写的一切，人们全可以学习；虽然论述出这一切来，需要一个伟大的头脑。但人不能巧妙地学会做好诗，尽管

① 刘亮程：《库车》(散文)，《中国作家》2002年第5期。

对于诗艺有许多详尽的诗法著作和优秀的典范。”[①]天才的美的独创可以让人欣赏，但不能够把创造这种美的能力完整地传授给普通人。艺术家的长成与科学家、工程师相比有着更加突出的特殊性。如果说科学家、工程师可以培养的话，艺术家的长成更具有偶然性。

3. 人作为传播媒体的能动性

能动性是人体作为传播媒体与其他传播媒体相比最显著的不同。人在传播自身天然信息和自身习得信息的同时，也在从传播对象身上搜索、吸收、记取信息，并根据不断变动的信息向身体发出指令信息，从而采取相应的行动。这是其他传播媒体都不具备的能力。人作为传播媒体的能动性还表现在，它仍在不断进化，尽管这种进化非常缓慢，甚至几代人都感觉不到。作为传播媒体的人体的这种进化，总的来说是向着更加完善的方向发展。

当人作为传播媒体时有两个重大特征：一是人既是传播者也是接受者；二是人可以使信息增量、增值，可以实现文化融汇和文化转型，可以实现文化创新和科技创新。考虑到这些特征，说人体像传播媒体一样能够传播还不够，它只能表达部分内涵。为了把它与媒体传播真正区别开来，也许用“身体传播”这个术语更准确、更有概括力。

实物传播可以由商品流通、物流等来实现，符码传播可以由大众传播媒体等来实现，而由人的移动或迁移实现的综合传播却是任何其他传播方式不能取代的。

4. 人是移动媒体

人是移动媒体，此乃人是活媒体的另外一个含义。传统军事活动中的“传令兵”恰为人是移动媒体的典型表现，“令”是信息，“传令”就是传递信息，而“兵”是人，传令兵靠自身移动完成传送信息的任务。

移动电话的发明大大方便了人们的通信、交流活动。然而，人本身就是一种可移动的高级媒体可能很多人没有意识到。如果人不移动，移动电话就失去了意义；正是人的可移动性，才使所谓的移动电话成为现实的移动电话。

人的可移动性才使迁移成为可能。人移动或迁移到一个地方，就等于一个移动媒体到了那里，传播和接受活动随即展开。而人的移动或迁移所带来的传播和接受效果，是别的传播和接受方式所不能取代的，这就是留学等社会活动持续存在的内在原因。

---

① 〔德〕康德：《判断力批判》上卷，北京，商务印书馆，1964，第153～154页。

(三)人体是综合的文化载体和导体

人作为特殊的生物实体，既像一般实体那样传递自身实体信息，但他(她)又接受和传播符码信息，同时还对实体信息和符码信息进行加工和升华。甘地(Mohandas Karamchand Gandhi)说："我的一生就是我要传达的信息。(My life is my message.)"这里的"life"可以理解为生活、生命。一生中所干的事业，生命中的身体都是信息载体，都在传递信息和人文精神。

1. 人体传递自身自然信息

如果把人体也看作一种实物，人体本身是一种特殊的实体，性别、年龄、种族、高矮、胖瘦、体型、五官和其他器官、肤色、头发等都是人体的生物信息、生理信息、解剖信息。一位妇产科医生说过，即使你是一位知识女性，对自己身体的了解程度也可能不到5%。

健康的年轻人涌动着生命活力，体弱多病的人显露出衰弱的气息，这也是一种人体信息。

2. 人体蕴含和传播文化信息

人的身体还可以蕴含和传播文化信息，这里，"蕴含"与"载体"相呼应，"传播"与"导体"相呼应。所谓导体，意味着身体可以传递、传导文化。即使身体的某一部位也可以蕴载丰富的文化内涵。宗白华说过："一个人的面目中，蕴藏着一个人过去的生命史和一个时代文化的潮流。"① 有"人体文化"(Human Body Culture)之说，"东方人体文化"包含武术、气功、瑜伽、杂技、舞蹈等多种依托于人体展现出的具有文化个性的内容。

下面是哥伦布等人当年到达圣萨尔瓦多岛时所见："岛上的土著居民使西班牙人产生了极大的好奇心，这些人和他们以前见过的任何人种都大相径庭。他们全身赤裸，涂着各种颜料，有的人只涂在脸上、鼻子上或者眼睛周围，有的则遍及全身，给人一种野性的神奇感。发亮的棕色皮肤好像紫铜，脸上没有一点胡须。头发粗而直，齐耳以上剪得很短，有的则将长头发束起披到肩上。他们的面容虽然被颜料所遮盖，但却给人以愉悦之感。这些土著人前额高大，眼睛明亮，中等个头，肌肉发达，线条分明。大多数人在30岁以下。在场的土著人中只有一个年轻妇女，线条很美，和她的同伴一样也是全身赤裸。"②哥伦布当然看到了这些土

① 宗白华：《美学散步》，上海，上海人民出版社，1981，第232页。

② 曾彦一：《哥伦布》，沈阳，辽海出版社，1998，第122页。

著人的先天生物信息，然而尽管土著人文化还不发达，但这些土著人身上处处都展示着自身的文化。比如，身体上涂颜料还有发型，显示的是当地文化。

3. 人体是自然进化和文化传播凝结而成的有机体

文化就是“人化”和“化人”。“人化”是将自然改造使之适合人的需要，“化人”是按照人文精神培养和塑造人。无论“人化”还是“化人”都离不开传播。传播是文化存在、延续和发展的内在需求，传播乃文化之本性。

人体既是传播者，也是传播所造就的。从小学到大学，教育的过程就是传播的过程；人从传播媒体上获取信息和享受娱乐的过程也是受教育的过程。生物进化和遗传赋予了我们自然人体，教育、交流、传播塑造了我们的社会人体。劳动的人体、交流和交往的人体、体育的人体、艺术表演的人体都是自然人体基础之上文化(传播)塑造的结晶。

现代人的身体更多地被传播媒体所塑造。媒体是把双刃剑，它对人的塑造既有发扬光大美好人性的一面，比如，媒体在体育的人体、艺术的人体塑造方面起了积极作用；然而，它对人性的异化和自然人体的伤害也有目共睹，比如，媒体上暴力和色情的渲染对人的身和心的毒化和伤害不容忽视，网瘾对人的身和心的负面影响也不能等闲视之。

(四)传播一直被身体所限定

认真研究人类的传播历史就不难发现，传播一直被身体所规定、所指引、所限定与制约。与人有关的所有的传播方式，都在人的身体许可的范围内进行。人体不能感受的信息必须转化为人体能感受的方式才能被人所认知和接受。比如，电波讯号必须转化为有声语言才能为受众所听懂，这就是所谓解码。

1. 视觉传播和听觉传播成为人类的两种主要传播方式由身体所决定

正是由于身体的限定，视觉传播和听觉传播成为人类的两种主要传播方式；通常，所有信息必须转化为视觉信息和听觉信息才能传递给别人。嗅觉信息、味觉信息、触觉信息一般都要转化为视觉信息(书面文字、图像画面)或听觉信息(有声语言)才能传播给他人。人类的教育总是从听、说、读、写开始，就是因为视听乃人类的主要交流、传播方式。听和说解决的是听觉信息，即有声语言问题；读和写解决的是视觉信息，即书面语言问题。

2. 视听范围也为身体所限定

感觉和认知是传播的起点和终点。所谓起点，是说传播者必须首先获知信息才能传播；所谓终点，是说接受者感受到传播者所传播的信息并在认知上有所改进或提高。但人类的感知和认知能力是有限的，这种有限性的根源之一就是人类自身身体器官的限制。我的身体感知界限便是我的世界存在的界限。

我们已经介绍过肉眼看到和耳朵听到的世界还不是客观世界的全部视觉和听觉信息；肉眼看不到和耳朵听不到的信息，只有借助于科技仪器设备才能被人类感觉器官感知。

3. 传播媒介技术的形态和传播方式都须与人的感官及其功能相适应

就信息的流动来看，人际传播是从身体到身体；大众传播是从身体到传播媒体，再从传播媒体回到身体。因而，传播媒介技术的形态和传播方式都必须与人的身体感官及其功能相对应、相适应，媒介必须人性化，以人的方式服务和满足人。所有被广泛使用的媒介，都具有这样的特性。

报纸、杂志、图书提供的是视觉信息，广播提供的是听觉信息，电视、互联网提供的是综合的视听信息。

最大限度地挖掘身体的接受和传播极限，也是媒体尖端技术所追求的目标之一。

（五）人的感知、传播方式决定了他（她）的存在方式

1. 人的感知和传播方式决定了自身的存在状态和方式

身体的存在是人感知和传播信息的前提条件，而人的感知和传播方式又决定了自身的存在状态和方式。

人之所以以现在的状态和方式存在于世界上，很大程度上是由他（她）感知、认知环境和传播信息的方式决定的。莱文森指出："有机体感官选择的感知方式是决定有机体为何物的重要因素，决定着它在世界上的运行方式（无视觉的有机体与有视觉的有机体生活在截然不同的环境中，其外观不同，生活方式也不同）。"①这是对人的研究和认识的有益角度，对传播学也有启发意义。

视觉和听觉属于距离性感官。以视觉、听觉为主的感知方式，使人类避免了直接接触客观事物，从而减少了许多生存危险。嗅觉也有类似功能，比如，当我们遇到从未吃过的食物时，第一反应往往是先闻一闻，然后吃一小块，等味觉检验过关后才大量吃下去。在这个意义上，选择以视觉、听觉为主的感知方式也是自然选择和进化的结果。

---

① 〔美〕保罗·莱文森：《软利器：信息革命的自然历史与未来》，上海，复旦大学出版社，2011，第2页。

既然自然选择赋予了人类视听为主的感知和传播方式，直立行走的生存方式就成为必然，因为直立行走才能看得更多、更远和听得更多、更远。为了看到更多、更远人们还经常登高望远，“欲穷千里目，更上一层楼”。

正是由于人类获取信息最快的方式也是视觉和听觉，所以才有早期的烽火狼烟、警钟和后来的防空警报和警笛来传递紧急信息。

凭人的感知和行动能力要去感知和影响宇宙星辰的运行，我们确实太渺小了，而要去观察和分析分子、原子和电子，我们又太庞大了，所以我们需要望远镜和显微镜，也需要航天器和粒子加速器等。

2. 营造生存环境的要素之一就是便于获取信息

人类营造的生存环境都是为了便于自身的衣食住行等，而衣、住、行三个方面都要充分考虑是否有利于获取信息。

衣，即穿戴服装鞋帽。在穿戴服装鞋帽时，人类为什么不约而同地都不把眼睛遮挡住？这是获取视觉信息的需要。即使伊斯兰教要求妇女用头巾遮住头部，也允许暴露面部和双眼来获取视觉信息。即使最严格的面部禁忌，也允许保留两只眼睛暴露在外。即使为了保护眼睛戴上防护镜或太阳镜，也都保留了接受起码视觉信息的可能。即使在极寒地带需要戴上厚厚的帽子，也都会为耳朵留下缝隙或在耳部设置气眼以便接受声音信息。

住，即居住房屋。身体一直作为建筑设计思想的中心，而且房屋的外形也受到了身体形状的影响。儿童所画的房子正是人类早期房屋设计的雏形，通常都有一扇像嘴巴一样的门，像眼睛一样的窗户，以及像前额或头顶一样的屋顶。房屋设置门、窗，除了出入方便、通风透光的需要之外，还有便利获取户外视觉和听觉信息的需要。“两个黄鹂鸣翠柳，一行白鹭上青天。窗含西岭千秋雪，门泊东吴万里船”，便是杜甫透过门、窗获取的户外视听信息。无论出入方便、通风透光，还是便利获取户外视觉和听觉信息都是生存的需要。

行，即行走、出行。人行走、出行的目的之一便是获取所需信息。同时，为了行走或出行的安全，需要不断获取周围环境的信息，以通过障碍物或躲避洪水猛兽等。为了更快捷地出行，交通工具应运而生。交通工具的设计也充分考虑了驾驶员和旅客获取信息的需要。汽车、火车、轮船、飞机的驾驶部位前方和左右都有瞭望口，汽车还有后视镜，现代化的交通工具更配有导航设备来获取路况和方向信息。这些交通工具旅客乘坐的部位均设有窗口，以满足采光、通风和获取视觉、听觉信息的需要。

3. 用身体感受是人的存在方式

身体直接感受是人的天性，“不到长城非好汉”，身体的在场和不在场，是一个关键的分界线。人类登顶地球上所有的高峰(以珠穆朗玛峰为代表)、深潜到海洋最深处(以太平洋的马里亚纳海沟为代表)；人类已经登月，还试图登陆火星甚至移民某一可居住星体。

古罗马的尤利乌斯·恺撒(Julius Caesar)大帝有句名言：“我来到，我看见，我征服！(I came，I saw，I conquered!)”他十足的底气在于“我来到”并且“征服”了来到的地方(泽拉城，在今土耳其境内)，“看见”和“征服”都是以“来到”为前提的。当年西方人发现和占有新大陆是以他们的探险者的到达为标志的，今后对火星、月球等星体的认知和占有也是以人的到达为标志的。星际探险对于人类来说，不是“我思故我在”，也不是“我传故我在”，而是“我到(达)故我在”“我到”，故我能更好地“思”、更好地“传”。

(六)小结

下面再将本部分所阐述的五项内容做一综合、概括审理。此五项内容可分为两个板块：第一个板块即前三项内容，人体是最综合的传播媒体(从整体上阐释)、人是活媒体(从最具特征方面阐释)、人体是综合的文化载体和导体(从文化传播角度阐释)，都是从传播和传播媒体角度审视和挖掘人的身体的传播功能，尤其是把着眼点放在了身体传播与一般媒体传播相区别的特性上。对人的身体与传播，从整体上阐释——从最具特征方面阐释——从文化传播角度阐释，就是第一个板块的跟进关系。“最综合的传播媒体”和“活媒体”是前三项内容的两大关键词，它揭示了身体传播与一般媒体传播相比所具有的优势和特征。第二个板块即后两项内容，传播一直被身体所限定和人的感知、传播方式决定了他(她)的存在方式，阐释的是身体对人类传播的影响和身体传播对人类存在的影响。

如果说第一板块谈论身体“是什么”，那么第二板块谈论身体“是什么”的意义，或者表述为，首先论述“身体是传播体”，然后论述“身体是传播体”的意义。这就是这两个板块之间的一部分内在关联和逻辑关系。

无论传媒技术如何发展，人类传播活动永远不能摆脱人的身体，传播学不应忽视对人的身体的研究。

二、人体的移动和信息传播

(一)人体移动的信息传播和人体不移动的信息传播

以人的身体是否移动和移动远近程度为考察重点，可以将传播划分为两种类型：一种是人体不远距离移动就可以实现信息的传播；另一种是信息的传播伴随着人体的远距离移动。

起初，人类要想实现信息的远距离传播，多需要人的远距离移动。例如，著名的“马拉松”长跑，其起源就是由人体的远距离移动才完成的信息传播事件。公元前490年9月，希腊人在军事要地马拉松镇抗击波斯帝国入侵，以少胜多。传令士兵菲迪皮茨从战地马拉松跑回雅典，行程42195米，他向聚集在中央广场的人群高喊：“我们胜利了，雅典得救了！”话刚说完就倒地牺牲了。这可以说是古代最有名的一次远距离移动口头音讯传播。

中国古代的露布、政府文书、鸡毛信等也都需要较远距离人的移动才能实现信息的传递。

露布大多用来传递军事捷报，将信息写在帛制的旗子上，士兵快马加鞭，高举露布，一路传递捷报。

古代的政府文书多是由人骑马传递的，由于路途遥远就设置了驿站。驿站就是供传递官府文书和军事情报的人或来往官员途中食宿、换马的场所。

鸡毛信是指需要迅速传送的公文、信件，上面插上鸡毛表示重要，“十万火急”应火速送达。电影《鸡毛信》描写了抗日战争时期华北抗日根据地的儿童海娃的故事。他历尽千难万险将鸡毛信送到目的地，八路军根据鸡毛信里提供的情报，炸毁了敌人的炮楼，并活捉了“猫眼”司令。

人类一直在探索如何在人体不移动的情况下实现信息的传播，烽火、电报、电话、广播、电视、网络等都是这种探索的成果。因此，传播学对这些重要传播媒体的研究一直非常重视，传播学五大分支之一就是媒介研究。其他四个分支分别是控制研究、内容研究、受众研究、效果研究。对媒介研究最有成就、最有代表性的学者是加拿大的麦克卢汉。由此也带来了一个问题，即传播学一直对信息流动过程中人体移动与否给传播所带来的影响缺乏重视和研究。

随着传播技术的不断发展、进步，现在由人远距离送递信息的事情已经很少见，除非有特殊需要。然而，人的迁移不仅没有越来越少，而是越来越多。多数移动或迁移活动本身并不具有传递信息的目的，但通过移动或迁移活动所实现的信息传播和文化交流却效果独特、不可取代。

还应注意到，随着信息传播技术的日益发达，靠人的移动所传递的通常意义上的信息越来越不那么重要了，因为它们大都可以由传播媒体来完成。但由人的迁移所实现的文化交流和传播却是传播媒体所无法完成的。因此，研究现代移动或迁移传播，侧重点应当在科技、文化交流与传播方面。

(二)人体移动传播的独特优势

不能移动的信息源是自然环境、大型的人造物如长城、三峡大坝、大型建筑等。人文环境也不能移动，比如美国纽约的人文氛围也是不能移动到北京或莫斯科的。要想直接感受这些不能移动的信息源，通常有两个办法，一个是旅游、参观访问，一个是迁移到那里。

人体远距离移动传播的缺点是成本高，最突出的优点是直接的实体体验，直接接触、感受、观察传播本源。这个优点恰恰是任何其他方式所不能比拟和取代的。值得注意的是，记者包括国际记者直接到新闻发生地去采访、报道，不仅没有随着媒体技术的进步减少，而是越来越多。这恰恰告诉我们，人体远距离移动传播所具有的直接的实体体验的优势，是任何其他方式所不能比拟和取代的。驻外记者，也可以看作是一种特殊的迁移。

人的移动还带来一个结果，那就是不同种族、不同文化的活生生的人直接相遇、相处，使这些人直接、真切感受和体验到了对方的不同文化。尤其是在迁移传播中，这些感受和体验是非常深入和具体、细致的。这一点也是其他传播方式，尤其是读书、看报、听广播、看电视等符码传播方式不具有的优势。

(三)人的移动或迁移是不同文化活体的直接相遇

学者武斌指出：“人是文化的载体，也是文化传播的主要媒介。所谓文化的交流与传播，就是人与人之间的交流与传播，文化传播都是通过人的接触和交流进行的。在几千年的历史进程中，走出国门的中国人和来到中国的外国人，你来我往，共同构筑了中华文化走向世界的生命之桥。”①这位学者注意到了“走出国门的中国人和来到中国的外国人”对于文化交流与传播所起的重要作用，已经不像多数学者往往只关注媒体传播和文化产品传播在这方面的作用，而且把这些人看作传播中华文化的“生命之桥”。其实，“走出国门的中国人和来到中国的外国人”不仅是传播中华文化的“生命之桥”，也是向中国人传播西方文化的“生命之桥”。

笔者想在“生命之桥”的基础上进一步挖掘：“生命之桥”意味着每个人都是其所属文化的一个活体，迁移就可以实现不同的文化活体的直接相遇。在交通和通信比较落后的古代社会，人的迁移无疑是文化最重要

① 武斌：《中华文化海外传播的历史规律》，《光明日报》2008年8月21日。

的传播方式。在交通和通信高度发达的当代社会，人的迁移依然是文化最重要的、不可取代的传播方式。费孝通说得非常好："文化的深处时常并不是在典章制度之中，而是在人们洒扫应对的日常起居之间。一举手，一投足，看是那样自然，不加做作，可是事实上却全没有任意之处，可说是都受着一套从小潜移默化中得来的价值体系所控制。在什么场合之下，应当怎样举止，文化替我们早就安排好，不必我们临事考虑，犹豫取决的。越是基本的价值，我们就越是不假思索。行为时最不经意的，也就是最深入的文化表现。"[①]这是对文化的最深刻的阐述之一。费孝通特别强调了动作、行为在体现一种文化时的特殊地位，当然观察和体验一种文化也决不能忽视动作、行为。因而直接的人际交往和身处某一社会群体之中是了解、体验、理解一种文化的最重要、最有效的途径。

跨文化的人际接触、相处、交流是真切地体验另一种文化的最佳途径，通过这种途径体验到的是活生生的文化。

如果说，通过各种媒体实现的跨文化交流就像研究一种文化标本，标本是已经死亡的个体，那么，跨文化迁移所实现的是真正的文化活体之间的交流和传播。

许多特定动作包含着特有的文化内涵，由动作、行为引起的文化冲突很多。按照清朝的规矩，外国使臣见到皇帝(或皇帝的代表)时，必须行三跪九叩首的跪拜礼。关于这项礼仪的争议，竟然成了清朝在19世纪开始接待西方国家使节时头等重要的问题。

1816年(嘉庆二十一年)英国派阿美士德(Amherst)来华，嘉庆皇帝非要使臣三跪九叩首不可，而阿美士德称病拒绝行礼。嘉庆就此事给沿海各省督抚的上谕云：

"……此次英吉利国遣使入贡，该使臣到天津时，朕特派苏楞额、广惠前往赏给筵宴。苏楞额带领该使谢宴，该贡使即不遵行三跪九叩之礼。比至通州，又派和世泰、穆克登额前往责问，并令演习跪叩仪节……令于初七日带领瞻觐。届期该贡使等已到宫门，正贡使忽患病不能行动。朕谕以正使患病即召副使进见，其副使复称患病不能进见。该贡使等如此狡诈无理，不能仰承恩赉，是以降旨将该贡使等即日遣回。"

嘉庆给英王的"敕谕"拒绝和英国建立关系，说："来使于中国礼仪不能谙习，重劳唇舌，非所乐闻。……俟后毋庸遣使远来，徒烦跋涉。但

---

① 费孝通：《初访美国、访美掠影、重访英伦》，北京，东方出版社，2007，第84～85页。

能倾心效顺，不必岁时来朝，始称向化也。”①

英国人不行三跪九叩首是要保持自己的尊严，大清皇帝坚持要对方行三跪九叩首之礼是要维护自己的威严。现在看来，大清皇帝是不懂得“国际惯例”，没有“与世界接轨”，强硬地要外国人遵守自己的陋习。

尤其是在跨文化迁移中，每一个迁移者都是其母文化的活样本。每一个活样本都以自身实体传播着自身所携带的文化。当地人是以这些活样本来对外来文化做优劣判断的。活样本实体传播往往比其他方式更直接、更有说服力。

1. 传教者——宗教活样本

在宗教传播中，传教教徒直接到达某地的传教活动是其他任何传教活动所不能取代的。传教教徒自身的形象就是其所传宗教的一个活样本，代表着其所传播的宗教文化(比如基督教、佛教)。自从佛教传入中国后，中国民众对于佛教的认知，往往是通过和尚、喇嘛的言行举止、服饰礼仪得到的。

葛剑雄等学者指出：“回顾中国古代佛教的发展历史，我们会不禁由衷地感叹：佛教作为一种外来宗教，能够在华夏九州生根发芽，蓬勃壮大，固然得益于不少难得的机缘，但更出于无数有志之士虔诚的奉献。大批西域高僧作为一种特殊移民，作为高素质的宗教使者，历尽艰辛，来到中原，传道弘法，将毕生的精力都贡献于宗教事业。一个佛教中心区的形成，以及一个群众性崇佛热潮的产生，都与这些高僧的活动有着直接的联系。与其说是深奥的佛教教义，倒不如说这些高僧神奇的人格魅力征服了千千万万企盼脱离苦海的人们。”②这段话是从佛教在中国传播的实践中概括出来的。

2. 留学生——代表着祖国的形象

容闳被称为“中国留学生之父”，他是第一个在美国名牌大学(耶鲁大学)毕业的中国学生。吐依曲尔(Joseph H. Twichell)牧师1878年4月10日在耶鲁肯特俱乐部的一次演说中说：“1854年容闳的毕业是那年毕业典礼上的大事件，至少有许多人是这么看的，而有些人来参加毕业典礼，主要就是为了看一看这位中国毕业生。”③

① 钟叔河：《走向世界：近代中国知识分子考察西方的历史》，北京，中华书局，2000，第75～76页。

② 葛剑雄、安介生：《四海同根——移民与中国传统文化》，太原，山西人民出版社，2004，第199页。

③ 容闳：《西学东渐记》，郑州，中州古籍出版社，1998，第188页。

下面这封信就是当年留美幼童给美国人留下的中国形象，美国友人在联名致总理衙门的信中说：

“贵国派遣之青年学生，自抵美以来，人人能善用其光阴，以研究学术。以故于各种科学之进步，成绩极佳。即文学、品行、技术以及平日与美人往来一切之交际，亦咸能令人满意，无间言。论其道德，尤无一人不优美高尚，其礼貌之周至，持躬之谦抑，尤为外人所乐道。职是之故，贵国学生无论在校内肄业，或赴乡村游历，所至之处，咸受美人之欢迎，而引为良友。凡此诸生言行之尽善尽美，实不愧为大国国民之代表，足为贵国增荣誉也。盖诸生年虽幼稚，然已能知彼等在美国之一举一动，皆与祖国国家之名誉极有关系，故能谨言慎行，过于成人。学生既有此良好之行为，遂亦收良好之效果。美国少数无识之人，其平日对于贵国人之偏见，至此逐渐消灭。而美国国人对华之感情，已日趋于欢洽之地位。”①此信力图改变中国撤回留美幼童的决定，有为留美学生辩护的用意，也许溢美之词在所难免，然大体属实。

无独有偶，薛福成对留学欧洲的学生的出色表现也深有感触：“近年出洋学生试于书院，常列高等，彼亦知华人之才力不后西人也。”留欧学生大都成绩优良，不仅掌握了新技术，也改变了个别欧洲人轻视中国的观念，为祖国赢得了荣誉。②

传教、留学如此，人的其他迁移活动也是如此。比如有人在谈到昭君和亲时说：“作为汉元帝掖庭中的一个宫女，王昭君不过是封建专制皇帝脚下践踏的一粒沙子；但作为一个被汉王朝选定的前往匈奴和亲的姑娘，她就代表了一个王朝、一个帝国、一个民族，并且承担了这个王朝、帝国、民族寄托在她身上的政治使命。”③外来者都是自己文化母体的活标本，在当地人眼中，外来者就是这种外来文化的形象。

---

① 容闳：《西学东渐记》，郑州，中州古籍出版社，1998，第166页。

② 李喜所：《近代中国的留学生》，北京，人民出版社，1987，第98页。

③ 翦伯赞：《从西汉的和亲政策说到昭君出塞》，《光明日报》1961年2月5日。

第三章　实体信息传播的特征

第一节　自然界中实体信息传播的特征

一、自然界实体信息的显现和传播

（一）天地万物都在显现和传递自身信息

《庄子·知北游》说："天地有大美而不言，四时有明法而不议，万物有成理而不说。"庄子这段话的意思很明确：天地自有"大美"却从不言讲，四季变化有明确的规律却不议论，万事万物有不变的法则却不述说。天地自然包孕了宇宙间所有事物的信息和规律，一切的真理和全部的美，都无须表白。天工造化，成就万物，自在显现。庄子这一思想与《老子》的"万物作焉而不辞"一脉相通，也与孔子的"四时行焉，百物生焉，天何言哉"（《论语·阳货》）很相近。万物兴作，不假言辞。一切都在宇宙自身，都是"道"的自然体现。

"桃李不言，下自成蹊。"桃李并不靠言辞传递自身的信息，但人们还是发现了它们，去采摘它们，以至桃李树下走成了小路。唐代的张彦远说："草木敷荣，不待丹碌之彩。云雪飘扬，不待铅粉而白。山不待空青而翠，凤不待五色而綷。"[①]草木盛开鲜花时并不等待、依靠红色的丹砂颜料和碌青一类绿色颜料的色彩，云飞雪舞时也不等待、依赖铅粉这种白颜料而成为白色，山也没有等待、依赖空青这种蓝色颜料而成为青色，凤凰也没有等待、依赖五彩的颜料就已是色彩斑斓了。一切都自然天成，不需要人为的加工染色、显示、传播手段就可以显示和传播自身。

以上见解并不深奥，都是从对自然万物的观察中直接得出，都是大自然反复展示和提示给人们的。

有些物质的信息隐藏较深，不用特定手段很难发现。比如，居里夫妇发现的放射性物质镭，提纯之后才能确定它的某些特性。居里夫人写道："有时候，我们夜晚也跑到木棚里去，这也是我们的一件高兴的事。

① 张彦远：《历代名画记》卷二"论画体工用榻写"。

我们可以在玻璃瓶或玻璃管里看到我们提炼、分离出来的宝贝(镭)在向四周散发出淡淡的光彩，真是美丽动人，令我们既欣喜又激动，那闪烁着的奇光异彩，宛如神话中的神灯的光芒。”①夜晚闪烁奇光异彩就是镭这种物质显现出的一种信息。

地质、地貌保留了地质、地理演变过程的实体信息，树木的年轮呈现了树木的年龄、生长发育以及环境变化对自身影响的信息。但是在达尔文看来地质信息是很不完整的，他说：“至于我自己，照用莱伊尔的比喻，把地质的记录看作是一部散失不全，而且用前后不一致的方言写成的世界史。在这部历史中，我们只有最后的一卷，而且只与两三个国家有关。在这一卷中，又只是在这里或那里保存了零碎的一短章，而每页也仅在此处或彼处保存了数行。这徐徐改变着的语言的每一个字，在前后各章中，多少又有些不同，这些字可以代表埋藏在我们的连续地质层中的诸多生物类型，被人误认为突然出现的。”②所以，从地质实体中发现链条完整的信息是很困难的。

动物身上退化的器官也显示出其进化的某些信息，但这些信息并不是轻而易举能够发现的。正如达尔文所言：

> 可以说，“自然”曾煞费苦心地利用退化器官以及胚胎的和同源的构造显示出它的变化设计，只是我们太盲目而不能理解它的意义。③

看到退化器官甚至胚胎的和同源的构造是一回事，能够揭示其中深刻的进化信息是另一回事。

不同物质之间的相互作用也可以看作是一种相互之间的信息传播和“接受”过程，许多物质接受了太阳的信息之一光线的照射，就可能有光合作用，就可能老化，原有颜色就可能褪色等。接受放射性物质的照射会给人体带来伤害，比如可能致癌。地球上很多生物节律与日月运行的周期、四季的变化、潮汐、日照时间、温度、气压和磁场等外部信息有关。

如果说阳光是太阳发出的信息之一，那么我们可以说，阳光这种物质、能量和信息的统一体是地球上的生命之源。

---

① 〔法〕居里夫人：《居里夫人自传》，杭州，浙江文艺出版社，2009，第24页。

② 〔英〕达尔文：《物种起源》，北京，科学出版社，1972，第220页。

③ 〔英〕达尔文：《物种起源》，北京，科学出版社，1972，第315页。

（二）动植物实体信息的显现和传播是生存和竞争的需要

对于动植物来说，显现和传递某些自身实体信息并非为显现而显现、为传递而传递，它也是“有目的性”的，它是生存和竞争的需要。

我们来看达尔文在论述生物生存竞争时的一部分内容：“凡是植物的花，具有最大花蜜腺的，分泌的蜜汁最多，昆虫的访问最频繁，而杂配的机会亦最多，因此终将会占有优势而成为一个地方性的变种。”“我还可以举出一种情况，就是不采花蜜而专采花粉的昆虫，因为花粉的生成是专为授精用的，它的被毁坏对植物分明是一种纯粹的损失。可是就在这个场合，如有少许花粉，由于喜食花粉的昆虫的媒介，最初是偶然的，以后成为习惯性的，从这朵花传到那一朵花，因而促成了杂交，即使有十分之九的花粉损失掉，结果对于被盗的植物仍然有极大的利益；而产花粉较多，具粉囊较大的个体，亦将会被选择出来。”①达尔文不是从实体信息的显现与传播的角度看问题的，但他分明告诉我们植物实体信息的显现与传播是生存竞争的需要。那些分泌蜜汁最多的花，也就是分泌蜜汁信息最多、最香的花将会在生存竞争中占有优势。同样，那些“产花粉较多，具粉囊较大的个体，亦将会被选择出来”，即产生花粉信息较多的个体，会被自然所选择出来成为生存竞争的优胜者。同时，植物利用自身信息进行生存竞争，客观上也构成了生物链的一个环节。研究发现，近年来，食虫植物茅膏菜产生的能吸引昆虫的色素量在减少，这是导致这种食虫植物变“素食”的原因之一。

达尔文还分析了反例——风媒花：“花是自然界的最美丽的产物，因为有绿叶的衬托，更显得鲜明美艳而易于招引昆虫。我做出这种结论，是由于看到一个不变的规律，就是凡风媒花从来没有鲜艳的花冠。有几种植物经常生有两种花：一种是开放而具有色彩的，以招引昆虫；另一种却是闭合而没有色彩，也不分泌花蜜，从不被昆虫所访问。所以我们可以断言，如果在地球上不曾有昆虫的发展，植物便不会生有美丽的花朵，而只开不美丽的花，如我们在枞、橡、胡桃、榛、茅草、菠菜、酸模、荨麻等所看到的那样，它们全赖风媒而受精。同样的论点也可以应用在果实方面。成熟的草莓或樱桃，既可悦目又极适口。卫矛的华丽颜色的果实和冬青树的赤红色浆果，都很艳丽，这是任何人所承认的。但是这种美，只供招引鸟兽的吞食，以便种子借粪便排出而得散布。”②由于“它们全赖风媒而受精”，

---

① 〔英〕达尔文：《物种起源》，北京，科学出版社，1972，第61页。

② 〔英〕达尔文：《物种起源》，北京，科学出版社，1972，第125～126页。

所以，它们不需要鲜明美艳的外表信息来吸引昆虫。

植物是这样，动物也是如此。“许多鸟类的雄性，它们最剧烈的斗争是用歌声引诱雌鸟。圭亚那的岩鹅、极乐鸟以及其他鸟类，常常集合成群，雄的一个个地在雌鸟的面前，很殷勤地用最好的姿态，来炫示它们艳丽的羽毛，并且表现滑稽的神情；雌鸟站在旁边作观察，末后乃选择最有吸引力的做配偶。”[①]艳丽的羽毛、嘹亮的歌声、优美的姿态，鸟类的这些外在信息都是用来吸引和争夺异性的。甚至“动物对光线理解与应用完全是漫长的进化结果，是严酷的优胜劣汰自然规律在起作用。雄孔雀靠精美的羽毛来突出自己并赢得配偶，如果它不能够引起雌孔雀的注意，就不能繁殖后代、延续基因。有着强烈的领地意识的南美洲大闪蝶也许是通过闪耀其色彩来警告同类离远点儿，并以此来守卫自己的食物和配偶”[②]。萤火虫主要利用闪光来求偶，雌雄之间靠发出特异性的闪光信息来寻找异性和交尾。

同样，动物为了避免被攻击的危险而生存下来，选择了最易隐蔽的外在颜色信息。“当我们看见食叶的昆虫呈现绿色，食树皮的呈现灰斑色；高山的松鸡在冬季变白色，红松鸡的颜色似石南花，我们必定相信这种颜色，对于虫与鸟具有保护作用，使它们避免危险。”[③]突出的颜色信息和隐蔽的颜色信息，都是生存竞争的需要。

当然，动植物进化过程中保存下来的实体信息，有时也会给自身带来意外的伤害，比如，汉语有句成语“薰香自烧”，是说薰草因为有香气而招致人们的焚烧。

（三）生物的变异或进化是适应环境信息变化的结果

生物的变异或进化是自身信息的改变，但这种改变是适应环境信息变化的结果。环境实体信息在一切生物进化变异中起着导向作用。“变异性和每种生物历代所处的生活条件通常必有关系。……在一切场合都有两种因素，一种是有机体本身的性质，一种是外界条件的性质，两者之中以有机体的本性最为重要。改变了的条件的直接作用，产生一定的或不定的结果。在后一种情形下，有机体似乎变成可塑造的，其变异性往往动荡不定。在前者，则在一定条件之下有机体的本性容易屈服，常使一切个体，或差不多一切个体，都以同样的方式发生变异。”[④]“常使一切

① 〔英〕达尔文：《物种起源》，北京，科学出版社，1972，第58～59页。
② 卓然：《动物，光学大师》，《光明日报》2014年1月2日。
③ 〔英〕达尔文：《物种起源》，北京，科学出版社，1972，第56页。
④ 〔英〕达尔文：《物种起源》，北京，科学出版社，1972，第85页。

个体，或差不多一切个体，都以同样的方式发生变异”，正是强调了一切个体都要适应已经变化了的环境信息。既然环境信息对于这些个体是一样的，那么它们自身信息的改变也就有了同样的依据。皮货商人很熟悉，同种的毛皮动物，生长越是近北方，其毛皮也是越厚越好。所谓有机体的“可塑造”，正是指有机体实体信息的可改变性质。“夏尔巴人主要聚居在海拔 4700 米的索鲁昆布地区。长期的高山生活塑造了夏尔巴人独特的体貌特征：由于空气稀薄，他们的肺活量大得惊人，一位西方记者曾经开玩笑说，夏尔巴人长着专门用于登山的第三片肺叶；他们的血压很低，保证了大脑供血充足，很少出现类似脑水肿等高山病。白天，他们的红棕色皮肤抗击高原上强烈的紫外线；夜间，夏尔巴人能够在零摄氏度左右的露天休息，不怕寒冷威胁。”①

我们可以从信息角度对达尔文的进化论进行解读：为了生存下来，生物一定要具备检测环境实体信息和环境实体变化信息的感觉器官，并且一定能够把这种环境实体信息传送到特定器官(对于人类来说就是大脑)，并对这些信息进行分析、判断，更重要的是找到应对策略。对于大部分生物来说，所谓对环境信息检测、传送、分析、判断和找到应对措施，都是一种本能反应。当环境条件适合其生存时，它就在这种环境中生存下去；当环境不适合其生存时，它就只好离开这种环境。

对于所有生物来说，面对不适宜的生存环境只有两种选择：一是改造这种环境，让环境适宜自身的生存需要；二是改变自身的结构和生存方式来适应变化了的生存环境。对于绝大多数生物来说，一般只有一种选择，那就是最大限度地改变自身的结构和生存方式以适应环境，这就是所谓“适者生存”。许多生物既无办法脱离不适宜的生存环境，又无能力改造这个环境，自身结构和生存方式做了最大的调节之后仍不能适应环境变化，那就只能被淘汰了。最具备改造环境能力的生物是人，人类可以不断使自然环境“人化”，所以人比其他生物有更强的生存能力。

二、自然界实体信息传播的特征

(一)产生物理、化学、生物反应或变化等实际效果

1. 从现象到解释

自然界有机物之间、无机物之间以及有机物和无机物之间都存在着物物之间的信息传递和接受，物质发生的各种变化就是这种信息传递和

---

① 温玉顺、张沤：《攀登珠峰的保姆》，《北京晚报》2014 年 5 月 20 日。

接受的结果。自然界实体信息传播的特征在于产生物理、化学、生物反应或变化等实际效果。

实体信息对环境和人直接发生作用，符码信息只有通过人或机器的接受和反馈才可能产生传播效果。例如，太阳发出的光是实体信息，地球的热量来源于太阳光，人体接收太阳光就会感到温暖或灼热；由于光线太强，肉眼无法直视太阳。阳光会使皮下血管扩张，血流旺盛，增加对有毒物质的排泄和抵抗力，还会使唾液和胃液的分泌增加，肠胃蠕动加强。但过度晒太阳对头发有损害，还会导致皮肤黑而粗糙，皮肤长时间暴露在太阳紫外线下，容易被晒伤，甚至引起皮肤癌。科学家认为，衰老是细胞内部组织损伤的积累。细胞不断地收到人们身体和周围环境发出的信号，这些信号会加速细胞的老化，比如氧化损伤和炎症。这里所说的信号就是实体信息。

一个人看到攻击性物体时会躲避、闪身或转身，但当味觉或嗅觉受到刺激的时候，他就会感到恶心甚至呕吐。放射性物质放射信息的传递，人不一定能感觉得到，如果一个人把装有数十毫克镭盐的小玻璃瓶，放在衣袋里几个小时，他不会有什么感觉，可是半个月后他的皮肤就会发红和疼痛，想治愈是很难的。输血也输进了信息，不然，为什么还要验血型？O型血、B型血、AB型血等都是血液本身所携带的信息。

实际案例一：2013年2月15日9时20分，一个硕大的火球出现在俄罗斯车里雅宾斯克州上空，几秒后，这个火球增大了数倍，火球带着一道耀眼的闪光划过天际，随后响起巨大的爆炸声，并在空中划出一道极长的白烟。一块陨石坠落在车里雅宾斯克州。地面汽车的防盗铃声此起彼伏，当地居民一度误以为是战争爆发，很多有关居民被碰伤、挫伤和划伤。硕大的火球、爆炸声、在空中划出一道极长的白烟都是这块坠落的陨石发出的实体信息，有关居民被碰伤、挫伤和划伤则是这块陨石给人造成的直接的实际影响，此起彼伏的地面汽车的防盗铃声则是仪器检测系统对这块坠落陨石的“发现”和报警。与此同时，地面多处房屋被震毁，建筑物的玻璃被震碎，汽车警报器响成一片。

实际案例二：山东临沂的塘崖大米，远在唐朝就被定为皇家贡品，所以也称塘崖贡米。塘崖位于临沂城南二十里处，该村西北方有一月牙状的“塘圈”，其面积不足一平方公里，是正宗的塘米产地。这里地势低洼，常年湿润，土质黑黄，干燥后的土块坚硬难碎，水泡数日，仍保持原形。经土壤学家分析，这里的泥土含“硒”量奇高。同样一个品种，在这不到一平方公里的土地上所产稻谷的米质，必定优于其他地块。带有糯性的塘米，经大火蒸煮后，会弥散出扑鼻的浓香。做干饭、煮稀饭，只需掺上少许塘米，便香气四溢。当地有“一家煮饭四家香，四邻煮米香全庄”之说。塘米因地域小、产量低，就物以稀为贵。谁也不能否认，“塘圈”特定的土壤、水分、气候因素出产了塘崖大米，塘崖大米特有的味道、养分信息，来源于“塘圈”特有的土壤、水分、气候。也可以说，塘崖大米吸收了“塘圈”特定的土壤、水分、气候信息，从而形成自己独有的味道、营养信息。可以说特产总是显现出独特的实体信息，而这些独特信息来源于产地独特的土壤、水分、气候等。

实际案例三：日本科学家一项最新研究显示，由于全球气候变暖，苹果变得越来越甜，也越来越不脆。气候变暖这样一种实体信息影响了苹果的味道和口感信息。气候变暖导致气温上升，使苹果发芽和开花提前、生长时间变长、成熟期正处于高温天气，这些因素都使苹果减酸增甜、减脆增软。

符码信息传播只对人的心理、思想、精神层面起作用，实体信息传播除了对人的心理、思想、精神层面起作用外，更包括物质对物质的作用。符码信息中的符咒、圣像并不具有实体的真实威力，它们只对人的心理产生影响而不实际作用于人体。符码信息传播最终对客观世界起作用还要通过实体信息传播来实现。

> 当我在读词语“热”时感受到的热不是实际的热。仅仅是我的身体对热做好了准备，可以说勾画了热的形状。①

人看到书上或电视上的“太阳光”文字或图像不会直接得到热量，只能想象，只有在文字或图像的引导下来到真正的阳光下才能得到热量。

就传播途径来说，符码信息的接受主要是视觉器官和听觉器官，而实体信息的接收器官则包括视觉和听觉器官在内的整个人体。这也是实体信息能够使人体产生物理、化学、生物变化的重要原因。

2. 以生物信息传播为例

生物信息学研究的主要对象就是生物实体信息。

> 生物系统的一个重要特征是：“物质常变而信息常存。”生物体在一生中虽然与外界不断地通过新陈代谢而交换物质和能量，

① 〔法〕莫里斯·梅洛-庞蒂：《知觉现象学》，北京，商务印书馆，2001，第302页。

但却能始终保持其本身的结构和功能的稳定。这就是因为生物系统有特定的存储和处理信息的方式。例如生物体的代谢网络、个体发育、激素调节过程中的反馈、大脑与信息网络、听觉和感觉神经中讯号加工以及生物电讯号、动物群体内的通信系统等都是非常典型的生物系统信息过程。①

我们看下面的实例：

研究表明，当遇到敌害时，植物不仅能自己采取防御措施，而且还能给同伴(类)发出“报警信号”。其中柳树最为突出，当柳树叶子上出现害虫时，它们就以分泌一种化学物质的方式，给距离自己60米半径内的同类发出信息，邻近60米内的柳树收到信息后，就开始分泌同样有毒物质来防御害虫。有的学者认为，按照生态场的理论，柳树有半径60米的“生态信息场”。

美国华盛顿大学的戴维·罗兹发现，当柳树被毛虫袭击时，不但被咬的柳树会产生一些挥发性的化学物质，这些物质在空气中四处散发，从而给别的树通风报信，可以使得3米外没有被咬的柳树也会产生抵抗物质。植物竟然能够互通消息。2004年4月，意大利都灵大学的生物学家们也公布了一项类似的研究成果：实验中，当草感觉到害虫在吞噬其叶子时，会发出一种类似于薰衣草的气味。这种气味不但能向周围伙伴发出警告，还能散发到空气中吸引黄蜂的到来，而黄蜂正是这种食草害虫的天敌。科学家们在对生长在拉美一带的豆类、玉米、酸果蔓及其他一些植物的研究中也发现了类似的现象。② 野生烟草在遭到毛虫攻击时会释放出某种绿叶挥发物，这是为了发出信号吸引那些以毛虫为食的昆虫。分泌化学物质、发出气味等都是实体信息传播。

就人体来说，每种激素都是携带着特异信息的载体，它们经由血液循环传递给各细胞。但是，只有细胞膜表面或细胞内部具有能够与其中一种激素发生特异结合的接收装置的细胞，才能破译信息密码，从而产生显著的生理效应。这些细胞就是该激素的效应器(靶细胞)。

最简单的激素信息是信息载体型，例如肠促胰液素的信息过程即属于此型。到达十二指肠的致酸性食物(如糖类、蛋白质或脂肪)刺激十二指肠黏膜细胞分泌肠促胰液素。这激素由血液传递给细胞，但是唯有胰

① 方丁：《生物信息流》，南京，江苏科学技术出版社，1985，第14页。

② 谭海樵、奚砚涛、季景贤：《地球信息科学概论》，徐州，中国矿业大学出版社，2005，第32页。

腺腺泡细胞能够破译这种激素的信息。这信息使胰腺分泌胰液，一直分泌到十二指肠中无酸性食物为止。在食物(尤其油脂与蛋白质类食物)存在下十二指肠黏膜细胞还能分泌另一种信息载体——肠促胰酶素，该激素提供使胰腺腺泡细胞分泌富有消化酶类的胰液的信息，并且还使胆囊收缩和排出胆汁。胆汁促进脂肪消化并且中和十二指肠中食物的酸性，因而它本身又是令十二指肠黏液细胞停止分泌这两种肠激素的信息。

正常人体的空腹血糖量是 80～120mg/dL(福-吴法)，当血糖量低于 70mg/dL 时，就会引起第三脑室"糖中枢"的电冲动以及肾上腺体质分泌激素，发出化学信号，最终导致血糖回升至正常范围内。

人体对某些情况下变化较大的外部生存环境信息的正常应对，就是体内调节。所谓体内调节就是以相应的体内实体信息的变化来适应变化了的外部环境信息。比如，一个潜水员潜入深水适应了水下高压，当他出水时就不能突然上岸，要慢慢上来，这是对压力反射信息的调节。再比如，人初到高原，不适应稀薄的空气，表现为高原反应，但慢慢会适应，因为体内的血红蛋白会相应增加，以便供应氧气，这是对高原缺氧环境信息的体内调节。这些调节都是以体内实体信息的相应变化来实现的。

(二)能量大的实体其信息传播范围广

这里我们再次涉及能量与信息的关系问题。我们已经知道信息的传递离不开能量，现在还可以说，能量大的实体信息传播范围就更广。太阳的能量大，它的实体信息比如光和热就能传播到极其遥远的地方而并不需要自身的移动。光是速度最快的，真空中的光速大约为每秒 30 万千米，但在有些介质中光速好像没有我们想象的那么快。据科学家研究，今天照耀我们的太阳光已经有 30000 年的高龄了。那是从太阳的核心穿行到太阳表面所需要的时间。光线到了太阳表面以后，只需要 8 分钟的时间就可以到达地球。

植物种子的能量有限，它要传播自身及其信息就必须移动自身。动物的卵子和精子能量也有限，其自身的传播同样需要自身的移动。达尔文在谈到适者生存时指出：

> 大多数的动植物，都是固守本土，一般不做不必要的流动；甚至是迁徙的鸟类亦常常回到原处。因此每一新形成的变种，最初常限于局部的原产地域，这似乎是自然界内诸变种所遵循的通常法则；所以许多彼此相似而改变过的个体，往往集合成

> 为一个小团体，在一起繁殖。假使这新变种在生存的战争中顺利成功，就会由此中心区域徐徐向外扩展，而在扩展的过程中，在继续增大的区域边缘上和没有改变的个体斗争，征服它们。①

被选择的适应环境变化的个体的扩散需要个体的不断“徐徐向外扩展”。

符码传播与实体传播相比有相似之处，也有不同之处。大众传媒尤其是广播、电视、互联网能量大，所以传播范围广泛，可以超越国界的限制，这是相似之处。但在这些能量大的大众媒体上所传递的各种信息，已经不能用能量大小来衡量了。哪种信息人们的需要度高，其传播范围就广、传播频率就高。

(三)关于“生命赖信息为食”的辨析

这里我们再次涉及物质、能量与信息的关系问题。“生命赖信息为食”是中国信息哲学学者邬焜的观点。他在其著作《信息哲学》中引述了著名物理学家奥地利的埃尔温·薛定谔(Erwin Schrodinger)在其名著《生命是什么?》中相关的几段论述，并以此为基础提出了自己的这个观点：

> 生命有机体是怎样避免衰退的呢？明白的回答是：靠吃、喝、呼吸以及(植物的)同化。专门的术语叫“新陈代谢”。……意思是变化或交换。交换什么呢？最初的基本观点无疑是指物质(相当于我们这里所用的质量概念——邬焜注)的交换。……认为物质的交换应该是本质的东西的说法是荒谬的。氮、氧、硫等的任何一个原子和它同类的任何另一个原子都是一样的，把它们进行交换又有什么好处呢？过去有一个时候，曾经有人告诉我们说，我们是以能量为生的。……不用说，这简直是很荒唐的。因为一个成年有机体所含的能量跟所含的物质一样，都是固定不变的，既然任何一个卡路里跟任何一个卡路里的价值是一样的，那么，确实不能理解纯粹的交换会有什么用处。

“在我们的食物里，究竟含有什么样的宝贵东西能够使我们免于死亡呢？那是很容易回答的。……一个生命的机体在不断地增加它的熵——你或者可以说是在增加正熵——并趋于接近最大值的熵的危险状态，那

① 〔英〕达尔文：《物种起源》，北京，科学出版社，1972，第60～61页。

就是死亡。要摆脱死亡，就是说要活着，唯一的办法就是从环境里不断地汲取负熵，我们马上就会明白负熵是十分积极的东西。有机体就是赖负熵为生的。或者，更确切地说，新陈代谢中的本质的东西，乃是使有机体成功地消除了当它自身活着的时候不得不产生的全部的熵。”熵是混沌度，是内部无序结构的总量，用更准确但也枯燥的语言说，熵是不能再被转化为做功的能量的总和的测定单位。可以这样解释上边的话：热力学第二定律告诉我们，每当能量从一种状态转化为另一种状态时，就会“得到一定的惩罚”——损失了能在将来用于做某种功的一定能量，导致损失了能在将来用于做某种功的一定能量的那个东西就是熵。在信息论中，熵表示的是不确定性的量度。

> “以负熵为生”，就像是有机体本身吸引了一串负熵去抵消它在生活中产生的熵的增加，从而使它自身维持在一个稳定的而又很低的熵的水平上。

“一个有机体使它本身稳定在一个相当高的有序水平上（等于熵的相当低的水平上）的办法，确实是在于从它的环境中不断地吸取秩序。……其实，就高等动物而言，我们是知道这种秩序的，它们是完全以此为生的，就是说，被它们作为食物的、复杂程度不同的有机物中，物质的状态是极有秩序的。动物在利用这些食物以后，排泄出来的是大大降解了的东西。”①

邬焜在引述以上几段文字后说出了自己的看法：

> 从薛定谔的这些论述中，我们已经十分清晰地意识到，有机体并不是简单为了获取质量和能量而吞食食物、水分和空气的。有机体真正需要从环境中吸取的主要的东西是“负熵”“秩序”“有序性”“结构”“组织性”等。而这样一类概念的真实指谓，在最一般的意义上就是“信息”。直言之，“生命赖负熵为食”，就是“生命赖信息为食”。②

上述推论很难站住脚。“生命赖负熵为食”，负熵从食物、水和空气

---

① 〔奥〕埃尔温·薛定谔：《生命是什么?》，上海，上海人民出版社，1973，第77、78、81页。

② 邬焜：《信息哲学——理论、体系、方法》，北京，商务印书馆，2005，第113页。

中吸取，食物、水和空气都是物质。也就是说，负熵来源于物质。“生命赖负熵为食”就是“生命赖物质为食”。如果说“生命赖信息为食”就意味着信息等同于物质了。信息依赖于物质但不等同于物质。在这里邬焜已经背离了自己关于信息是间接的存在，是物质的存在状态和方式的自身显示的论断。邬焜这方面的论述前面已经谈到，这里不再重复。

“负熵”“秩序”“有序性”“结构”“组织性”都存在于有机体吞食的食物、水分和空气等物质中，但有关“负熵”“秩序”“有序性”“结构”“组织性”的信息并不等于这些物质本身。

一个生命体是一个与外界有物质、能量和信息交换的开放系统，在正常的生命过程中，随着年龄的增长，机体内部有序结构不断遭到破坏，熵就增加，与此同时有机体又不断从外界接收物质、能量和信息(负熵)，在机体内部合成高度的有序结构，使熵降低。

有学者认为：从信息论的观点看，有机体生命活动的实质，就是不断地从外界接收和吸收信息，以维持其生命活动。运用信息理论来分析生命系统，也可以把生命系统看作是传递与接收信息的调节控制系统。生命系统中各部分之间的相互影响、相互作用可以看作是信息的传递，而生命过程中的调节、控制与适应性的机制，也可以看作是系统对信息的接收、存储、处理与输出的问题。

笔者认为，上述认识从信息的角度解释生命过程，自有其道理，但生命是一个复杂的系统，不应仅仅看作是信息问题，有机体吸收营养和能量等不能简单地等同于传递和接受信息。

因为物质、能量和信息三位一体，所以不能说吃饭没有吃进信息，但吃饭吃进去的主要是物质和能量。如果谁说吃饭吃的只是信息，那是违背常识的。与此相关联，钟义信指出：“仅仅与环境交换物质与能量未必能实现自组织(即系统有序化——引者注)，只有通过与环境交换物质与能量而能够从外界获得必要的信息，才有可能实现降熵。可以认为，交换物质与能量只是从环境获得信息的手段或途径。”他论述的不仅包括生命有机体，还包括所有开放系统，这里我们主要谈生命有机体。只要我们同意物质、能量、信息三位一体，“交换物质与能量”必然也交换了信息。问题是交换来的信息是不是实现降熵所“必要的信息”，要得到实现降熵所“必要的信息”，就需要这个系统具备可靠的信息观察、检测能力，同时还得具备有效地利用(对于人体组织来说包括消化)信息的能力。所以，关键是交换进来的物质与能量携带不携带实现降熵所“必要的信息”。另外，说“交换物质与能量只是从环境获得信息的手段或途径”，显然把信息在系统有序化即降熵中的作用夸大了，也背离了这位学者一再强调的信息是“事物运动的状态和状态变化方式的自我表述/自我显示”①这一基本思想。

法裔美国科学家布里渊在他的名著《科学与信息论》一书中指出：“信息就是负熵。”“信息就是负熵”实际上是在说使有机体保持有序状态的信息，而非全部信息。严格地说，负熵是信息，正熵也是信息。因此“信息就是负熵”没有全面理解信息的内涵，它只强调了信息的正作用，而没有考虑到信息也有负作用。其实，对于任何事物或系统来说，外部信息既有正作用，也有副作用，关键是事物或系统如何利用信息保持自身的有序。

三、一种极其特别的实体信息和实体传播——基因和基因的传递

（一）遗传物质实体的移动和结合就是信息的移动和结合

生物遗传信息的传递是一个特例，在这个特例中，信息和遗传物质为一体，遗传物质的移动和结合就是信息的移动和结合。卵子和精子的相遇、结合是物质的结合，也是信息的结合，这就是母腹中的一个受精细胞。

> 在未受精的卵中含有大量mRNA和核蛋白体，但是蛋白质合成却非常微弱。这说明这时的信息流只是处于存储状态或者潜伏状态。精子的主要作用之一就是激活或“搜索”存储在卵细胞中的遗传信息。这好比精子携带有启用卵细胞遗传信息的启动密码。这种密码是使未受精卵中的mRNA和核蛋白体从封锁状态中得到解除，特别是使在卵中存储的早期胚胎发育程序启动起来。②

这个受精细胞的内在信息，决定着个体发育的基本方向；这就是个体通过遗传承受的种系进化中凝结着的遗传信息。“程序”的英文词是program，它有两个词源：一是“pro”，意为“之前”；另一个是“graphein”，意为“书写”。程序就是指储存着预先写入的信息的体系。

生物遗传信息的流向，简称遗传信息流（genetic information flow），

---

① 钟义信：《信息科学原理》，北京，北京邮电大学出版社，2002，第360、50页。

② 方丁：《生物信息流》，南京，江苏科学技术出版社，1985，第102页。

即：DNA→RNA→蛋白质，是生命活动的基本规律。

基因是DNA分子或RNA分子中含有特定遗传信息的一段核苷酸序列，是遗传物质的最小功能单位，也称为遗传因子。DNA(脱氧核糖核酸)是带有遗传信息的生物大分子，是遗传信息的携带者与传递者，生物学里常称作“遗传密码”。他能忠实地复制自己，以保持生物的基本属性；也能发生“突变”，为自然选择带来一些优秀的新特征，当然也可能带来不利的因素，如疾病，这些统称为进化。大多数生物的基因由脱氧核糖核酸(DNA)构成，并在染色体上做线状排列，但也有某些病基因是由核糖核酸(RNA)构成，如病毒等。DNA或RNA分子的信息编码、分子间的信息传递和分子变化的理论，揭示了从微生物、植物、动物到人类的生物遗传密码和生命信息的传递与表达方式。

DNA分子结构中，每三个碱基可以组成一个遗传“密码”，而一个DNA上的碱基多达几百万，所以每个DNA就是一个庞大的遗传密码本，里面所藏的遗传信息多得数不清，有机生命在极大程度上依靠这种复杂的信息密码。DNA分子存在于细胞核中的染色体上，它们会随着细胞分裂传递遗传密码。

在特定的细胞或生物体中，一套完整单倍体的遗传物质总和称为基因组(genome)。因此，基因组包含了特定生物的全部遗传信息。更精确地讲，一个生物体的基因组是指一套染色体中的完整的DNA序列，包括基因和非编码DNA。“遗传组成”一词有时在交流中即指某特定个体或物种的基因组，相对于单个基因或者一组基因。

基因储存着生物体的基本遗传信息，通过DNA复制，将遗传信息准确地传递给后代，以维持生物体遗传性状的稳定；基因通过转录和翻译，表达出生物个体特定的遗传性状，呈现出一定的表型特征。根据是否转录和翻译将基因分为三类：其一，编码蛋白质的基因，能转录和翻译，包括编码酶、结构蛋白、信号分子及转录因子的结构基因。由DNA到RNA的过程叫作转录，而由RNA到蛋白质则称为翻译。大部分生物中DNA分子或基因中所携带的遗传信息的流向都遵循中心法则(central dogma)，即由DNA转录(transcription)生成信使RNA，再翻译(translation)成蛋白质。DNA中碱基系列排列的正确与否是遗传信息能否正确表达的关键。信息可从DNA传递到RNA，最终从RNA传递到蛋白质，但是，信息不能离开蛋白质再传递到其他分子。其二，可转录生成RNA而不能翻译成蛋白质的基因，包括编码tRNA和rRNA和一些特殊的小RNA基因。其三，不转录的基因，它对基因表达起调节控制作用，如启动基因和操纵基因等。

自然选择事先给各种生物编制了生命程序。生物体内的特定基因按其自身的规律开启或关闭，并通过相应的调控机制相互协调，使体内基因表达(gene expression)所呈现的生命活动成为一个协调、有序的整体。生物体都具有一套精确的编码并且自破译和自复制特性的遗传信息库。不同的基因在不同的时间、不同的空间表达，遵照某种指令和程序开启或关闭，由此精密地控制着人类的发育过程。基因表达使生物实体信息在相应的时间内发生在一定程度上可预测的特定变化。

生物体携带的所有基因并不会都表达出来，有一部分表达得强，有一部分表达得弱，还有一些则处于休眠状态。社会生活的确能够改变人类的基因表达。“在人的遗传基因结构中编码着两种截然不同性质的个体发育信息的程序：一种是决定论的，它保证着个体最一般的基础性生理、心理和行为活动方式和模式的形成；另一种是非决定论式的，它只规定了某些可能的生理、心理和行为活动方式和模式的建构方向，而某一建构方向的实现则依赖于个体后天所处的环境条件。……如果后天的环境选择了形成人的信息程序，那么，个体中关于形成一般性动物的信息程序便不再能得以表达，个体便建构成人。”①这是理论推测，但能够自圆其说，也与某些实存现象相符。

DNA 崇拜者，把人看作纯信息组合。“在技术科学性的世界里，任何有生命的东西都有被视为信息有机组合的趋势。由控制论引发的信息模板，越来越侵蚀着当代思想，并重新定义着人类的生存环境。……充满生机与活力的世界变成了业已解码或等待解码的信息。DNA 崇拜从人开始将具体的有生命体一一消灭，它是当代世界最具颠覆性的元素之一。信息将生存条件拉平，将事物的自身实体、价值及意义清空，方便对其加以比较。它将唯一的比较标准强加于无限复杂的世界，有了这个标准，就可以将不同的实在放在同样的层次上进行比较，并指出他们的本体论地位。”②人并不是他“基因”信息的简单总和，而是他对基因信息的发挥利用，加上其特殊的个人生活经历的影响。将人简化为 DNA 信息就等于将人的社会性清空。当然，“人被系在自己的基因上”的观点固然过于僵硬，然而人确实在相当程度上由遗传基因来决定。

以上所述主要内容还可以用下面的文字来表述：现代分子生物学证

① 邬焜：《信息哲学——理论、体系、方法》，北京，商务印书馆，2005，第 162 页。

② 〔法〕勒布雷东：《人类身体史和现代性》，上海，上海文艺出版社，2010，第 308 页。

明，遗传活动的主要物质基础是核酸。核酸是由数十个乃至数百万个核酸分子组合而成的高分子多聚体。核酸本身也是一种复杂的有机物，它由四种碱基（含N的有机碱）、戊糖（也叫五碳糖）和磷酸组合而成。碱基包括两种嘌呤（腺嘌呤A、鸟嘌呤G）和三种嘧啶（胸腺嘧啶T、胞嘧啶G、尿嘧啶U）；戊糖是含有五个碳原子的碳水化合物，戊糖有两种，一种叫核糖，另一种叫脱氧核糖。核酸由于含糖的不同而分为脱氧核糖核酸（简称DNA）和核糖核酸（简称RNA）两种。核酸的遗传功能是由它自身的基本结构决定，生物的遗传信息储存于DNA中核苷酸分子的碱基排列顺序中。DNA分子不仅有自我复制、增殖的能力，而且还具有按照遗传信息指挥蛋白质合成的功能。在传递遗传信息的过程中，携带着遗传信息的DNA分子，好像铸件的模子一样，通过转录酶的作用将遗传信息传递到信使RNA上，而信使RNA则根据所接收到遗传信息的要求，在酶的催化下，通过转译作用，引导蛋白质的合成，制造出新的蛋白质。从DNA——RNA——蛋白质，从转录到翻译的整个过程，就是生命物质的自我复制运动过程。在这个过程中，一方面是核酸的遗传信息指挥着蛋白质的合成，决定了蛋白质的性质、功能；另一方面则是蛋白质，特别是其中的酶又控制着核酸的代谢及其遗传功能的发挥，在转录和翻译过程中发挥高效的酶促催化作用。

人的遗传性状同样是由DNA密码来传递，但人类的遗传物质相当复杂。人的DNA共有30亿个遗传密码，排列组成约2.5万个基因，而每个基因是由密码来决定的。人的基因中既有相同的部分，又有不同的部分。不同的部分决定了人的多样性和人与人的区别。

从基因角度讲，进化就是在一段时间内一个物种的基因库发生的变化。即使现在，所有物种也都在不断进化。而在同一物种内，经过几代的繁殖，那些繁殖能力强的基因就得到扩散，繁殖能力弱的基因则减少或被淘汰。基因不会在某一生命体一生中就发生改变，然而环境或生活方式的改变或许会影响基因的表达，生物体的行为习性也会随之改变。“美国斯坦福大学生物学家罗素·D. 弗纳尔德发现，在非洲淡水鱼伯氏妊丽鱼群中，头号雄鱼要比第二号雄鱼体积大、吃得多、领地广，同时享有最大的繁殖权。其外表也与众不同，身上条纹色彩特别鲜艳。但当研究员把鱼群中的头鱼捞走后，二号雄鱼会迅速做出大规模基因表达的反应——体积在短短的几小时内就能增长20%，并且身上也开始出现红蓝色的鲜艳条纹。”①

可惜达尔文对现代遗传学鼻祖孟德尔的学说了解不多，如果达尔文真正了解了生物遗传变异规律，他的生物进化论将会更加完善。因为没有遗传学理论，任何生物学问题都很难得到合理解释。

(二)基因传播与符码传播的比较

基因的使命就是繁殖和传播自身，基因的本性就是尽可能多地繁殖自己的后代，正是在这个意义上，有人称之为“自私的基因”。

与符码信息传递相比，DNA 的传递依赖于物质移动和分裂。遗传物质的继承实质上是 DNA 的自我复制，DNA 相当于生物体内的电脑软件。生物体整个生命过程的各种性状、结构都是 DNA 信息的物质体现和表达。DNA 本身是物质，由 DNA 实现的生物遗传是物质移动传递和复制实体信息的特例。实体信息复制了新的实体。DNA 复制是实体信息传递的特殊条件。在这个意义上，1933 年德国纳粹焚烧“非日耳曼”的禁书，试图禁绝的是“非日耳曼”的符码信息。而纳粹的内政部长弗里克所说的“决不能让外国人的血液浸入日耳曼人的血液中，特别是犹太人和黑人的血液”，试图禁绝的就是“非日耳曼”的实体和实体信息，而对实体和实体信息采取措施是更加决绝和残酷的办法。莱文森指出：“所谓细菌能够传播指的是，它们的数量足以释放毒素、交换基因、生产抗生素去杀死真菌等细菌。这说明在生命滥觞的初期，说话和行走就纠缠在一起。实际上，DNA 就是一套指令。在这个意义上，生命既是运动也是信息流动。”②笔者要补充说，生命既是物质实体的运动也是实体信息的流动。显然，DNA 遗传信息不能用符号来传播，只能用实体来传播。

基因传播与符码传播相比，一方面它是实体传播；另一方面可以显示出传播效果的可预见性和多种可能性，同时这种传播效果总体上表现出一种长期效果。

生物遗传实体信息传播与符码信息传播都有复制能力，然而它们在寻求传播效果最大化时，都遇到了障碍。只有极少数精子有机会与卵子相遇，卵子也是如此。被数字化传播对象也可以有无数的复制品，但真正有幸与受众相遇的也只是一部分。

遗传是指经由基因的传递，使后代获得亲代的特征，它的实质是生物个体按照亲代的发育途径和方式，从环境中获取物质和能量，产生和

---

① 胡轩逸：《环境影响基因表达》，《光明日报》2014 年 7 月 31 日。

② 〔美〕保罗·莱文森：《真实空间——飞天梦解析》，北京，中国人民大学出版社，2006，第 16 页。

亲代相似的副本。除了遗传之外，决定生物特征的因素还有后天环境及其与遗传的交互作用。在生物进化过程中起核心作用的是生物遗传基因的重组(加上变异)。在符码传播中，信息复制编译或错误是不受欢迎和力争避免的，但在生物世界中，遗传信息的复制错误会产生生命的进化。正是生活在5亿年前的一种简单无脊椎动物经历了一场“遗传事故”，导致形成了这些基因的额外副本。这些额外的基因使这种动物的后代受益，而包括人类在内的行为复杂的脊椎动物的祖先正是这种动物。然而，更高的智力和更复杂的行为也会带来更多的精神疾病，目前的人类就是如此。

实体物质中的化学和生物信息格外重要。尤其是生物信息中的DNA信息具有复制能力。杰拉德·利奇在《生物统治者》中写道：

> 基因科学家的最终目标都是编辑生命的主要传输带(the master tapes of life)——即那携带着遗传信息(hereditary message)的、存在于每一个细胞中的、轻飘如纱线的DNA分子——他必须把它们编辑得十分精确和具有可控制性，以便任何一个地方的任何一点基因损伤都能被发现并用一个正常的基因予以替换……他的工作十分复杂和棘手。这就如同更改一部《圣经》中的某一个字母(这部《圣经》根本就无法打开，因为它小如针头)。有人或许还会补充说，更困难的是对于这么一部“遗传”《圣经》，没有任何人曾经读完过一至二个段落。①

试管婴儿和基因工程技术的首批顾客将是不孕夫妇和寻找父母的儿童。顾客将可能自由选择怀孕时间、性别和基因类别。“要不了多久，家庭、社团和政府将有可能授意生产他们所中意的某类型的人，或者说利用化学治疗技术来调整个人的行为、性格和态度以适应社会的需要。”②这一切都依赖于实体信息的搜寻、搭配和依存在物质实体上的实体信息的输入才能实现。

(三)整容并未改变身体内部原真实体遗传信息

据报道，有位冯先生在女儿出生后对妻子的长相产生怀疑，因为女

---

① 转引自〔美〕约翰·奥尼尔：《身体形态——现代社会的五种身体》，沈阳，春风文艺出版社，1999，第166页。

② 〔美〕约翰·奥尼尔：《身体形态——现代社会的五种身体》，沈阳，春风文艺出版社，1999，第133页。

儿生得太丑，且和父母都不像。冯以为妻子不忠，起诉到法院。面对指控，冯妻承认自己曾花费 62 万元整容，使得容貌发生了巨大变化。整容是在两人认识前做的，但她从未向丈夫坦白整容事实。

冯先生认为妻子用虚假的容貌骗其与之结婚，所以提出离婚。法院同意了他的诉求并准予了他的赔偿要求。

整容改变了身体外貌的原真实体信息，也可以说，整容是对自身遗传信息的背叛，但它并未改变身体内部原真实体遗传信息，所以生出的后代会保留母亲整容前的某些容貌特征。目前似乎还没有办法改变一个人的遗传基因信息。

四、遗传信息和遗传外信息

人类为了生存，所需要的信息量等于人的最低遗传信息量的几倍。这些信息量并不是由 DNA 分子提供的，它们中的一部分以知识形式存储在人脑中，另一部分存储于人体外的图书馆、网络等处。有学者把这些存储于脑中的知识和人体外的文化、科技信息统称为遗传外信息。遗传外信息包括实体信息和符码信息，它们都来源于实体世界。

人与其他动物的体内都承袭了大量的遗传信息，有些动物还在成长过程中学到更多的东西。人类与其他动物的主要区别在于人脑中存储了大量的遗传外信息。人生来几乎一无所知和一无所能，但每个人都要靠学习和继承技能、知识和习俗才能生存和发展。人脑中的信息含量不是一个绝对不变的数值，它会随着智力进化而加大，也会随个体从事脑力活动的多少而增减。根据神经元和脑血管的形态学观察，已经发现勤于思考的老年人的脑细胞仍可以更新。

知识和智能的区别非常明显，知识是一个人积累的有用信息，而智能是一个人有目的地以某种很好的方式使用、运用这些有用信息的能力。具体说，智能是在特定环境条件下针对具体问题和目标而有效地获取信息和分析、处理信息形成知识和策略(包括利用已有知识形成新知识和新策略)并使用策略来解决问题，从而成功地实现目标的能力。

长期进化所累积的遗传信息和遗传外信息，赋予了包括脑结构在内的人的生物学结构和行为的自适应能力，人类能把累积的有用信息灵活地运用于新环境，这就是人类独特的智能——这种使人在事物的发展变化过程中不断对各种信息进行选择，能够对反映事物规律和本质的信息进行抽象、判断、推理并产生相应的反应行为。莱文森认为："一个生命体是思想的必要前提。……电脑之所以不聪明，那是因为它们没有生命。……

首先要创造人工生命，然后才会有人工智能。”①也就是说，智能与生命有密切关联。同样，机器人的发展，在很大程度上取决于我们对人类大脑的认识和模拟。遗传外信息的获得也与遗传信息有关，良好的遗传信息结构是扩展遗传外信息的必要前提条件，因为有什么样的结构就有什么样的功能。

某些遗传外信息可能影响遗传信息并进而改变遗传内信息。美国埃默里大学等机构研究人员新近的实验表明，恐惧记忆会让实验鼠的脱氧核糖核酸(DNA)发生化学改变，这种变化会遗传给后代，让它们对某种事物产生天生的恐惧感。他们通过电击等手段让实验鼠对樱花的气味产生恐惧感，然后让它们进行繁殖。结果发现，这些实验鼠的后代乃至第三代小鼠都会对这种气味做出恐惧反应，即使人工授精产下的后代也不例外。实验鼠对樱花的气味所产生的恐惧感并非遗传内信息，但实验鼠的后代乃至第三代小鼠对这种气味做出恐惧反应则是遗传内信息的作用。

对第一代受电击刺激实验鼠的分析发现，鼠脑中负责察觉气味的区域出现了结构改变，而控制察觉气味的基因发生了“DNA 甲基化”的表观遗传学现象，即在基因的 DNA 序列不发生改变的情况下，基因表达发生了改变；而实验鼠后代的脑结构和相关基因也出现了同样的改变。

大部分生活经验和技能只能通过后天传授教给后代，也就是说，人类需要遗传外信息。但科学实验显示，一些创伤记忆可以通过基因遗传给后代，让后代的神经系统结构和功能做出“微调”。看来，创伤记忆这种遗传外信息可以在一定条件下转化为遗传内信息。

第二节 实体信息和实体传播的一般特征

一、实体信息的流动往往与物质实体随影随形

实体信息是实体所蕴含和显现、传递出来的，它与实体本身不可分割，而符码信息则与信息所指代的实际对象相分离。这是实体信息与符码信息最根本的区别。

实体信息的传递，实体必须在场，因而实体的移动——如果这个实体可移动的话——是实体信息传递的方式之一。1964 年 10 月 16 日下午 3 时，中国爆炸原子弹之后的一段时间里，“高空中的放射性云尘向东飘

① 〔美〕保罗·莱文森：《思想无羁》，南京，南京大学出版社，2003，第 225 页。

移。飘移的放射性云尘环绕地球无声地在世界各国面前展示了中国人民的智慧和力量，中国是不可欺侮的。放射性云尘飘过日本(10月17日)；飘过阿留申群岛(10月18日)；飘过太平洋北部上空(10月19日)；飘过加拿大和美国西部(10月20日)；烟云向东一程一程地飘过去了。中华人民共和国的国威随着烟云一圈圈地无声地飘移震惊着她的四邻及其他远处的国家，直至整个世界。”①放射性云尘的实体信息是监测仪器可以检测到的，随着它的漂移也把自身的信息传递到所有能够检测放射性云尘的国家和地区。

要实现实体信息的传播，即使实体整体不移动，实体部分元素也要移动。例如，太阳光线和热量信息的传递并不需要太阳本身的移动，但太阳光波的移动则是必需的，太阳光发射到地球需要大约8分钟时间；太阳光由太阳发生热核聚变反应产生的强烈光辐射而来。

人体感染正是细菌、病毒、真菌、寄生虫等病原体移动传播并使人体产生生物、化学、物理变化的结果。医学上的感染，是指细菌、病毒、真菌、寄生虫等病原体侵入人体并进行有害的复制、繁殖所引起的局部组织和全身性炎症反应。比如，细菌感染是致病菌或条件致病菌侵入人体血液循环中生长繁殖，产生毒素和其他代谢产物所引起的全身性感染。细菌、病毒、真菌、寄生虫等感染的前提条件是病毒和细菌等进入人体内。

传染病(infectious diseases)是由各种病原体引起的能在人与人、动物与动物或人与动物之间相互传播的一类疾病。传染病原体大部分是微生物，小部分为寄生虫。传染是疾病或病原体由一个体转移至另一个体并使其发生生物、化学、物理变化的过程。有历史学者在谈到19世纪上半叶霍乱在全球的流行时指出：“从传播媒介和方式来看，除了朝圣者、商人等传统的疾病传播者，欧洲的军队和殖民者(移民)也构成了传播主体，尤其是他们同商人一道造成了疾病的远距离传播。”②达尔文在1836年1月12日的航行日记中评论欧洲疾病传播时写道：“欧(洲)人每住过一处，好像‘死神’就在该处纠缠着土(著)人。”③人的移动把病原体带到了世界各地。预防传染病的主要方法之一就是将病原体与人或动物隔离，没有接触，也就没有传染、传播。

① 许鹿希、邓志典、邓志平、邓昱友：《邓稼先：许身国威壮河山》，《神剑》2014年第5期。

② 刘文明：《十九世纪上半叶霍乱流行的全球史审视》，《光明日报》2015年3月28日。

③ 〔英〕达尔文：《达尔文日记》下册，北京，商务印书馆，1955，第639页。

无论实体传播还是符码传播，杜绝、封锁传播的办法是一样的，那就是切断信息源。

符码传播并不需要它所指代的实体对象移动，因而符码传播效率很高。

实体信息由真正的信息源发出，符码信息则是寄存在某种物质上，并且多数情况下与这种物质本身的信息无关。

实体信息传递过程与一般传播活动中的信息传递有一个重要的不同，就是信息的流动往往与具体的物质实体随影随形。而一般传播过程中的信息流动，尤其是现代传播的信息流动与物质实体是分开的，信息只与传播媒体发生关系，而与信息所描述的对象彻底脱离了关系。一般传播活动信息所指的对象是不在场的，而实体传播信息所指对象是在场的。

正因为物质产品传递信息与实物随影随形，所以这种信息不能复制或复制成本比符码传播要高得多，同时在传播过程中物质产品本身也会有损耗。物质产品损耗的同时，自身的实体信息也会发生变化。这些都是实体传播的缺陷。有一点需要指出，物质产品的符码信息比如产品说明书，在相当程度上也具有与物质产品实体随影随形的情况，有些文字信息就直接标刻在产品实体上，与产品伴随始终。

二、实体传播的是立体信息、全部信息、变动信息

（一）实体传播的是立体信息、全部信息

物质实体携带着自身的全部信息，以三维立体甚至四维，即加上时间延续呈现给每一个接触它们的人，这显然是实体传播的一大优势。中国明代时一位日本使者游西湖时发出这样的感慨：

> 昔年曾见此湖图，
> 不信人间有此湖。
> 如今打从湖上过，
> 画工还欠著工夫。

这位日本使者来到西湖之前曾经见到过西湖的图画，当时觉得此湖已经很美，甚至“不信人间有此湖”。但等这位使者真的来到西湖面前时，却感到西湖比画中更美，“画工还欠著工夫”。这里有一个重要原因，就是西湖全部实体信息（实景）是画作这种符码传播方式无法表现出来的。因为画工无论如何“著工夫”，也不可能把西湖荷花之清香、岸柳之婀娜、

湖水之荡漾、空气之润泽等“画”进去。

相比之下，符码传播所传递的信息则是非立体的，而且永远是不全面的——它只明确提示传播者认为重要的信息。所以，人们通常更相信实体传播。也正因为如此，一些精明的图片广告总是要加一个说明：“图片仅供参考，产品以实物为准。”

表 3-1 是国外 20 世纪 70 年代的一个调查统计①，虽然年代远了一些，但它仍能说明问题。

表 3-1　在购买微波电炉之前所查的信息来源回答人数的百分比

单位：%

信息来源	中学或中学以下	大学	大学毕业
查看零售商店	54	44	48
查阅杂志广告	9	8	10
查阅报纸广告	6	8	5
观看电视广告	8	11	6
查阅“消费者报道”	3	9	17
向朋友打听	20	26	23

从表中可以看出，无论是何种受教育程度，在购买微波电炉之前，查看零售商店的人数最多，分别达到 54%、44%、48%。尽管这个调查统计不是为了说明人们更相信实物传播，但实际的统计结果却可以证明这一点。另外，它也表明，消费者更倾向于“向朋友打听”也就是口碑传播，分别占到了 20%、26%、23%。需要强调，口碑传播以实体传播也就是实际购买和使用为前提。

然而，实体传播又是以“自在”的、非提示的方式呈现自身的信息，这又使实体传播本来具有的优势不容易发挥出来。

正由于上述原因，不同的接受者从实体身上得到的信息的质和量差别非常大。对某种实物产品知识丰富的人，可以从这种产品身上发掘出许多有用的信息；而对这种产品知识贫乏的人则可能发现不了任何有用的信息。这正好应验了“你知道的越多，看到的就越多”这句富有哲理的话。在这个意义上可以说，知识就是信息。对一个专家来说，从某种产品身上可以倒推出它的生产工序，甚至可以推断出制造者的操作手法特征等。产品身上自然存在的这些信息，一般人是很难看到的。

① 魏嵩寿、黄云清：《消费者行为》，南京，广西人民出版社，1987，第 212 页。

有的美食家对食物的味道信息格外敏感，作家李存葆就是一位。他对早年的馒头、煎饼纯正的味道甚是留恋。“因了小麦味道的渐次退化，因了磨糊机、磨面机代替了石磨石碾，因了煎饼机、馒头机代替了鏊子和铁锅，近二十年来，我绝少在食堂和宾馆里吃馒头和煎饼了。我味觉的记忆是那样的顽固，那样的刁钻；宾馆里的煎饼、馒头，我打眼一看便知它们都是机械化的产物。即使在农家吃饭，我一口也能尝出那煎饼的糊儿，馒头的面儿，是机器磨的还是石磨推的，做它们时，烧的是煤炭、天然气，还是柴火。”①从煎饼的糊儿、馒头的面儿竟然能判断出是机器磨的还是石磨推的，甚至烧熟它们用的是煤炭、天然气，还是柴火都能一看便知。这当然不是凭空而来，李存葆并没有看见煎饼和馒头使用的原料和制作过程，他所依据的是煎饼和馒头实物身上的信息。这也是一种倒推。

多数文物可以说是过去的物质产品。毫无疑问，文物本身储存着大量信息，其文化内涵和信息不是一次考察、分析所能完成的。尤其是随着科学技术的发展，所提供的技术手段越来越多、越来越先进，人们会从文物身上获得更多的历史信息。

现代的物质产品，多数情况下自身携带着产品介绍和使用说明，也就是这些实物产品也伴随着有明确提示的符码传播。产品介绍和使用说明只是产品信息的一部分，远不是全部。

案发现场留下的物品所携带的信息更是普通人不能发现和识别的。2008 年 4 月 24 日晚上，犯罪嫌疑人从河南省中原油田兴隆小区 4 号楼楼顶把绳子拴到避雷线上，然后沿着绳索下到 6 层 21 号门，从厨房窗户爬入室内盗窃。民警在案发现场仅找到一条长约 7 米的淡绿色尼龙绳。中原油田公安局技术民警大胆运用微量脱落细胞提取仪，在该尼龙绳第二个打结处成功检测到犯罪嫌疑人完整的 DNA 图谱信息，完整的 DNA 图谱信息在此案侦破中起到了关键作用。这根尼龙绳不仅携带着自身信息，而且还携带了使用它的人的某些重要信息。

还有一个案例。2010 年 4 月 16 日凌晨 4 时多，陈某和同伴来到浙江慈溪横河骆先生家偷盗。饥肠辘辘的两人并不急于偷盗，而是在骆先生家的厨房一顿“搜刮”。

酒足饭饱后，两人在骆先生家门口拉了两泡大便。之后，两人翻起骆先生家的值钱物件。由于东西太多，两人随手推起了院子里一辆手推

① 李存葆：《渐行渐远的滋味》，《十月》2012 年第 5 期。

车，结果惊动了骆先生。骆先生一声大喊，吓得陈某和伙伴扔下东西，撒腿就跑。

同年8月，陈某和同伙再次来到横河。这次两人选定了胡先生家，“收获”了1000多元现金和电脑。同样，两人又在胡先生家门口留下两泡大便后扬长而去。

两起案件，案发地点相同，作案手段相似，且被害者家门口都有大便留下。

警方根据现场遗留的大便痕迹，做了DNA检验，经过相关资料库比对，很快就查出两起盗窃都是惯犯陈某所为。[①] 对破案起了关键作用的是两次拉下的大便，正是实物大便所携带的DNA信息锁定了陈某。这两人做梦也没有想到，两次拉下的大便暴露了自己，并成为他们作案的证据。

还需要指出，既然信息是物质存在方式和状态的自身显示，那么，正如萨特所说：“没有一种存在不是某种存在方式的存在，没有一种存在不是通过既显露存在，又掩盖存在这样的存在方式被把握的。”[②]因而对物质存在信息的把握永无止境。正因为如此，实体信息有几乎无限开发的可能，人类在某一时期获取的某一实体的信息，只是该实体信息的一部分，实体信息可以不断被发现。即使一个简单物体的实体信息，也几乎是无法穷尽的。这是实体信息与符码信息的最重要的区别之一。比如，美国科学家发现常用止痛药布洛芬(Ibuprofen)具有一种新作用，它能够在其他任何条件都不变的情况下延长酵母菌、线虫和果蝇的寿命。其中酵母菌的寿命延长了17%，线虫和果蝇的寿命延长了10%左右，换算成人类的话大概相当于多活8年。此类实验如果能够成功用在人类身上并避免其副作用，布洛芬不但有可能增寿，还能提高老年人的生活质量。[③] 实体能够显示和传递自身的全部信息，但作为接受者的人类单个个体来说，未必能够感受到这些信息。

就地球信息而言，“事实上，早在人类出现之前，地球上的各大圈层之间就存在着各种各样的地学实体，就存在着各种各样的信息流、信息场。这种场并不仅仅表现为常见的磁场、电场等，而且还可能表现为某些尚不为人类所认识的形式。人类对地球信息的认识是一个基于人的感

① 《小偷盗窃后留大便“记号”　警方验DNA将其逮住》，《羊城晚报》2011年12月31日。

② 〔法〕让-保尔·萨特：《存在与虚无》，北京，生活·读书·新知三联书店，1987，第22～23页。

③ 袁越：《世间已有长寿药?》，《三联生活周刊》2015年第3期。

官认知和理解的动态过程，永远不会停止在一个水平上”①。地球是这样，其他天体也是如此。

(二)实体传播是“活体”传播，其信息也在不断变动

1. 实体信息在不断变动

这一点也是相对于符码传播而言的。符码传播所传信息都是“死”信息，这些信息一经载入媒体就固定了。要想获得新的不断变动的信息，必须重新到社会和大自然实体中去继续观察、搜寻。

而所有的实体都在不停地运动变化着，正如古代哲人所言，我们不可能两次踏入同一条河流。所以，实体传播所传信息是“活”信息。同样的山水实体，由于一天中早晨和晚上时间的不同，由于季节的不同而显现出不同的风景信息。宋朝欧阳修的《醉翁亭记》中就说：“若夫日出而林霏开，云归而岩穴暝，晦明变化者，山间之朝暮也。野芳发而幽香，佳木秀而繁阴，风霜高洁，水落而石出者，山间之四时也。朝而往，暮而归，四时之景不同，而乐亦无穷也。”宋朝山水画家郭熙的《林泉高致山水之川》也说：“真山水之烟岚，四时不同，春山淡冶而如笑，夏山苍翠而如滴，秋山明净而如妆，冬山惨淡而如睡。”正因为如此，法国印象派代表画家莫奈(Claude Monet)曾说：“我画塞纳河整整画了一生，不论是什么季节什么时间……从未感到过厌倦。塞纳河任何时候看都是不同的。”

为什么人们说“今天的新闻是金子，昨天的新闻是银子，而前天的新闻是垃圾”？就是因为过时的新闻成为“旧闻”，已经凝固、已经没有新鲜感和活力。

刚买到和使用的一件电器可能发现不了任何质量问题，可是用过一段时间之后，性能不稳定、易损件开始出故障。这些产品使用中获得的信息，是说明书之类的符码传播不能传递给你的。

有些实体信息的变化短期内并不明显，日积月累到一定程度之后就绝对不能忽视了。黄河每年能为入海口处带来 16 亿吨的泥沙，在入海口处造出几十平方千米的陆地，使海岸线延伸好几百米。黄河从山东东营入海，东营在 150 年前还在海里。

中国著名摄影家袁毅平的名作《东方红》是在 1961 年用灯光型彩色片拍摄的，因为这样色调冷些，才能以蔚蓝色的天空衬托出金红的朝霞，交织成一幅五彩缤纷的画面，浓浓地渲染作品的主体和意境。但可惜现

① 谭海樵、奚砚涛、季景贤：《地球信息科学概论》，徐州，中国矿业大学出版社，2005，第 31 页。

在底片上蓝色已褪，用这张底片洗印出的《东方红》已经不能与最初的底片相媲美了。艺术介质材料本身性状信息的变化也会给艺术作品带来不容忽视的影响，古代流传下来的画作画纸颜色发黄、颜料褪色是大家都能看到的。

在有些特殊情况下，物质实体会产生瞬间的不可复原的变化，因此它传递的信息也就随之发生变化。20 世纪 70 年代初马王堆 1 号汉墓出土文物中包括一云纹漆鼎。出土时鼎内残存有漂浮水中、外形完整的“藕片”，藕内部纤维已溶解，出土后因振动和接触空气，旋即消失。

我们再来看作家张抗抗笔下珍珠港事件中被炸沉的亚利山那号战舰：

> 悄然地，从灰蓝色的海面上，升起一滴琥珀色的气泡，浮在水上然后迅速地洇渗开去，一圈宝蓝一圈紫红再一圈橙黄，像是从海底冒出的一朵硕大的热带花卉。那色彩继续变幻扩展着，在波浪中漂荡，最外围的一圈已渐渐泛白，如一只巨大的伞状水母，令人惊绝。
>
> 朋友告诉我，那是油星。从沉在海底的亚利山那号油库里渗漏出来的汽油。1941 年那个清晨亚利山那号战舰被击沉之前，刚刚加满了油。几十年中，在强大的海水压力下，船内的油星从锈蚀的钢板中一滴一滴挤出来，如今已渗漏了整整 60 年。按照油库储存的油量计算，还将渗漏 100 年之久。由于沉舰每日冒出的油星并未对周围海域构成污染的威胁，战事纪念委员会不打算对海底的油库进行封闭处理，任由那油星隔三岔五源源不断地浮到海面上，营造出逼真的环境气氛，成为美国“爱国主义”教育最生动无言的活教材。①

作家逼真的现场描述已经使我们感受到了实体信息的不断变化，无须我赘言。

正因为实体信息在不断变化，“脱离了母体的信息因为不再能够反映母体的新的运动状态和状态变化方式，它的效用就会逐渐降低，以至完全失去效用：这就是信息的时效性。”②所谓“脱离了母体的信息”，在这里指的就是符码信息。正因为实体信息在不断变化，只有不断实践才能获得

---

① 张抗抗：《感悟珍珠港》(散文)，《随笔》2001 年第 2 期。

② 钟义信：《信息科学原理》，北京，北京邮电大学出版社，2002，第 66 页。

变化了的信息，跟得上客观世界的发展变化，这也是一种“与时俱进”。

2. 某些特定实体信息只出现在特定环境、特定瞬间

昙花只在晚上开放，而且只开3～4小时就要萎缩。泰山日出、黄山日出等只有在早晨才能等到，而且只有在晴天才能看到，阴雨天是看不到的。

摄影是“瞬间的艺术”，要捕捉到摄影者所希望得到的瞬间物象信息，只有耐心等待这一瞬间的出现。我们还以摄影家袁毅平拍摄《东方红》为例：

> 在主题、形象、艺术手法、画面形式构成基本确定下来后，就万事俱备，只等彩霞了。我知道，尽管这幅未来作品的艺术形象已经历历如绘地在我的眼前浮现，但如果不借助于瑰丽的漫天彩霞来烘托、渲染，而光是拍摄一个太阳空荡荡地在天安门东方升起，也许也可以命题为“东方红”，但那只能是一种概念化的图解，就毫无感染力可言，连我自己都不能感动，怎能去叩动别人的心弦？所以我一边摸索气象的大体规律，一边就耐心等待理想的彩霞出现，稍有兆头，我就赶到天安门，但往往高兴而去，扫兴而归。第一年是观察和试拍阶段，第二年又没有等到理想的彩霞，到第三年的八月下旬，终于感动了“上天”，一天清晨，看到东方彩霞云集，立即骑车赶到天安门，只见一簇簇勾着金边的彩霞徐徐上升，一时间布满了大半个天空。不一会儿，偌大一个红彤彤的太阳，在东方灿烂的霞丛里冉冉升起，好一幅气势磅礴的瑰丽画卷！我弄不清自己是在神话般的幻境中还是现实生活里，好容易控制住激动的感情，制止住颤抖的手指，连连按下了快门。真是天公作美，圆了我拍好《东方红》的美梦。①

为了这一特定瞬间，袁毅平用了三年时间等待和捕捉！特定瞬间需要耐心守候，在这个意义上摄影也是需要守候的艺术。有的瞬间甚至是无法再次遇到的，因而摄影在一定程度上又是不可重复的艺术。

人的面部神态也是如此，某种神态只出现在特定环境中的特定瞬间，优秀的肖像照片摄影师就善于捕捉所需要的瞬间动作神态。

2001年2月的一个中午，魏德运提着相机来到散文学家侯雁北的家

---

① 袁毅平：《半世影缘东方红》，《光明日报》2014年6月15日。

里，为“一辈子不上相、一辈子不喜欢照相”的侯老拍照。仅用几分钟，魏德运就找到了感觉，兴冲冲地说：“好啦，有神啦！出神啦！”说罢，便匆匆离去。当天夜里 11 点半，魏德运再次来到侯宅，带来了刚冲好的样片。看到样片，侯雁北冲口而出：“我平生没有照过这样好的照片！”（见图 3-1）

图 3-1　散文学家侯雁北

“深夜，我把这迟来的肖像展放在案头，觉得这才是自己真实的神态。”侯雁北在《迟来的肖像》一文中写道，“我知道我这种神态，多年来只在夜阑更深的时候，只在想起一桩桩往事的时候，只在想哭、想笑、心潮澎湃、思接千载的时候，才偶然出现。我的这种神态，只有我才能心领神会。”①

只有在特定环境的特定瞬间，某些人的脸才能表现出自己的个性特征。侯雁北的这种神态只在自己家里独自沉思的时候才偶然出现，所以在外边照相馆里或其他环境中，尤其在别人“注意啦，要照啦”的催促、提醒声中，他“一辈子不上相、一辈子不喜欢照相”。而魏德运来到了侯雁北家里，并不刻意催促、提示，而是让他处在自然状态中，自己去捕捉所需要的瞬间神态。

（三）物质存在的大环境变了，实体信息也会发生重大变化

在地球环境下物质实体显示的信息与太空失重环境下物质实体显示

① 谷安林等：《走近崇高，在光影中追梦——用光影塑造文化之魂的艺术家魏德运》，《光明日报》2009 年 6 月 12 日。

的信息，会发生重大变化。比如，中国“神舟十号”航天员所做的单摆实验，由于在太空中小球处于失重状态，失去了回复力，不能像在地面上一样做往复摆动。但如果给一个不大的力推一下小球，小球竟然可以做圆周运动。这是因为在太空中，小球处于失重状态，即使给小球一个很小的初速度，它也能绕摆轴做圆周运动；但是在地面上却需要一个足够大的初速度才能够实现。

再比如，地球表面的水会由高向低流。但在太空失重环境下，水是不会自己流的。诗人李白所描述的“飞流直下三千尺”，在失重状态下是不会出现的。

我们已经说过，信息就是物质存在方式和状态的自身显示。在太空失重环境下，物质存在状态和方式发生了重大变化，也就是物质实体信息发生了重大变化。

（四）实体传播的现场感符码传播很难模拟

实体传播都是在实物现场进行的，都由真实、特定的环境气氛相伴随，这种真正的现场感，符码传播很难营造出来。因而，实体传播往往给人的印象、震撼更强烈。一位优秀演员告诉中央电视台《文化访谈录》节目主持人马东，站在汶川大地震废墟中，他发觉自己不会演了。他看到小学生留在废墟里的一个个课本，课本上的红笔勾画，心灵上受到了极大震撼。虽然以前的表演技术不管用了，但这一体验将会决定整个后半辈子。

国际知名的华裔地理学家段义孚指出：“热带雨林是什么样子的？我们可能认为自己了解，因为我们见过那些图片和文献资料。但当我们确确实实置身于森林中时，我们可能会震惊地发现有些景象与我们想象的背道而驰，无法抗拒的绿色、环绕四周的稠密植被——这些在图片中我们已经看到过了，但是有些东西出乎预料：猿猴啼叫不休、鸟类啁啾私语、大象穿行林间呼气声宛若吹号，还有生长和腐烂的刺鼻气味以及像一条湿毛毯包裹着我们一样的溽热潮湿。”①除了视觉外，从听觉到嗅觉再到触觉，整体的环境氛围，图片和其他文献资料的确很难传达，更难让我们身处其中并把我们包围住。

心理学家尼克·福里吉达明确指出：“人们已经预先得到警示，当然只是言语上的警示时，死亡或分别也不会带来悲痛，只有一个人独自回

---

① 段义孚、志丞、左一鸥：《人文主义地理学之我见》，《地理科学进展》2006年第2期。

到家却发现人去楼空的时候，悲痛才会毫不留情地袭来。”①人去楼空的实体环境点燃了人悲从心来的火焰。

现代京剧《海港》中有这样一段内容，退休工人马洪亮六年之后探亲又回到码头：

> 看码头，好气派，
> 机械列队江边排。
> 大吊车，真厉害，
> 成吨的钢铁，
> 它轻轻地一抓就起来！

过去码头工人装卸是人拉肩扛，现在大吊车把成吨的钢铁，轻轻地一抓就起来。今昔对比，“看得我热泪盈眶心花开”，马洪亮感慨万千。

正因为实体传播独特的现场感，在重要的历史文物实物保护中应当重视留存其周围原有的环境面貌。“历史遗存是跟环境密不可分的，将其环境破坏了，孤零零地保留它，它的意义就要大打折扣。我们保留历史遗存的同时，也要保留它周围的环境。”②周围环境最好应该随着周围历史遗存的存在而存在，它的历史性、整体性和原真性应该像历史文物一样受到重视和保护。环境是理解历史遗存实物所载信息的重要背景。湖南长沙清水塘毛泽东、杨开慧故居，也是中共湘区区委旧址，当年距城区约1华里，周围是一片菜地，附近只有几间农舍、瓜棚等，现在已经变成了类似城市公园的那样一种环境。这对于参观者准确了解当年毛泽东、杨开慧开展革命活动和生活的实际情境显然是不利的。

还有一点也应点明，实体动作、行为营造某种氛围有语言所不具备的功效。

> 汉七年，长乐宫成，诸侯群臣皆朝十月。仪：先平明，谒者治礼，引以次入殿门，廷中陈车骑步卒卫官，设兵张旗志。传言“趋”。殿下郎中侠陛，陛数百人。功臣列侯诸将军军吏以次陈西方，东乡；文官丞相以下陈东方，西乡。大行设九宾，胪(句)传。于是皇帝辇出房，百官执职传警，引诸侯王以下至

---

① 〔美〕保罗·艾克曼：《情绪的解析》，海口，南海出版公司，2008，第85页。

② 陈望衡：《城市——我们的家》，《光明日报》2008年12月11日。

吏六百石以次奉贺。自诸侯王以下莫不振恐肃敬。至礼毕，复置法酒。诸侍坐殿上皆伏抑首，以尊卑次起上寿。觞九行，谒者言“罢酒”。御史执法举不如仪者辄引去。竟朝置酒，无敢讙哗失礼者。于是高帝曰：“吾乃今日知为皇帝之贵也。”①

皇帝之贵是在由一系列实体动作组成的庄重仪式中让人体会到的，没有这一系列动作营造出的气氛，就很难达到这种效果。这个事例能帮助我们理解实体动作、行为营造氛围的独特作用。

三、实体传播具有直接验证性和实践性

（一）直接验证性和实践性是实体传播的一大优势

实体传播的直接验证性是一种巨大的优势，是一般信息、文化传播所不具备的。一般信息、文化传播都不具备直接实践的品格，都需要放到特定的实践中去检验。因此，通常情况下，接受者都是要存疑的。正因为实体传播具有直接验证性的特征，所以它的传播效果非常好，是一般信息、文化传播所不能比的。

1967年年初，正式命名我国第一颗人造卫星为“东方红一号”并要播送《东方红》乐曲，让全世界人民都能听到中国卫星的声音。“东方红一号”的总体目标概括为四句话：上得去、抓得住、看得见、听得到。当时，全中国人民都看到了中国人自己制造的卫星从夜空中掠过，并从广播中听到了这颗卫星传送回来的《东方红》乐曲。上得去、抓得住、看得见、听得到也许对许多科学实验并非必需，但对当时的中国来说，非常需要让人们以耳闻目睹这种直接验证方式，来证明外国人能办到的，中国人也能办到——它大长了中国人的志气。

鲁迅说过：“比较是医治受骗的好方子。乡下人常常误认一种硫化铜为金矿，空口是和他说不明白的，或者他还会赶紧藏起来，疑心你要白骗他的宝贝。但如果遇到一点真的金矿，只要用手掂一掂轻重，他就死心塌地：明白了。”②真的金矿与硫化铜的轻重明显不同，所以把两者用手掂一掂就验证出来了。

使用物质产品的过程就是对这种产品质量的实际验证。当实际使用

① 司马迁：《史记》卷九十九列传第三十九《刘敬叔孙通列传》，呼和浩特，远方出版社，2002，第1297～1298页。

② 鲁迅：《随便翻翻·且介亭杂文》，《鲁迅全集》第6卷，北京，人民文学出版社，1981，第138页。

证明这种产品品质优秀时，你会深信不疑，因为这是你亲身的、直接的验证。消费者经过使用实践得到的认识是最有说服力的，此时任何的广告和其他说教都无效了。

我们来看星巴克咖啡店创始人霍华德·舒尔茨(Howard Schultz)，第一次喝到西雅图老式星巴克咖啡零售店(见图 3-2)的咖啡时的感受：哇！他把头向后一倾，眼睛睁得大大的——他尝到了一生中最浓烈的咖啡。看到他的反应，星巴克的人都笑了："是不是太浓了?"他咧嘴一笑，摇摇头："太诱人了!"喝完第三口，舒尔茨完全上瘾了。他突然觉得自己发现了新大陆，自己以前喝过的咖啡都像是在灌咖啡水！这种切身感受是听多少、看多少符码信息都不能获得的。正是这次亲身感受，或者说正是这次实体体验传播，使舒尔茨在返回纽约的飞机上喝了一口寡淡无味的航空咖啡时，马上倒掉了。也正是这次亲身感受，或者说正是这次实体体验传播，使舒尔茨下定决心到星巴克去。

图 3-2 位于美国西雅图的第一家星巴克咖啡店总是顾客盈门

(赵建国摄于 2013 年 4 月 16 日)

北京手递手信息技术有限公司总经理尤里·宜刘新是怎样开始学习汉语和来到中国的呢？那是暑假的一天傍晚，尤里去朋友家做客，生平第一次吃到了地道的中国菜——其实就是中国传统的水饺、面条和一些炒黄瓜之类的简单炒菜。但是，直到现在，尤里依然对那顿中国饭菜赞不绝口，他说在他第一次品尝到中餐时，就爱上了中国。这次在朋友家品尝中国菜以及那顿晚饭留下的美好印象，成为他学习中文的动力，它能够成为实体传播具有直接验证性的一个证据。

为了充分发挥物质产品实物传播的这种直接验证性优势，一些企业以试穿、试用为推销、传播产品的手段。在街头巷尾我们会经常看到一些电子治疗仪免费治疗活动，这就是一种主动的实体体检传播方式。

推销员也可以充分发挥实物传播的优势，来推销自己的产品。一位消防用品推销员见到顾客后，并不急于开口说话，而是从提包里拿出一件防火衣，将其装入一个大纸袋，旋即用火点燃纸袋，等纸袋烧完后，里面的衣服仍完好无损。这一戏剧性的表演，使顾客产生了极大的兴趣。卖高级领带的售货员光说："这是××牌高级领带"，没什么效果；但是，如果把领带揉成一团再轻易地拉平，并说："这是××牌高级领带"，就能给人留下深刻的印象。

对于人们不熟悉的最新产品，对于投资大和会给使用者收益带来重大影响的新产品，不经过使用、试用，就很难被接受。20世纪前半叶，布莱斯·瑞恩(Bryce Ryan)和尼尔·格罗斯(Neal Gross)在对艾奥瓦杂交玉米种子这一创新成果推广的研究中就发现，"新技术的采用是一个渐进和实验的过程。几乎没有农民在其所有土地上换种杂交玉米；很多人在改变前都先在一小块地上实验。"①

2013年中国"两会"上对代表马瑞强有这样一段报道：

他是一个"神人"。别人开两会，带着衣服带着书，可他，硬是把满满一箱子水果玉米从千里之外的内蒙古乌拉特中旗搬了来。刚到驻地，他就忙着给团里的代表送玉米："尝尝我自己种的玉米，含糖量、氨基酸、维生素都比普通玉米高，比普通玉米每亩还能多收入两三百元呢!"挨门送一圈下来，马瑞强成了内蒙古代表团里的"名人"。

开会咋还想着带玉米？面对记者的疑问，这位有着中国农业大学"农业微生物学"博士头衔的新代表挠挠头，笑了："我可是个标准的'职业农民'。农民最高兴的是啥事？还不是看着大家夸自己的东西种得好!"

别看读了博士，可马瑞强说，自己是个彻头彻尾的"农民代表"，这玉米是他头抵黄土两三年才种出来的。"刚回家时，乡亲们可不买账。我就拉着爸妈种，后来乡亲们看着效益好，种的也就多了。"如今，马瑞强的水果玉米专业合作社已有300多户，每年每户能增收两三千元。他还成立了水果玉米合作公司，团队是清一色的"80后"大学生，专门负责水果玉米的回购、经营和深加工。② 马瑞强使用的是实体传播的策略，水果玉米好吃不好吃，亲口吃过之后自有评价。凡是对自己的产品具有信心的人多愿意采用实体传播的办法让人们直接验证。

某项创新可以以低代价、低风险来试用就能够以较快的速度扩散。

---

① 〔美〕希伦·A. 洛厄里、梅尔文·L. 德弗勒：《大众传播效果研究的里程碑》，北京，中国人民大学出版社，2004，第112页。

② 邓晖：《带着玉米上两会》，《光明日报》2013年3月7日。

低值产品如牙膏、洗衣粉，可以租、借或在商店里试用的如电视机、电脑，它们的扩散速度就快。难以试用的如锅炉，扩散速度就慢。

中医药走向世界最主要的还是要靠自身的疗效，实际疗效就是一种实体信息和实体传播，它能直接验证中医药的实际效果。

（二）实体传播是最深刻、有力的传播

与直接验证性和实践性紧密相关，实体传播是最深刻、有力的传播，它的深刻和有力来源于“用事实说话”和“实践是检验真理的唯一标准”。

尽管通过灌输的方式可以对人“洗脑”，但存在决定意识、物质决定精神，实体传播会以实际存在这样最不容置疑的“硬”状态，以长期的、不间断的、潜移默化的、产生实际影响的方式显示自身的传播效果。

如果符码传播与实体传播产生矛盾的、对抗的、不一致的情况，实体传播最终将战胜符码传播。

四、实体传播信息接收的一个重要特征：多感官

由于实体传播的是立体信息、全部信息，又由于实体传播具有直接验证性和实践性，这就使实体传播在信息接收上产生了一个符码传播不具备的特征——多感官接收。接收符码传播的人体感官主要是眼睛和耳朵，鼻子（嗅觉）、舌（味觉）、身体（触觉）等感官不直接参与符码传播的接收过程（盲人触摸辨认盲文是个例外）。而实体传播的信息接收过程，则是人的全部感官直接参与的过程，这是实体传播在接收上的一个巨大优势。由于多感官的直接参与，就会使实体传播给人留下的感受、印象、记忆更深刻、更具体、更综合。

蒋勋记述自己初春游西湖时写道：“张开眼睛，看到雾、雪、水、天，弥漫的一片空白，闭起眼睛，空气里袭来梅花时断时续的香、皮肤上乍暖还寒的温度，听觉里不知何人荡桨，微微水波声，渐行渐近。”①符码的西湖只能看和听，实体的西湖不仅可以看和听，鼻子还可以闻到梅花等的芳香，皮肤还可以感受到西湖的温度。正是由于实体的花不仅可以看，还可以闻和泡茶喝，所以才有了 2013 年 6 月国家主席习近平走访哥斯达黎加国农户时，摘咖啡花请夫人彭丽媛闻花香的举动，才有了从古至今一直存在的饮食习惯等。

十二届全国人大一次会议新闻发言人傅莹给大家留下的深刻印象是，“回答问题往往从自我感受出发”。比如在谈到关于环境立法的问题时，

---

① 蒋勋：《西湖》，《美文》2014 年第 3 期。

她说："我每天早上拉开窗帘都要看一下今天有没有雾霾。"这样的出发点带来了亲切感，也带来了观念上的认同，许多人听了都会深有同感。[1]所谓"自我感受"就是一种体验。"看"是一种视觉体验，其实对于雾霾来说，看的同时，呼吸器官也在感受和体验。

1915年在美国旧金山举行的巴拿马博览会上，中国产的白酒原本陈列在农业馆里，一排排土里土气的褐色陶罐夹杂在棉花、大豆中间，几乎没有人停下来看它们一眼。于是，为了引起评审团的注意，听从有关人士的提议，决定把所有的酒类展品都移到食品馆中。在移动过程中，不小心一个陶罐摔在地上被打碎。意外的小"事故"却换得没有料到的好效果：浓郁的酒香向四处散发让现场的人都闻到了，引得不少观者流连驻足。中国巴拿马赛会事务局局长温州人陈琪灵机一动，马上决定不再更换陈列馆，只取几个空酒瓶敞开瓶口，把此酒分别倒入其中，任酒挥洒香气；同时，旁边放几个酒杯，让参观者品尝。果然，评审委员纷纷闻香而至，品尝以后更是连连赞赏，最后此酒获得荣誉奖章——这就是后来被称为"国酒"的茅台。从此，产自贵州小山城的茅台酒蜚声海外。试想，如果不是实体传播，不是酒香的沁人心脾，茅台酒何时走向世界就另当别论了。

几乎所有的实体传播都具有多感官接收的特征，而且由某种特定感官留下的习惯和记忆有时是非常顽固和难以改变的。作家雷抒雁就认为"在人类所有的记忆里，我以为味觉的记忆最为深刻，最为顽固。"李存葆也说：听觉、视觉、嗅觉、触觉都是见异思迁，随遇而安的家伙。"唯有味觉是恋栈原始，拒绝遗忘的。"雷抒雁这样记述自己母亲的口味：

> 我的老母亲，已是八旬高龄，总惦记着家乡县城钟楼巷里那家卖馄饨的。说那馄饨皮薄，馅香，煮馄饨的汤，是老母鸡炖的。还有家乡的蜂蜜与凉粽子，甜、软、香。老太太说起这些时，总会蠕动嘴唇，还要不时用手擦擦嘴。北京有的是馄饨，有的是凉粽子，不行，吃了后，说不是味，不如家乡的好。我和老娘开玩笑，说有位皇帝想吃"珍珠翡翠白玉汤"的故事，逗得老太太直乐，说："也怪，这口味一旦有了，硬是改不了！"[2]

---

① 李玉滑：《把真切感受带到两会》，《光明日报》2013年3月7日。

② 雷抒雁：《舌苔上的记忆》(散文)，《朔方》2001年第4期。

一位移民到美国已有7年在旧金山做导游的华裔女士说，移民到美国的中国人，过上一年半载就要回到故乡，重要目的之一就是解馋，因为太想念家乡的口味了。他们回到美国时往往体重就要增加几斤。即使中国饮食安全方面多次暴露出问题，他们仍甘冒风险来一饱口腹之欲。可见味觉信息之难于忘怀，舌尖上也有悠悠的乡愁。

关于味觉的顽固性，还有一个令人啼笑皆非的案例：

> 一位浙江老板，从欧洲原装进口葡萄酒，随后通过勾兑和添加色素，1瓶原装酒被分装成6瓶，3年净赚了5000万元。他时时被负罪感折磨，终有一天下决心只卖真酒。然而，部分老客户的味蕾对勾兑酒早已产生依赖，言辞强烈斥他“卖假酒”，要求他换回原来的酒。①

部分老客户的味蕾已经将错就错，认假不认真了。

身体对不同衣料的感受；食品消化过程中口腔、消化道的特有感受；戴上近视镜或老花镜之后视力的变化；戴上助听器之后听觉的改善；就医服药之后生理和心理上的改善，比如咳嗽缓解了，腿不疼了，由失眠转而能正常入睡了，等等，这些都是符码传播所不能带给我们的。

五、最畅销、使用面最广的物质产品传播能力最强

显而易见，知名品牌的传播能力要超出一般产品的传播能力。这不仅是因为这些知名品牌做广告的范围广、力度大、持续时间长，更重要的是这些知名品牌自身在人们工作和生活中广泛、长期被使用，而使用是最实在的传播。

蒸汽机船发明者是法国人居夫洛瓦·泰巴、美国人约翰·菲奇、英国人威廉·希明顿等人，但是他们发明的蒸汽机船都没能真正投入实际商业运营。后人只记住了美国人罗伯特·富尔敦，中外教科书中都把蒸汽机船的发明归功于他，因为他使蒸汽机船投入实际运营。1807年，他的配有驱动明轮的瓦特式蒸汽机的“克莱门托号”汽船在哈德逊河下水，行驶了大约241千米，随后运用到商业航行。麦考尔·鲁宾逊在汽车发明家福特博物馆所拥有的“苏万尼”号轮船上如此写道：“把伟大的发明家忘却，而只记住普及发明的人，这种现象绝非个别。富尔敦绝不是蒸汽

① 李晔：《红尘中的禅修》，《解放日报》2013年9月5日。

机船发明者，他的功绩是把蒸汽机船变成实用的运输工具。在富尔敦之前有许多人制造出蒸汽机船，其中取得成功的最早发明家是居夫洛瓦·泰巴。富尔敦在里乌哥斯特的支持下首先使蒸汽机船实际运营，并取得成功，从这一点来看，他的功劳是巨大的。”人们从正在航行中的众多蒸汽机船身上，看到和想到的当然是富尔敦，而不是其他人。

在纪念中国科协成立50周年评选活动候选项目“中国10位传播科技的优秀人物”中，有汉字激光照排系统的创始人和技术负责人、被誉为“当代毕昇”的王选。他领导研制的汉字激光照排系统为新闻、出版全过程的计算机化奠定了基础，被誉为“汉字印刷术的第二次发明”。他领导研制的华光和方正系统占领了国内报业99%和书刊(黑白)出版业90%的市场，以及海外华文报业80%的市场。所以，王选作为中国10位传播科技的优秀人物之一当之无愧，尽管他的主要贡献不在著述和一般意义的科技传播上。占领市场是科技的一种最有效的传播方式。

第三节　实体信息、实体传播的局限性

我们已经充分肯定了实体信息、实体传播的优势，然而，其缺点或局限性毫无疑问是存在的，也不能忽视。

一、直观、形象，但准确性较差

物质实体尽管蕴藏着丰富的信息，但这些信息并不都是显在、易懂的。尽管可以直接观察到实物产品本身活生生的外在形态，但知识含量越大，一般人从实物产品本身直接获取的信息越难、越不准确。如果没有懂行人的指导、帮助，不借助说明书，许多实物产品不易使用和操作。

实物所传达的信息可有多解，因而也令人费解。《红楼梦》第三十四回中，宝玉遭贾政毒打，黛玉偷偷看过宝玉，回潇湘馆暗自洒泪。宝玉派晴雯给黛玉送来两块手帕。黛玉写道：“尺幅鲛绡劳解赠，叫人焉能不伤悲?”她之所以对宝玉送来的手帕“劳解赠”和“伤悲”，一个重要原因就是这种实物并没有直接说出的明确信息。同样，“窗前亦有千竿竹，不识香痕渍也无。”林黛玉的情愫(香痕)更加难以捕捉，如果不细细揣摩就连“渍也无”。

二、传播链易断，内容容易失真

某种新的实物产品流传到一个地域，最初的使用者只是少数。关于

这种新产品的信息，可以通过人的口、耳形成多级弱传播链。但由于传播链上的每一个人都不是专业的传播人员和传播机构，他们没有任务也没有义务来传递这些信息，所以这是一种松散的、弱传播链，传播缓慢而易中断。

也由于这是一种人际传播，在互传中每个人的记忆能力不同、知识水平不同、表达能力不同，传播内容很容易走样变形。

三、借助其他传播形式才能获得理想的传播效果

实体传播是符码传播的主要传播源，也是最重要的传播方式之一。但仅靠实体传播单一的方式效果往往不理想。把实体传播与符码传播结合起来往往能够达到最佳的传播效果。实验教学、教学实习、实地考察的重要目的之一就是力图达到实体传播与符码传播的有机结合。有了实物产品之后，还需要有介绍这些实物产品的书籍和其他符码传播方式，才能使这种实物产品得到广泛使用和传播。

照相技术传入中国就是一个实例，它正是通过实物传播与译书相配合传入华夏大地的。英国伦敦传教士德贞于1860年来到中国后，在北京开办医院用照相技术为人治疗，并到宣武门大街当众演示，引来许多人围观，照相术开始在京城内外传播。尽管有人斥其为异端邪术，认为照相是取“目睛之水”“人心之血”，但仍有许多人亲自向德贞求教，并口口相传。后来德贞出版《脱影奇观》一书，实物和专门书籍的相互配合使照相技术逐渐得到广泛传播。

实体信息传递过程与一般传播活动中的信息传递有一个重要的不同，就是信息的流动往往与具体的物质实体随影随形。而一般传播过程中的信息流动，尤其是现代传播的信息流动与物质实体是分开的，信息只与传播媒体发生关系，而与信息所描述的对象彻底脱离了关系。一般传播活动信息所指的对象是不在场的，而实体传播信息所指对象绝大多数情况下是在场的。

一般传播活动信息需要承载它的传播媒体，而实体信息传播多数情况下信息承载者就是实体本身。不需要媒体，实体自身也能将信息传递出去。俄罗斯有一句谚语：“裙子是最好的广播电台。”意思是说，物质产品也会说话。产品同样是眼见为实，消费产品之后人与人之间的口口相传是最有效的宣传手段。

正因为物质产品传递信息与实物随影随形，所以这种信息不能复制或复制成本比符码传播要高得多，同时在传播过程中物质产品本身也会

有损耗。这些都是实体传播的缺点。

第四节 实体传播与符码传播结合效果最佳

一、实体信息与符码信息相结合

实体信息与符码信息、实体传播与符码传播结合效果最佳。比如，笔者看到四川“资中血橙”包装箱上有简要的文字说明，这种橙子果肉似血，尤其是一打开血橙果皮马上会得到验证，这个名字蛮贴切。

上面只是一个简单的、静态的符码信息与实体信息相结合的例子，下面再来看动态的例子：

有一句汉语成语叫作“言传身教”。“言传”，主要是符码传播，“身教”主要是实体传播。所谓“言传身教”，说的正是实体信息、实体传播与符码信息、符码传播相结合才能达到最佳的教育传播效果。

通常，人们在传情达意时会尽量采用语言与实物、动作相结合的方式，因为这种方式才是最有诚意和全面的表达。胡松华的《赞歌》“从草原来到天安门广场，高举金杯把赞歌唱”“高举金杯”与“把赞歌唱”即实物、动作与语言符号混合使用。《祝酒歌》也是如此，“美酒飘香歌声飞，朋友啊请你干一杯”，喝美酒与唱歌一起表达胜利的喜悦。

藏族歌曲《心中的歌儿献给解放军》中有段歌词：

不敬青稞酒呀
不打酥油茶呀
也不献哈达
唱上一支心中的歌儿
献给亲人金珠玛

其中“唱上一支心中的歌儿”则完全用语言符号来表达思想感情，然而敬青稞酒、打酥油茶、献哈达都是藏族人用实物和动作表达心意的方式，虽然用了三个“不”，但在这种否定中仍然肯定了它们是藏族人常用的表达心意的方式，正因为常用，今天就只用唱歌的方式来表达心意了。

二、以武当太极拳传习的“三种语言”为例

太极拳由元末明初的武当道士张三丰始创(关于太极拳的创始人，有

不同看法)，流传至今，已有几百年的历史。随着历代传人的继承和发展，太极拳衍化成风格各异的不同流派。从外形动作上很容易区分，但各家各派在本质上又都符合太极阴阳转换的原理。当代知名太极拳技击家陈太平认为，传统的武当太极拳传习时通过“三种语言”来描述并保证其传统韵味不致丢失。这三种语言指文字语言、肢体语言、心灵语言。下面我们摘录其一部分文字来看武当太极拳是如何传习的。

目前，习练太极拳的人众多，但与前贤们相比，功夫相去甚远，这是为什么呢？根本原因在于习练者把太极拳的外形当作了根本，大部分太极拳比赛，比的也仅仅是动作是否规范，是否跟教科书上的一致，求的无非就是一个外在形似。目前流行的太极拳的学习方式，要么是根据书练，要么是跟着光盘练，或者报个培训班学习。一般来说，一期培训班时长也就一两个月，结束后，学生常就以为学会了，殊不知这只是浅尝辄止。

过去的拳经上讲：“不求形骸似，但求神意真。”太极拳代代相传，如何保持其神韵和气象，是个根本性的问题，仅仅依靠几卷文字、几段视频远远不足以全面展示其“质”。

传统的武当太极拳阴阳结合，刚柔相济，开中有合，合中有开，螺旋缠绕，虚实分明，动中有静，内外统一，传习时通过“三种语言”来描述并保证其传统韵味不致丢失。太极拳习练者借助文字语言而明理，依赖肢体语言而懂劲，最终升华于心灵语言，这是一个层层推进、循序渐进的过程，三种语言共同发挥作用，从而保证太极拳形神兼备，历久而味正。

(一)文字语言

文字语言，是指武当太极的训练模式可以用文字、图片、影像等形式去叙述、记录，形之于有效的媒介表现。太极拳传习的入手处即是文字语言，借助于文字语言，习练者可以明“太极”之理，从而有章可循，有据可查。

广义地说，真传下来的拳谱、前辈们的图片和影像，都是非常宝贵的资料，都可以称为是文字语言的一部分。意拳宗师王芗斋先生云：“拳本无法，有法也空；一法不立，万法不容。”是说学拳在学成之后要弃法而灵活运用，但在学习时是一定要讲方法的。在学习阶段，前贤们的论述，对后学者有很好的启迪作用。文字语言就如同教科书一样，可以帮助习练者建立起直观的印象，使其不再迷茫。但修炼太极拳更要以身学拳，不能只求心懂，所以任何文字语言都只能作为辅助工具使用，不可仅仅局限于此，成为空谈家，这一点习练者不可不察。

只有真修实练的人，他留下的东西才有参考价值；而本身功夫练不到家，只是有一个官方身份的人，虽然看似名头很大，也可能会给人以误导。同样一个人，在不同时期，感悟也不一样，留下的资料也会有所区别，习练者也必须要注意，看其是在初出茅庐之时留下，还是在功夫大成之后留下的？是在年轻力壮、身体鼎盛时期留下，还是在年老多病时留下的？曾有前辈说过："学拳不能学成老头拳。"这种说法颇有道理，人年纪大了以后，内心的体会可能更深，但动作往往做不到位，因此其招法外形对于初学者来说未必是很好的参考。另外，前辈讲述东西，或者录制影像时，要注意他周围都是些什么人：有时为了应付场面，许多前辈也往往会说一些面上的东西，对于这些，姑且听之即可；但假如前辈是讲给自己的子女、爱徒，这些文字语言就需要认真研究；而如果是为了流传后世的，那就是武学瑰宝了，更要重视。目前，文字语言的东西流传于世的很多，习练者一定要学会分辨甄别，才能从其中挑出有真正价值的东西来。

（二）肢体语言

肢体语言，指老师把动作做出来，让学生去体会。太极拳传授时使用肢体语言，能够使学生对古法太极明其意。通过走架，弄清每一拳每一势的"法"和"术"，才能越练越精。

肢体语言属于"身传"的范畴。有种说法是："宁传十口，不传一手；宁传十手，不传半摸。"很多时候，外形动作相似，但做这些动作时身体肌肉的劲力转换、气血的鼓荡，等等，都掩藏在衣服之下，从外表上是看不出来的。老师打出一式，到底用什么样的劲，打在身上有什么感觉，单靠看是看不出来的，更是语言难以描述的。师父就如同大厨，做一桌子菜，弟子看到菜的外形只在其次，吃到嘴里，尝到味道，才能洞悉其个中滋味，也才有可能做出相同的菜肴来。

拳谱有云："形正则气顺。"身正形顺，则内劲自出。寻访真师，就是为了正形。形正，并非指每一招式的运行路线固守不变，而是指身法要领正确。清朝武禹襄在《身法八要》一书中提出太极拳拳架的标准：提顶、吊裆、涵胸、拔背、松肩、沉肘、裹裆、护肫。其传人郝月如又总结前辈心法，增加了腾挪、闪战、尾闾中正、气沉丹田、分清虚实等身法。拳谱里，讲述身法要求之处很多，要领也很多，但是光凭这些文字，学生还是不知道应如何下手，更不知道怎么样才算做到位，每个招式是否应该用力？该用一分力还是三分力？……书上都无迹可寻。身法又是太极拳的关键组成部分，应该从学生练基本功时就开始调节，贯彻到走架、打手、散手等各个阶段。各家太极拳招式都不尽相同，但身法却殊途同归。前辈名家教拳，多要求学生对每一拳势知其名称，熟其法度，明其用法，晓其变化。如果身法修炼得当，再掌握其他要领就比较容易，易于融会贯通。

那么，怎样才能验证形体是否到位呢？这就需要老师对学生进行调形。当局者迷，旁观者清，身形是否到位，练的人往往自己难以感觉得到，身边的老师却容易看出，对学生指出后，学生把形体调节到位了，打出来的感觉自然就不一样。

太极拳创始之初，即作为一种技击术，每招每式都有具体的攻防含义。至今仍流传着陈王庭、陈长兴、杨露禅、杨班侯等前辈们出神入化的技击故事。习练者常常以为，学会了太极拳的招法，就掌握了太极拳的技击。其实不然，太极拳招法是前辈们千锤百炼，总结出来的武术精华；而技击对抗时，对手是活人，不是木头，不可能让你痛快淋漓地去发挥每招每式的威力，你只能因敌制变，以示神奇。太极拳架就是“以意识为主宰”，在心理意识的作用下，逐渐形成下意识的肢体运动，这在太极拳理论中称为“知己功夫”。技击对抗是一种下意识（自然本能）的攻防运动，彼时拳脚交错，容不得你用理想化的招式去攻防，一旦应用失败，初学者往往会对太极拳的实用性心生怀疑。这大可不必，须知，武当太极的技击训练是一个多层次、多阶段的完整的训练体系，并不是仅仅学会了盘架、掌握了招式就能概括的。

太极拳是以八个劲法“棚、捋、挤、按、采、挒、肘、靠”为主要技击方法，运用的核心是粘、连、黏、随，以不丢不顶、顺从不离、随屈就伸、人刚我柔为原则，使对手进退不得，完全被我之劲所控制。

从文字上看，就是简简单单的几句话，具体感觉却只能通过肢体语言来感知。肢体语言能够清晰地描绘出来每种劲法的内涵火候的变化，老师做不出来，学生根本无从体会拳法的精妙。太极推手是肢体按照“棚、捋、挤、按、采、挒、肘、靠”八劲法要求，进行的有一定对抗意义的条件反射运动，在太极拳理论中称为“知人功夫”。古拳论中说：由招数渐悟懂劲。太极拳的懂劲功夫是经过长期训练得出来的，前贤有云：“以心行意，以意行气，以气运身，随感而发。”太极拳家就是依赖于这种平素练就的下意识的感知和身体反应能力，来应付各种复杂的技击场面，有时出手动作做出之后自己才意识到，这就比单纯的比试招数技高一筹。前贤们所追求的就是这种“人不知我，我独知人”的功夫。

通过修炼太极拳的盘架和推手，可由招熟到懂劲，在这个阶段，劲法及拳法的火候要靠老师指导和自身苦练才能真正习得，这其中，肢体语言的作用非常关键。

（三）心灵语言

心灵语言，是指习练者在功夫已经上身的情况下，所形成的个人特色。

武当太极拳属于道家功夫，在传授中也有显著的道家特色，即“不惟传法，更重心传”。心灵语言属于“心传”的范畴，这是传统武当太极拳有别于流俗太极拳之所在。

初级阶段的学习，主要靠习练者自己练习；中级阶段的功夫，学生要在老师的帮助指导下修炼；到了高级阶段，则是老师直接传授了。武当太极拳的修炼从有形有相进入无形无相，以有感立应、本能反应为根本，在不同时期，要领亦有所不同，到了高级阶段，归于自然而然，脱乎规矩又合乎规矩，其中玄妙难以尽言。

当然，心灵语言也是因人而授，习练者本身的功底必须足够，另外，还要跟老师之间有足够的心心相映的感应力，才能够进行传承。历来传法弟子的选择都非常严格，笔者在此介绍这种传法方式，并无自神其术之意。①

需要说明，这里所说的“肢体语言”和“心灵语言”与“文字语言”有所不同。“肢体语言”的实质是肢体动作，是“指老师把动作做出来”，属于“身传”，属于动作传播；作者特意强调“单靠看是看不出来的，更是语言难以描述的”“需要老师对学生进行调形”并“常给学生们示范”“老师做不出来，学生根本无从体会拳法的精妙”；还有就是“老师指导”再加“自身苦练”才能真正习得。“心灵语言”则是“老师直接传授”的“高级阶段”，它是用形体动作显示出来的动势与神韵，非语言所能描述表达，只可意会不可言传。根据书练、跟着光盘练只能达到形似，远远不足以全面展示其“质”。

总之，“文字语言”属于符码信息和符码传播；“肢体语言”以身体动作传授为核心；“心灵语言”是“心传”，是“心心相印的感应”，更离不开师徒身体间的直接对抗式接触的体验，文字语言根本无法传授。上述三者的有机结合就是武当太极拳的独特传播链，它也代表了中国武术传习的一般规律。“文字语言”“肢体语言”“心灵语言”的综合使用，正体现了符码传播与实体传播有机结合能达到最佳传播效果这样的规律。

---

① 陈太平：《传统太极拳传授的“三种语言”》，《书摘》2012年第6期。

第四章　实体传播体验

所谓实体传播体验，是指所有的实体传播都伴随着主体的亲身经历即体验。实体传播与体验有着内在的、密切的关联，考察体验是研究实体传播的分内之事。把实体传播与体验联系起来考察，也是有意义的尝试。

体验在美学、旅游、体验式教育、体验经济方面研究多一些，但总体上还是一个有待深入研究的对象。对体验的研究很有必要，因为人的一切生理和心理活动、实践和认识活动都是体验性的。

在本章中，笔者提出了体验式传播这一术语。为了理解体验式传播，首先要理解什么是体验。

第一节　体　验

一、体验的概念

按照《现代汉语词典》的解释，体验有两个含义：一是指通过实践来认识周围事物；二是指亲身经历。体验在英语中为 experience，它有经历、经验和感受、感觉的含义。我们所说的体验主要是指《现代汉语词典》中的第二种含义和英语的含义。显然，体验与感觉紧密相关，感觉是将接收到的信息传入大脑的手段。感觉也就是体验。体验的前提是参与，参与才能获得感觉。当然，我们所说的体验并不排斥《现代汉语词典》中的第一种含义。

中国人经常用"以身体之，以心验之"来解释体验。"以身体之"告诉我们身体是体验的主体，没有身体的参与就很难形成体验；"以心验之"告诉我们体验的结果作用于心灵、心理、头脑。中国古代哲学是一种注重"行"的哲学，强调"体验"，以"体"悟"道"。

按照神经生物学的解释，体验是人脑中负责不同功能的区域或系统（知觉或情感系统）所引起的反应，是生理系统、认知系统和情感系统互动之后所产生的一种凝聚知觉认知、感觉与思考的结果。体验是一种包含感受、情感、理解、联想、领悟等多种心理成分的复杂心理活动和心理过程，是人们把握世界的一种心理形式。

体验的主体是人，体验的主要对象是客体世界(所有事物)，体验的主要途径是实践，体验的结果是获得主观感受。体验的特征在于主、客体之间发生实际意义的关系，“主客同一”“物我同一”，自我仿佛移入客体中更是体验的理想状态。在体验活动中，主体有一种强烈接近客体甚至感到与客体同一的心理倾向，中国人所说的“天人合一”就具有明显的体验色彩。

还需要指出，虽然体验的主要对象是客体世界，但人也有对自身的体验，比如对自身某一器官疾病的体验。

应该区分体验的过程和体验的结果。“把握体验必须把体验过程与体验结果加以区分，虽然实际中的体验活动与体验结果是密不可分的，体验活动必产生体验结果，体验结果也必来自体验活动；而从逻辑上说，体验活动在先，体验结果在后。特别不可忽视的是，体验活动或体验过程是客观的，体验结果是主观的。”①正如苏联心理学家瓦西留克所说：“体验活动的结果总是一种内部的主观的东西——精神平衡、悟性、心平气和、新的宝贵意识，等等。”②体验的结果是形成主体对客体的亲近或排斥态度、感受和领悟等。领悟并非逻辑思维的直接产物，它更多地与直觉、顿悟、灵感相关联。

在汉语中，体验与经验的含义很接近。经验主要有两个含义：一是从多次实践中得到的知识或技能；二是人亲身经历。就第二个含义来说，与体验完全相同。但经验强调在实践中得到的知识和技能，比如，我们可以说一个干部“农村工作很有经验”。而体验则强调在实践中得到的感受与体会，比如，我们可以说一个作家“对农村生活有深切体验”。经验更带有科学意义，因而更实用、有效。体验则更带有独特性、个体性，有突出的身体感觉色彩，有时诗意成分还较浓。经验和体验都是亲身经历，但在这种亲身经历中，获得了知识和技能大体就属于经验范畴，获得了独特的身体感受大体就属于体验范畴。有亲身经历不一定能够获得相应的知识和技能，同样有亲身经历也不一定能够获得深切的感受。但直接经验(经历)始终是产生深切体验的必要条件。

二、体验的特征

体验有如下特征：

其一，亲历。亲历即直接感受，亲身经历和直接经验对于体验的形

---

① 王智：《价值与体验》，南宁，广西师范大学出版社，2008，第43页。

② 〔苏〕瓦西留克：《体验心理学》，北京，中国人民大学出版社，1989，第11页。

成必不可少。若对某一事物从未接触过，没有与该事物相关的任何直接经验，就不能形成体验；直接接触该事物乃是形成体验的不可缺少的条件。体验需要亲历，别人无法代劳、无法代替。

其二，以感性为主。体验是感性的代名词，虽然体验也是一种认知活动，但它以感性把握、感性认识为主。认知活动也能产生体验，但这种体验主要不是对客体与主体关系的体验。体验活动过程中，主体对事物的把握不单是认知把握，更是一种内心感受(包括情绪感受)。

其三，差异性。差异性是指，即使对同一件事物每个人的体验都是不同的，体验带有个性特点；即使对同一件事物有的人体验深切，有的人体验肤浅。这一点是与体验的感性特征相关的。

其四，不可传授。体验是一种独特感受，甚至只可意会不可言传，它无法通过学习获得，只能亲身经历才能获得。人们可以以间接的方式获得知识，但不能以间接的方式获得体验。庆堃在邀请费孝通到美国去的时候写了一封信，其中有这么一段话：“我也许不能在字里行间传达这另一种乐趣和境界给你，所以我只希望你早一些来这个世界，这个在地球另一面的世界里，我相信会给你看见人生的另一道路。”①文字传达和亲自到达那里体验显然是不一样的，文字传达不能代替实境的体验。

三、体验的分类

每个人在自己的一生中，有积极性的体验，也有消极性的体验；有欢乐的体验，也有悲伤的体验；有主动的体验，也有被动的体验；有精彩的体验，也有平淡的体验；有深刻的体验，也有浅显的体验。有感官体验，也有心灵的感悟——心灵感悟也是一种体验方式。主体性这个概念就意味着人们是如何真实地体验这个客体世界。

品味是体验的一种，它更多地与积极体验联系在一起，主动用心地感受积极体验是品味的核心内容。有意识地注意周围的积极事物，有助于获得更多的快乐和增强幸福感。研究显示，像海伦·凯勒《假如给我三天光明》中所说的那样，把每一次积极体验都当作一生中最后一次，主观幸福感会显著提高。多品味日常生活，发现生活中细微的美好，抓住瞬间，充分享受每一刻带来的快乐，会增强幸福感。

体验可以有多种分类：

第一，主动体验与被动体验。主动体验，是人们完全根据自己的意

① 费孝通：《初访美国、访美掠影、重访英伦》，北京，东方出版社，2007，第5页。

愿，有意识、有目的地去体验。被动体验，是人们在外在因素的控制下，不由自主地进行的体验。

第二，原体验与再体验。原体验也称第一次体验，再体验是对某种体验的重复。

原体验最有新鲜感，印象也最深。但再体验往往对于认知一个事物是必要的，它具有再验证的作用。体验需要不断积累。法兰西艺术学院院士并曾任两届主席的法国当代著名雕塑家让·卡尔多指出："面对大自然我们更多的是需要一种感受，而不是去简单地模仿。比如，我也会在大自然写生，也会面对一些风景画一些画带回家。但当我再看这些画时就会发现，我在当时感受到的大自然的那种力量、那种清新，在我的画上已经一点都没有了。这个时候，我就觉得它已经不是一个作品。我就会让这种东西在我身上继续停留，继续积累，直到这种积累最后产生出一种新的形式，能够表达出我当时感受到的大自然的时候，我觉得我就完成了一个艺术创作。"①他所说的"面对大自然我们更多的是需要一种感受"，就是要体验大自然，他所说的积累，就是对大自然感受、体验的积累，这种积累达到一定程度时才能进入艺术创作佳境。

第三，日常生活体验、认知体验与审美体验。日常生活体验也可以叫作世俗体验，它是人们面对日常事物时都会产生的体验。日常生活体验是人的一种最为普遍的、最为常见的体验。

认知体验以获得信息、了解事物存在状态和方式为主。认识论把体验作为认识客观世界的一种认识方式。当然，体验区别于理性，正如前面已经说过的，它主要是一种感性认识活动。同时，"对体验来说，它永远是个性化的，不存在一种大家都相同的体验。这就是认识和体验的区分。"②

审美体验则是对世俗体验的升华，是个人对美和艺术的独特感受和领悟。

日常生活体验、认知体验与审美体验并无绝对界线，日常生活体验可能有审美体验因素和认知体验因素，而在审美体验和认知体验中，也不可能把日常生活体验排除净尽。

第四，直接体验与间接体验。按人们是否亲身经历实际场景，体验又可以分为直接体验与间接体验。

直接体验也就是真实体验，它是人们在现实生活的空间与时间内，

---

① 范曾、〔法〕卡尔多：《"离开了法则就不存在艺术"》，《光明日报》2014年10月13日。

② 张奎志：《体验批评：一种新的文学批评观》，哈尔滨，黑龙江大学出版社，2008，第16页。

对亲身经历过的人和事的感受、领悟。直接体验又有强弱之分：一种是直接参与其中，该事件和人物可能对参与主体的人生轨迹产生影响，直至改变参与主体的命运；另一种是身处其侧，直接目睹耳闻事件的发生、发展过程，因而印象深刻，记忆犹新。对那些改变了主体命运的直接体验，参与主体的体验是刻骨铭心的。在直接体验中，主、客体之间几近融合为一体，主、客体的这种相互融合关系，就使体验者更能感受到客体的某些属性。

间接体验也可以叫作虚拟体验。它来源于街谈巷语或传播媒体，主体并未亲身经历这些事情。主体在接触这些信息后，一般会以此为蓝本进行想象和加工，试图在一定程度上“还原”事情本身。

可以这样说，若体验对象与体验主体双双在现场，这种体验便是直接体验。反之，若体验的内容是事情的影像，是符码信息，这种体验便是间接体验。直接体验，客体对主体来说是实在的、具体的；间接体验，客体对主体来说是虚拟的、符码化的。显然，直接体验是间接体验的基础。

直接体验与间接体验，是下面将要谈到的体验式传播的知识基础。

四、高峰体验

高峰体验是一种特殊的、极有价值的体验。

美国心理学家马斯洛在调查一批有成就的人士时发现，这些人常提到生命中曾有过一种特殊经历，“感受到一种发至心灵深处的战栗、欣快、满足、超然的情绪体验”，他把这种感受称为高峰体验(peak experience)。当实现了超越自我的自我实现时往往会出现高峰体验。在高峰体验中内心会出现畅然、舒缓、欣喜、战栗、超然等感受，充满幸福感和成就感，没有任何焦虑。高峰体验可来自爱情、性爱，来自审美，来自与大自然的交融，来自创造冲动和创造灵感，来自意义重大的顿悟与发现，来自某种体育运动精彩瞬间或胜利一刻等。

然而，高峰体验虽然美妙，但可遇不可求，没有任何一种办法和途径能确保高峰体验出现。它是在自然的、非强迫和非控制的状态下产生的。愿望和意志并不能导致高峰体验出现，当然，心境好的人和处于较好环境下更容易产生高峰体验。与间接体验相比，直接体验更可能产生高峰体验。

高峰体验可以包括爱情高峰体验、性爱高峰(高潮)体验、审美高峰体验、旅游高峰体验、创造(灵感、顿悟)高峰体验、幸福高峰体验等。

在日常生活体验、认知体验与审美体验中，都可能产生高峰体验。审美中的高峰体验是一种美的极致体验、极值体验。认知活动中灵感的突然出现，公认的难题瞬间解决时的豁然开朗，当然也是高峰体验。认知和体育活动中的高峰体验体验到的是创造感、成功感、成就感、超越感。日常生活中也有高峰体验，比如，性生活中的高潮体验，身体极度亢奋、心理和生理得到极大满足。

审美高峰体验(包括旅游高峰体验)是一种美的极致体验、极值体验。可以用"震撼"和"沉浸"这样两个词来表达进入审美高峰体验和旅游高峰体验时的心理状态。审美者、旅游者被美震撼了，沉浸在美中。还有两个词可以描述这种"沉浸"状态，一个是"物我两忘"，一个是"神游"。"我"和"物"的界限消失了，完全融为一体。神情完全飘游在美的意境中，别的什么也感觉不到。当审美者、旅游者凝视延续了很长时间尚浑然不觉，完全沉浸在被凝视的美中，此时，就可以断定，已经进入了高峰体验。

需要注意，对高峰体验的追求可能会降低人们品味日常积极体验的能力，"曾经沧海难为水，除却巫山不是云"，这并不难理解。其实，以童真的好奇心去观察和体验那些在常人看来平淡无奇的事物，那些司空见惯、毫无意义、不值一提一想的事物，一旦体味并看懂了它们，本来枯燥、乏味的世界就变得意味无穷、意味深长了。

吸毒也可以达到类似高峰体验的那样一种感受，但那是一种短暂、虚幻的满足，很快就会陷入更加痛苦的境地而不能自拔。

五、生命的过程就是体验的过程

体验立足于感性生命，穿越现象世界，扎根于生命之中。体验是人的生存方式，也是人追求生命意义的方式。人时时刻刻都可以体验生命，生命体验是最珍贵的体验。体验是生命存在的重要标志，失去体验能力，生命也就结束了。人如果失去了感觉器官对生活世界的体验，就会出现生存危机。

心理学中有个著名的"感觉剥夺"实验，就是在特定时间内剥夺被试者的一切感觉刺激来源，使其处于一种和外界环境刺激高度隔绝的特殊状态。1954 年，加拿大麦克吉尔大学的心理学家首先进行了这个实验：为剥夺视觉，给被试者戴上半透明的护目镜；用空气调节器发出的单调声音限制其听觉；为限制触觉，手臂戴上纸筒套袖和手套，腿脚用夹板固定。被试者连续单独待在实验室里三四天后，会出现错觉、幻觉；注意力涣散，思维迟钝；出现紧张、焦虑、恐惧等病态症状，实验结束后需数日才能恢复正常。

在“感觉剥夺”实验中，几乎每一个被试者都有一种难以忍受的空虚和恐惧，有的人不得不中途放弃了实验，逃回能够获得正常感觉体验的现实世界。

人的感觉器官是体验产生的基础，作为体验基石的感觉是自我存在的第一证明——我体验到我能感觉到周围的事物，就是我还活在这个世界上的证明。人的一切活动都伴随着体验，人们每天都在体验并感受着自己的体验。每一个体验都是生命过程，体验存在于生命之中，人无时无刻不在体验着。一个人具有多少种生活经验和生命经历，就有多少种体验。所谓体验，就是生命和身体的经验和感受。在许多体验中，客体被充分生命化、被内化，成为主体生命的一部分。

人死时，财富、地位都不能带走，能带走的是各种体验。在著名英国学者罗素看来，年岁大的人经历了各种欢乐和悲伤的体验之后，体验了他所干过的所有事情之后，死亡也没有什么可怕了。① 因为能体验的他(她)都体验过了。

第二节 体验并非都是情感性的

一、已有的相关论述

著名文艺理论家童庆炳在《现代心理美学》中阐释艺术家的心理世界时，对体验下了一个这样的定义：“什么是体验？简单地说，体验就是主体(人)带有强烈情感色彩的、活生生的、对于生命之价值与意义的感性把握。”②他在论文《经验、体验与文学》中进一步指出：“可以说，情感是体验的核心。”③

陈望衡在《当代美学原理》中对体验做了一个解释：“它是主体对客体

---

① 语出罗素的 How to Grow Old，原文是：But in an old man who has known human joys and sorrows, and has achieved whatever work it was in him to do, the fear of death is somewhat abject and ignoble.（可是老年人已经饱尝了人间的欢乐与苦恼，一切能做的都做了，恐惧死亡就有点儿可怜又可鄙。）L. G. Alexander, 1967: *Fluency in English*, Longman Group Limited, p. 46.

② 童庆炳：《现代心理美学》，北京，中国社会科学出版社，1993，第 52 页。

③ 童庆炳：《经验、体验与文学》，《北京师范大学学报》(人文社会科学版)2000 年第 1 期。

的一种情感性的感受、体察与体悟。”①

杨健民在《艺术感觉论——对于作家感觉世界的考察》中说：“体验活动不同于理解活动，体验的基本特征是感性和情感的，这就使它具有知其然而不知其所以然的意味。”②

“带有强烈情感色彩的”“情感是体验的核心”“一种情感性的感受、体察与体悟”“体验的基本特征是感性和情感的”，都强调了体验的情感性。如果说以上是美学、艺术学研究者强调了体验的情感特征，下面给出的体验定义就大致属于哲学学者的看法了：

“于是，我们在这里可以简要地给出体验的定义：所谓体验，就是产生情感的过程，或者说是对需要的情感反应。”③这个定义同样强调了体验中的情感，因为所谓体验就是“产生情感的过程”，或者说是“对需要的情感反应”。

至于旅游学和营销学中关于体验的定义与上述几种定义大同小异，在此就不一一列述了。

从美学到艺术学，从哲学到心理学，从旅游学到教育学和营销学，几乎所有谈论体验的学者都认为，体验是情感性的。

二、体验都是情感性的吗

那么体验是否都是情感性的呢？还是让我们回到体验本身来考察体验。上面已经介绍过，体验可以划分为三大类：日常生活体验、审美体验、认知体验。的确，在审美体验中，情感特征比较明显，说审美体验具有情感特征不会有什么大问题。

但日常生活体验和认知体验就另当别论了。日常生活中确实伴随着喜怒哀乐等情感，而且大喜大悲总是给人以强烈的情感体验。同时，体验作为一种感觉状态能导致自我觉知，从而对自身具有监测作用；而人对自身体验的觉知与监测则对情绪和其他行为具有调节作用。但真正的日常生活，大部分日子毕竟以心平气和的心境为主，这种日常生活体验很难说有什么情感波澜。如果说大喜大乐是积极性情感，是情感的正值，那么大悲大哀是消极性情感，是情感的负值，而心平气和就是一种情感平衡，是情感的零值。在情感处于零值状态时的日常生活体验，就难觅

① 陈望衡：《当代美学原理》，北京，人民出版社，2003，第107页。

② 杨健民：《艺术感觉论——对于作家感觉世界的考察》，北京，人民文学出版社，1989，第350页。

③ 王智：《价值与体验》，南宁，广西师范大学出版社，2008，第41页。

情感的踪影了，在这种状况下谈论体验的情感性，就显得空洞了。

认知体验是全部体验活动的重要组成部分，这里所说的认知体验不仅包括主要由科学家们进行的探索性认知体验，更包括普通人的一般性认知体验。虽然不能把情感因素从认知体验中完全排除出去，但众所周知，认知体验的过程应该力争把情感干扰排除出去，或限制到最低程度。认知过程形成认知体验，同时，体验也是一种认知过程。对于客体的体验是认知得以进行的基础，对于客体的体验感情成分越少，就越可能把握客体的真实面貌，达到对客体的正确认知。因此，情感不是也不应该成为认知体验的特征。

即使审美体验也并非完全是情感性的。恰恰是童庆炳在论述体验时曾举例说："距离"论的提出者瑞士心理学家布洛（Edward Bullough，1880～1934）提出了一个"雾海行航"的例子来说明，他说在大海航行中突然遇到大雾，这对大多数旅客来说，这都是极不愉快的经验，伴随着人们的焦虑、恐惧和紧张等。但是只要我们把眼前的可能发生的危险等抛在一边，换一种客观的眼光来看这景象，周围的大雾迷迷蒙蒙，变成了半透明的乳状的帷幕，这不是很美吗？这里实际上是对已有的经验换了一个角度重新审视，即所谓在观照中"插入了距离"。[①] 布洛解释说：

> 距离的作用不是简单的而是相当复杂的。它有否定的抑制的一面——割断事物的实用的方面以及我们对待事物的实践态度，它还有积极的一面——精心制作在距离的抑制作用所创造的新的基础上的经验。
>
> 因此，这种对事物做有距离的观看，不是也不可能是我们正常的观看。通常，经验总是把同一方面向着我们，即具有最强的时间的感染力的方面。一般情况下我们意识不到事物不直接不实际地触及我们的那些方面，我们一般也意识不到同我们的自己的接纳印象的自我相分离的印象。把事物颠倒过来，意外地观看通常未注意到的方面，这使我们得到一种启示，这就是艺术的启示。[②]

---

① 童庆炳：《经验、体验与文学》，《北京师范大学学报》(人文社会科学版)2000年第1期。

② 〔瑞士〕E. 布洛：《心理距离——艺术与审美原理中的一个因素》，见《西方美学史资料选编》下卷，上海，上海人民出版社，1987，第1028～1030页。童庆炳在上述论文中引用了布洛的这段话。

童庆炳引述布洛所说的“换一种客观的眼光来看这景象”，也就是没有“焦虑、恐惧和紧张”情绪。这不就是抛开情感态度来看这景象吗？布洛所说的由于“插入了距离”而获得了“艺术的启示”，正是要求我们“割断事物的实用的方面以及我们对待事物的实践态度”，实际上就是隔断情感才获得的。在这个意义上，有些审美正是舍弃了情感干扰才获得的。

综上所述，审美体验情感特征突出；日常生活体验有时情感性突出，但更常见的情况是零值状态；而情感不是也不应该成为认知体验的特征。强调体验的“感性”特征没问题，但并非所有的体验活动都具有“情感”特征。应该具体情况具体分析，不能把所有的体验都戴上情感的帽子。正因为如此，本书不把情感列为体验的体征。

第三节 实体传播与体验式传播

我们已经知道，体验可以分为直接体验与间接体验。我们将要论述的体验式传播所说的体验，是指直接体验而非间接体验，指出这一点很有必要。因为直接体验是体验式传播区别于符码传播的最重要之点。

一、所有的体验式传播都属于实体传播

(一)体验式传播的含义

传播过程中伴随着直接经历、感受，或者说，信息所指代的实际事物在场，并且信息接受者能直接感受此实际事物，就是体验式传播。体验的过程就是传播的过程，体验也是一种传播方式。不难理解，体验是所有传播方式的基础。

(二)所有的体验式传播都属于实体传播

所谓“实际事物在场，并且信息接受者能直接感受此实际事物”，实质上就是一种实体传播。也就是说，体验式传播就是一种实体传播。所谓体验就是对实体和实体信息的体验，实体传播的过程伴随着体验，体验是实体传播的主要途径。因而，所有的体验式传播都属于实体传播。由于与人有关的实体传播必须亲身经历、身临现场，在这个意义上，人类社会中的实体传播都带有体验性。实体传播与体验不可分割，实体传播的过程就是体验的过程，体验的过程也是实体传播的过程。

体验的对象主要是实物和实事，体验式传播由于伴随着实物和实事，所以它属于实体传播。实物以什么方式传递自身的信息呢？视觉的颜色、形状、运动速度等；听觉的声音高低、音量大小、音质、音速等；触觉

的冷与热、光滑与粗糙等；嗅觉的芳香与腥臭等；味觉的酸、甜、苦、辣、咸等都可以传递实物自身的信息。接受者对于实物的视觉、听觉、嗅觉、味觉、触觉等信息的直接感受，就是实体传播，就是体验式传播。在山野中看到了鲜花的颜色和形状，闻到了这种花的芳香，甚至可以用手抚摸一下鲜花，就是实体传播，就是体验式传播。正如一位作者所写的乡愁："这乡愁，是芬芳的泥土。""这乡愁，是清脆的鸟鸣。""这乡愁，是平和的笑靥。"[①]在这位作者笔下，乡愁是真切的实物和实事的直接、具体感受和体验。欣赏画作中的鲜花，闻不到鲜花的芳香，也无法直接触摸真正的花朵，只能想象它的香味和触感，这就不是实体传播，不是体验式传播。

二、体验式传播的类型

根据直接体验的不同方式，我们可以把体验式传播分为四种类型：现场观察体验式传播、接触体验式传播、进入体验式传播、参与体验式传播。

（一）现场观察体验式传播

现场观察体验式传播是最常见的一种体验式传播类型，可以直接看到现场的实际事物，但往往有一定距离，一般不能直接触摸这些实物。尽管如此，观察者还是在现场亲眼看见、亲耳聆听了真实的各种情况和景物、声音，与看电影、看电视不同，与读文字、看图片更不同。在这种传播类型中，信息接受者可以有对实体事物的视觉体验、听觉体验、嗅觉体验。

（二）接触体验式传播

这种方式比现场观察体验式传播进了一步，不仅可以直接观察实体对象，还可以直接触摸现场的实物和人。在这种传播方式中，信息接受者除了对实体事物的视觉体验、听觉体验、嗅觉体验外，又加上了触觉体验。

（三）进入体验式传播

进入体验式传播，比现场观察体验式传播和接触体验式传播又进了一步，可以深入实际事物的内部，观察其内部结构和组成，并且可以直接触摸这些事物的许多细节部位。凡是稍有旅游经历的人，都会有旅游的可进入性体验。比如，到一些溶洞内游览，许多溶洞造型可以触摸到。

---

① 何子偆：《心安处，是吾乡》，《光明日报》2015年10月23日。

由于许多旅游景观的可进入性，就会使游客获得真切的空间感。绘画、摄影、影视等视觉艺术作品，虽然也尽力去表现、描绘空间，寻找增大空间感的方法，如绘画的透视法等，但一幅画画得再真实，一张照片拍得再惟妙惟肖，终究是空间的平面表现，虽然它有时能给观赏者以美感，但却永远不能把观赏者带进那个真实的空间。现代全景电影、立体电影给人的感觉更逼真、更动人，却无法使微风吹拂到人的身上，使春天的气息扑鼻而入，更无法使观赏者采到新鲜的野花。

(四)参与体验式传播

与现场观察体验、接触体验和进入体验相比，参与体验是深度体验。因而，在多数情况下，参与体验式传播给人留下的感受更深。

下面我们通过一个综合的例证，来说明以上四种不同类型的体验式传播。宋代诗人潘阆的词作《酒泉子》，正好描写了对于钱塘江潮的体验式传播模式：

长忆观潮，满廓人争江上望。来疑沧海尽成空，万面鼓声中。

弄潮儿向涛头立，手把红旗旗不湿。别来几向梦中看，梦觉尚心寒。

此词的上阕描写的是钱塘江观潮的盛况："满廓人争江上望"，还有大潮袭来时的震撼场面："来疑沧海尽成空，万面鼓声中"。钱塘江潮，对于绝大部分人来说，只能是现场观察这样的体验，从传播角度来说，只能是现场观察体验式传播。在这种现场观察体验式传播中，主要由两种感官体验：视觉体验——"满廓人争江上望"和"来疑沧海尽成空"；听觉体验——"万面鼓声中"。

此词的下阕描写的是弄潮儿："弄潮儿向涛头立，手把红旗旗不湿"。对于弄潮儿来说，似乎很自如并且举重若轻，竟然能够"向涛头立"，而且"手把红旗旗不湿"。可是对于岸边的观者来说，却非常吃惊和可怕："别来几向梦中看，梦觉尚心寒。"弄潮儿参与到了钱塘江的潮涨潮落之中，这正是参与体验。从传播学角度说，弄潮儿进行的正是参与体验式传播。其实，在这种参与体验式传播中，已经包含了接触体验和进入体验。弄潮儿劈波斩浪，直接接触了狂涛巨浪，已经是接触体验了。弄潮儿被巨涛抛起抛落，在浪上浪下起伏，在一定程度上具备了进入体验的要素(当然，没有进入水中和被水吞噬)。在这种几乎同时具备接触体验、进入体验和参与体验的传播中，弄潮儿得到的是强烈的视觉体验、听觉体验、触觉体验和动觉体验。很容易理解，岸上人群的现场观察体验式传播与弄潮儿的参与体验式传播，感受和体验的深度和力度都有巨大的差别。

三、非体验式传播

体验式传播与非体验式传播是一对概念，懂得了体验式传播，非体验式传播就不难理解了。体验式传播与实体传播相联系，相应地，非体验式传播与符码传播相联系。

（一）符码传播属于非体验式传播

在人类社会范围内，所有的实体传播都属于体验式传播，而所有的符码传播都不能算作真正的体验式传播。

符码传播，具体说来，书刊、广播、电视、网络四大大众媒体所进行的传播都属于非体验式传播。非体验式传播以体验式传播为基础，没有体验式传播就很难理解非体验式传播。如果说符码传播中也伴随着体验的话，那么，符码传播过程中的体验都不是对信息内容的直接体验。如果有直接体验的话，那只是对传播媒体和传播环境的直接体验，比如看球幕电影、立体电影等，只是对这些传播媒体本身性能的直接体验，而不是对其传播内容的直接体验。

（二）非体验式传播的先天缺陷

非体验式传播的缺陷从它的名称上就可看出来，那就是“非体验”。这个缺陷是先天的，然而又是必须要弥补的。梅洛-庞蒂指出：“我所知道的，也是通过科学所知道的关于世界的一切，是根据我对世界的看法和体验才被我了解的，如果没有体验，科学符号就无任何意义。”①包括科学在内的符号世界，如果没有体验将会变得不可理解从而失去意义。人们经常讲“理论联系实际”“实践出真知”，还有“三贴近”（贴近生活、贴近实际、贴近群众），一个重要目的就是为了弥补非体验式传播的缺陷。

四、理解体验式传播的重要性

懂得了非体验式传播的先天缺陷，体验式传播的重要性就不言而喻了。理解了体验式传播，就进一步把实体传播与符码传播区别开来了。

体验式传播与前面讲过的实体传播具有直接验证性和实践性密切相

① 〔法〕莫里斯·梅洛-庞蒂：《知觉现象学》，北京，商务印书馆，2001，第3页。

关，可以说，直接体验性是实体传播的一个特征。正因为如此，它的传播和教育效果就非常有效。普法教育主要是符码传播，它固然能够在一定程度上提高农民的法治意识，但是正如北京大学法学院教授朱苏力所指出的那样："城市生活其实就是要改变农民行为方式和思维方式，是培养现代公民法治、规则、契约意识的重要途径，是比普法更为有效的法治教育方式。"①因为城市生活是对包括各种法律、法规在内的规章制度的直接体验。比如交通法规，在偏远农村是很难体验的。直接体验了各种法律、法规，法治意识自然会提高。

在传播过程中，传播者和接受者对于传播内容有没有直接体验，对传播效果有直接的、关键的影响。对传播内容有直接体验的传播者，所传播内容就真实可靠，就有"底气"；反之，则是二道贩子，没有"底气"。对传播内容有直接体验的接受者，不仅对所接受的内容有鉴别和判断能力，而且对接受内容有丰富和补足能力。一个有长期农村生活体验的受众，对于农村题材小说的接受和领悟程度，是没有农村生活体验的城市读者无法相比的。

五、体验式传播与实践活动

我们在前面已经探讨了体验式传播，在这里，再简略谈一下它与实践的关系。

(一)体验与实践

体验比实践的范围更广泛。人只有亲身经历了某种事件和情境才算得上实践过，而没有亲身经历过，则不能算作实践过，所谓实践只能是行为实践。体验则不同，虽然严格意义上的体验强调亲身经历，但宽泛的体验还包括间接体验。

体验的途径是实践，只有通过亲身实践，才能获得真切的感受即体验。实践恰恰是联结主体与客体的活动。体验是实践的伴生物，体验是实践活动的宝贵馈赠。有体验未必就是真正的实践活动，但所有的实践活动都是体验的，有实践必有体验。生产实践、社会活动实践、科学实践必然会获得生产实践体验、社会活动体验、科学实践体验。

通常，体验的深度和广度与实践活动的深度和广度成正比。没有广泛实践的人，体验的范围也会极其有限。没有深度实践的人，体验往往停留在肤浅的层次。只有深度实践才能获得深刻的体验。这就是为什么

① 朱苏力：《城市生活是一种法治教育方式》，《北京日报》2014年10月20日。

作家需要深入生活。

体验不等同于认识和实践活动，但认识和实践离不开体验。

(二)体验式传播与实践

对于实践活动来说，所谓体验就是对实践对象即实体世界的体验，因而实践的过程就是对实体世界直接体验的过程，就是体验式传播的过程。所有的实践活动都伴随着体验式传播过程。

六、小结简图

我们可以把实体传播与体验式传播、符码传播与非体验式传播之间的基本关系用简图(见图 4-1)表示如下：

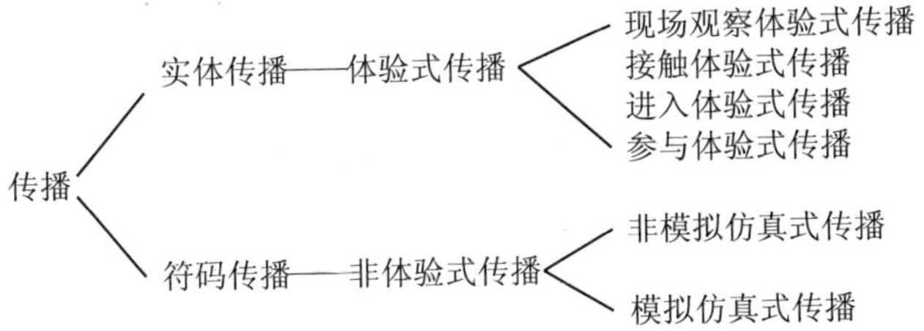

图 4-1　实体传播与体验式传播、符码传播与非体验式传播的基本关系

对图 4-1 只做一点解释，这就是模拟仿真式传播。比如，4D 电影就具有模拟仿真式传播的性能，它在三维立体电影基础上再加上周围的环境特效、模拟仿真组成所谓“四维空间”。环境模拟仿真，是指影院内安装有下雪、下雨、闪电、烟雾、震动等特效设备；随着内容的变化，观众可实时感受到风暴、雷电、下雨、撞击、喷洒水雾、拍腿、击背等与立体影像相对应的情景。显然，模拟仿真式传播与实体传播仍然有本质区别。在符码传播中，除了模拟仿真式传播外，绝大部分都属于非模拟仿真式传播。

第五章　实体信息传播与符号

实体信息、实体传播与符号的关系，在笔者最初提出实体传播的概念和实体传播与符码传播的分类时，没有做深入探讨。在这里，将要专门讨论这一问题。之所以要专门探讨这一问题，是因为笔者发现，许多传播学者认为，信息都是由符号构成和传播的。显然，这是涉及传播学基础的一个重要问题，从更广的意义上说，符号学被有些学者称为“文科的数学”，因而需要辨析清楚。

第一节　符号学概要

一、什么是符号

通常人们对符号有如下认识：

符号是用来指称或代表其他事物的象征物。它可以表示某事物等具体存在，也可表示精神抽象的概念，是一种人类社会独有的、有意义的象征物，是传播者与受众间的中介物，承载着交流双方向对方发出的信息。

瑞士的索绪尔与美国的皮尔士是现代符号学的两位创始人。作为著名语言学家，索绪尔(Ferdinand de Saussure)提出了语言符号由能指和所指构成。能指(signifier)就是语言的声音形式部分，也可以说是它的外在形式；所指(signified)就是语言的语义内容部分，也就是它的内在含义。能指和所指所构成的关系是所有符号的共同之处。哲学家皮尔士(Charles Sanders Peirce)指出，符号是“某种对某人来说在某一方面或以某种能力代表某一事物的东西”，它是“确定另一事物(它的解释者)去特指一个它所特指的对象(它的对象)的任何事物”。① 雅各布森(Roman Jakobson)说，对符号系统的研究，来自一个很低级的非常原始的感觉，这就是符号有两个方面：“一个是可以直接感觉到的指符(signans)，另一

① 〔英〕特伦斯·霍克斯：《结构主义和符号学》，上海，上海译文出版社，1987，第130页。

个是可以推知和理解的被指(signatum)。”[①]这在本质上和索绪尔对能指和所指的区别没有什么两样。

中国传播学学者郭庆光认为：“简言之，符号是信息的外在形式或物质载体，是信息表达和传播中不可缺少的一种基本要素。”[②]与这种观点相近，李彬认为：“符号就是负载或传递信息的基元，表现为有意义的代码及代码系统，如声音、图形、姿态、表情等。”[③]符号是由物理载体和意义构成的统一体。

通常认为，符号具有指代性、社会共有性和发展性、多义性、灵活性、认同性、隐含性等特征。符号具有指代和交流两大基本功能。

“大体说来，符号学的疆界(如果它有的话)和结构主义接壤：两个学派的兴趣基本上是相同的。从长远看来，两者都应被囊括在第三个容量很大的学科内。它简单地叫作交流。”[④]这里的交流学科应该是指传播学。符号是传播学的基础概念之一，因而很重要。

二、符号与实际事物的关系

人不仅通过制造工具，还通过创造符号系统把自己与动物区别开来。在动物行为中，符号基本上停留为信号而永远不会成为象征，而人则可以由符号上升为象征。创造符号是为了更好地认识和描述、表达客观世界，符号系统是人类认识和理解世界的产物。

高级符号可以超越时空的限制，即使使用过某些符号的人已经不在场，即使这些符号所表达的东西不在场，接受者仍然能够理解并依据这些符号所表达的意思行事。比如，遗嘱通常是用文字符号留下的，执行遗嘱时，立遗嘱的人通常已经不在场。

符号即关系，符号表达的是一种关系，其中能指与所指的关系是最基本的关系，进而高级符号体系还表达一事物与他事物的关系。能指与所指的关系，实际上是符号与客观事物的关系。在符号体系中，一事物与他事物的关系也表现为符号与符号之间的关系，符号体系就是关系体系和意义体系。

符号学家早就注意到符号与客观世界中实际事物的关系。罗兰·巴

---

① 〔俄〕雅各布森：《语言和其他交流系统的关系》，见〔英〕特伦斯·霍克斯：《结构主义和符号学》，上海，上海译文出版社，1987，第129页。

② 郭庆光：《传播学教程》，北京，中国人民大学出版社，1999，第43页。

③ 李彬：《传播学引论》，北京，高等教育出版社，2013，第85页。

④ 〔英〕特伦斯·霍克斯：《结构主义和符号学》，上海，上海译文出版社，1987，第127页。

尔特在其著作《流行体系：符号学与服饰符码》中认为符号学研究的是："当事物与语言相遇时会如何？"这里所说的语言就是符号的主要代表。不管从表面上看符号与客观世界即自然界和人类社会生活离得多么遥远，符号总是与客观世界有着割不断的这样和那样的联系。总体来说，符号是为了标识实际事物而存在的，舍此符号就没有存在的意义了。在这个意义上，人类对客观世界的认识也表现为不断修改和完善符号体系的过程。

伊柯代表了文学研究领域一个有影响的符号学派。

> 在伊柯的早期论著和《符号学理论》一书中，他都提议探求感知现象学中的意义概念与文化单位里的语义观念的相通并容的程度。伊柯指出："站在这个角度来重温胡塞尔的论说，可以使我们将符号学上的意义简单地解说为对某种感知经验所进行的社会性的编码。"①

符号不过是对客观世界感知经验的编码。

在符号的分类中，除了语言符号之外，还有非语言符号。

语言是一种符号系统。"非语言符号指语言文字之外的其他所有符号，如鼓声、烽火、标志、图像、手势、表情、姿态、口哨、气味等。"②"符号可以是物，是词语，也可以是约定俗成的标记，还可以是姿态。"③也就是说，非语言符号中有许多都是实际事物。实际上，这里所说的这些实际事物，当其作为符号而存在的时候，它们已经不是为自身而存在，它们传达的不是自身的信息，它们都把我们引向其他东西。比如，"烽火"告诉我们敌人来犯。两手成"T"形的"手势"，表示暂停或停止，等等。

但是，这些能够成为符号的实际事物，与整个世界实际存在的所有事物的数量相比，只占其中非常小的一部分。大量存在的实际事物，都没有被人为赋予符号功能。

即使上边提到的除标志、图像外的鼓声、烽火、手势、表情、姿态、病症、口哨、气味等也并不总是作为符号而存在，比如气味，各种各样

---

① 〔荷兰〕佛克马、易布斯：《二十世纪文学理论》，北京，生活·读书·新知三联书店，1988，第188页。

② 李彬：《传播学引论》，北京，高等教育出版社，2013，第99页。

③ 石福祈：《西方哲学中的"符号"概念》，《光明日报》2010年7月13日。

的气味并不都被赋予符号的功能，再比如病症，千姿百态的病症，多数并不是符号。

第二节　信息都是由符号构成和传播的吗

著名符号学家雅各布森认为："每一个信息都是由符号构成的"①，这是一个影响广泛并且获得普遍认同的观点。比如，中国传播学学者李彬写道："世界上没有离开符号而单独存在着的信息，正如没有不包含信息的符号。符号总是负载着某种信息，信息总是表现为某种符号。"②美国著名传播学家莱文森也间接表达了这样的意思："实际上，一切传播都可以描绘成这样一个过程：从抽象开始，把一种直接的感知或原本转换成可以传输的形态，然后是对抽象的形态的实际运输，结尾是把抽象的形态还原为类似原本的特征。""没有抽象就不可能有传播过程。"③这是对符码传播过程的概括。所谓"从抽象开始"，就是概念化、符号化和编码化。"没有抽象就不可能有传播过程"意味着没有符号、概念、编码就不可能有传播。下面的说法正是上述观点的推论：世界上的信息只有经过编码变成符号之后，才能传播。

事实真的如此吗？

一、实体信息的构成和传播不需要，至少不一定需要符号

要找到这个问题的答案，首先需要知道什么是信息。

（一）从信息概念和分类本身来分析

关于信息的概念前边已经谈过，这里只做必要介绍。

关于哲学意义和本体论意义上的信息的概念，中国信息科学专家钟义信认为，信息就是"事物运动的状态和状态变化方式的自我表述/自我显示"。中国信息哲学专家邬焜认为，信息定义可以精确地表述为："信息是标志间接存在的哲学范畴，它是物质（直接存在）存在方式和状态的自身显示。"既然信息就是物质或事物存在的方式和状态的"自我表述/自我显示""自身显示"，那么，物质或事物自身就应该能够显示其存在方式

---

① 〔俄〕雅各布森：《语言和其他交流系统的关系》，见〔英〕特伦斯·霍克斯：《结构主义和符号学》，上海，上海译文出版社，1987，第129页。

② 李彬：《传播学引论》，北京，新华出版社，1993，第51页。高等教育出版社2013年版即该书第3版，第85页内容与新华出版社1993年版相同。

③ 〔美〕保罗·莱文森：《思想无羁》，南京，南京大学出版社，2003，第153～154页。

和状态的信息，否则，我们便无从获得物质存在方式和状态的信息。因而，在这个意义上，物质或事物的信息是自身显示，不需要人为的符号来充当中间物。郭庆光谈到信息的概念时指出："信息是物质的普遍属性，是一种客观存在的物质运动形式。"①这种说法与钟义信、邬焜在相当程度上是一致的。我们不能理解"物质的普遍属性"会是符号，也不能理解"客观存在的物质运动形式"是符号。所以，哲学意义和本体论意义上的信息是由符号构成和传播是说不通的。

关于信息还有狭义的定义，这是传播学界许多人所理解的信息定义。比如，钟义信认为："信息，是事物的运动状态和过程以及关于这种状态和过程的知识。它的作用在于消除观察者在相应认识上的不定性，它的数值则以消除不定性的大小，或等效地以新增知识的多少来度量。"②其中，"事物的运动状态和过程"与前边的广义概念一致，而"关于这种状态和过程的知识"则是信息的狭义含义。郭庆光也论述过信息的狭义定义："一切'表述'(或)反映事物的内部或外部互动状态或关系的东西都是信息。"③这两位学者提到的"知识""表述""反映"等都是需要符号的。

甚至有更为狭义的信息定义，在专门讲信息技术的全日制普通高中教科书中有这样的表述："简单地说，信息就是消息，是以语言、文字、图形、图像等作为载体呈现的消息。"④这个定义已经指明信息是用语言、文字、图形、图像等符号呈现的。

通过对信息概念的辨析，我们可以得出一个基本看法：哲学意义和本体论意义上的信息的构成和传播不需要，至少不一定需要符号，而狭义的信息(即符码信息)的构成和传播却是需要符号的。

以上是就已有的关于信息的定义所做的分析，如果从笔者提出的实体信息和实体传播概念出发，我们可以把信息分为两类：一类是实体信息；一类是符码信息。实体信息通常不需要符号来传递，符码信息却需要符号来传递。

诚然，在符码传播中信息一般是由符号构成的。但是，在实体传播中信息的构成和传播却并非一定要靠符号。郭庆光具体谈道："自然界的刮风下雨、电闪雷鸣，生物界的扬花授粉、鸡叫蛙鸣，人类社会的语言

① 郭庆光：《传播学教程》，北京，中国人民大学出版社，1999，第4页。
② 钟义信：《信息的科学》，北京，光明日报出版社，1988年，第47页。
③ 郭庆光：《传播学教程》，北京，中国人民大学出版社，2011，第3页。
④ 苗逢春：《信息技术》高中版第一册，保定，河北大学出版社，2002，第1页。

交流书信往来，都属于信息传播的范畴。”①在这位学者列举的这些信息传播例子中，除了语言交流、书信往来是符号传播，“鸡叫蛙鸣”对于鸡和蛙来说也许具有“符号”意义外，“刮风下雨”难道是“刮”的符号、“下”的符号吗？“电闪雷鸣”难道是、符号在“闪”符号在“鸣”吗？如果“扬花授粉”“扬”的是花的符号、“授”的是粉的符号，那么，这些植物就无法传宗接代了。《中国新闻实用大词典》的“信息”词条中说：“早在人类历史发端之前，信息已存在于物质世界，如阳光普照、星斗灿烂，就是宇宙天体发出的信息。”②显然，“阳光普照”和“星斗灿烂”都不是符号，但它们是“宇宙天体发出的信息”。

郭庆光的如下表述是稍有常识的人所不能接受的：“没有符号，我们便感知不到事物的存在，也不可能进而认识和理解它们。”③确实，认识和理解事物通常需要符号的参与，但“没有符号，我们便感知不到事物的存在”却是绝大的错误。对于事物的感觉，只需要客体的存在和人类自身的感觉器官(有时候需要借助于仪器设备)，没有符号，照样能够感知到事物的存在。须知，就符号的产生而言，一定是先有人类对事物的感知，然后才有符号的产生。由此看来，实体信息本身的构成和传播多数不需要符号。

当然，就主体(人)而言，在对实体信息的接受过程中，接受主体在初次(接受)传播过程中往往已经有自身符码交流在起作用，这正是人的智力和主观能动性的表现，而且文化层次越高、智力水平越高，自身符码交流就越活跃，至于接受实体信息之后接受主体对它的传播就更需要符号了，这些都是不能否认的。然而，我们必须同时认识到，对于主体来说，所有的实体信息都是首先感受(接受)，然后才可能开始符码化；而且越是陌生的事物，符码化的速度越慢、程度越低。

(二)从某些突发情况来分析

我们都有这样的经验：猛然向人们飞速而来的东西，人们的第一反应是应对，尤其是躲避，而不是将它符号化。

试想一下，你正在开车，突然出现一辆开得飞快的车，眼看就要和你的车相撞了，你的第一反应是什么？这是一位著名心理学家的分析：

“某种情绪刚出现时，在几毫秒的时间里就会控制我们的语言、行为和思想。没有经过判断，你就会下意识地转动方向盘、踩刹车来躲避对

---

① 郭庆光：《传播学教程》，北京，中国人民大学出版社，2011，第3页。

② 冯健：《中国新闻实用大词典》，北京，新华出版社，1996，第518页。

③ 郭庆光：《传播学教程》，北京，中国人民大学出版社，2011，第35页。

面来车。与此同时，你的脸上会闪现恐惧的表情——皱紧眉头、瞪大双眼、嘴角咧向耳根。你心跳加速，出冷汗，双腿肌肉迅速充血。值得注意的是，即便没有别人坐在车里，你也会做出同样的面部表情，心跳也会加速，尽管你的身体不是因为突然的剧烈运动而急需加快血液循环。出现这些反应是因为，在进化的过程中有必要让别人察觉到我们正面临危险，同时也有助于我们在感到恐惧时做好逃跑的准备。

“情绪为我们做好了应对突发重要事件的准备，不假思索就能做出反应。假如你不及时监控外界的危险信号，你就不可能在险些发生的交通事故中死里逃生。同样，假如你在事故即将发生的一瞬间还要有意识地思考应该如何应对，那么你也不可能生还。情绪会在你毫不知情的情况下及时处理问题。”

“情绪在第一时间产生，它对外界环境的估量是相当快速的，也是无意识的。我们一定有一种自动的评估体系，随时监控我们周围的世界，随时发现与我们自身利益息息相关的事件。……我们能够在很短的时间里完成相当复杂的评估过程，仅需几毫秒，而且是在完全没有意识的情况下。”①

面对突发的就要与你的车相撞的物体，人们通常会有一系列反应。而这位心理学家对这种反应的描述是“没有经过判断，你就会下意识地……”“不假思索就能做出反应”“在你毫不知情的情况下及时处理问题”，这种反应“是无意识的”“是在完全没有意识的情况下”完成的，“假如你在事故即将发生的一瞬间还要有意识地思考应该如何应对，那么你也不可能生还”。也就是说，这种反应完全是对外来物体实物运动信息的直接反应，根本没有将它符号化的时间。既然这种对外来物体实物信息的直接反应没有符号化的时间，也就谈不上符号化了。在这种情况下，实体信息的传播和对实体信息的接受、应对不允许符号的参与。应对突发紧急情况需要迅速采取行动，而采取行动就需要快速动员肌肉力量。达尔文指出：“一个人不能够一面深思熟虑而同时又使用出自己的极大的肌肉力量来。”②也就是说，快速动员肌肉力量不允许“深思熟虑”的符号化活动。

这里就涉及一个生理学和心理学术语——非条件反射。非条件反射是指人生来就有的先天性反射。这是一种比较低级的神经活动，由大脑

---

① 〔美〕保罗·艾克曼：《情绪的解析》，海口，南海出版公司，2008，第 28～29 页。引文中“在险些发生的交通事故中死里逃生”，应去掉“险些”才能讲通——引者注。

② 〔英〕达尔文：《人类和动物的表情》，北京，北京大学出版社，2009，第 51 页。

皮层以下的神经中枢(如脑干、脊髓)参与即可完成。眨眼反射、缩手反射等是都非条件反射。山楂是一种很酸的果实，一吃起来就让人口水直流。这种反射活动是人与生俱来、不学而能的，因此属于非条件反射。

非条件反射是对实物的直接反应，不需符号。

二、如果客观事物不传播自身信息，符号传播的信息从何而来

所有主张信息都是由符号构成和传播的学者，都没有设想也不能回答这样的问题：如果客观事物不传播自身的信息，那么，符号传播的信息从何而来？他们只能解释说，宇宙物质世界本来就是由符号构成的。但我们知道，符号是人为的东西。如果我们承认宇宙物质世界本来就是由符号构成的，那就几乎等于承认了精神先于物质存在这样的唯心主义理论了。

钟义信问得好：

> 如果说土壤、岩石这类无机物质没有信息，那么，又怎么能解释“人类可以从土壤、岩石中得到地质结构或地下矿藏的信息”呢？如果无机世界本身没有信息，为什么一旦工程控制系统与它联系起来的时候它却能向系统提供信息呢？①

其实，答案很简单，从根本上讲，符号传播的信息只能从客观事物中来。既然如此，客观事物就一定能够或隐或显地显示、传递自身的信息。

三、符号不指向自身而是指向它所指代的东西，所有实物发出的信息都指向自身

符号学家格雷马斯指出：“符号共性是它们不是指向自身而是指向别的东西。”②另外一些符号学家也有类似表述。皮尔士指出：“对于符号，我的意思是指任何一种真实的或复制的东西，它可以具有感性的形式，可以应用于它之外的另一个已知的东西，并且它可以用另一个我称为解释者的符号去加以解释，以传达可能在此之前尚未知道的关于其对象的某种信息。”美国学者莫里斯(C. Morris)也指出：“如果任何东西 A 是一

---

① 钟义信：《信息科学原理》，北京，北京邮电大学出版社，2002，第 64～65 页。

② 〔法〕A. J. 格雷马斯：《论意义——符号学论文集》上册，北京，百花文艺出版社，2005，第 50 页。

个预备刺激，在发端属于某一行为族的诸反应序列的那些刺激物不在场的时候，引起了某个机体倾向于在某些条件下应用这个行为族的诸反应序列去做出反应，那么，A 就是一个符号。”①

“不是指向自身而是指向别的东西”，传达“关于其对象的某种信息”，符号 A 所指代的“那些刺激物不在场”等都表明了符号的指代功能，它不是指向符号自身，而是指向“别的东西”“对象”和“不在场”的事物。符号的所指把接受者引向具体的物体或特定的所指对象。也就是说，符号是用来指称事物的。文字符号“桌子”这个词会使我们想到饭桌、书桌、电脑桌等许多具体实物，而不是让我们停留在这个符号本身上；公路上的红灯则指示我们要停车，而不是要我们把红灯本身当作目的物，等等。索科拉夫斯基举例说：

> 我们已经注意到，当我们突然看到纸面图案上的“布利特宾馆”几个字样的时候，我们就不再只是意向这张装饰过的纸片，而是意向在其缺席状态下的布利特宾馆本身。符号性意向被指向这家宾馆。②

明乎此，我们就会发现，符号指向它所指代的东西，而与符号传递信息不同，所有实物发出的信息都是指向自身，在这个意义上，它们不能被看作符号。太阳发出的光和热的信息都使我们意识到太阳的存在。风声对耳朵的刺激和风力对皮肤的吹拂都使我们把注意力指向风。从这个角度思考，我们同样可以得出结论：实物传播自身的信息通常不需要符号。

美国阿波罗载人登月的宇航员从月球采回了 381.7 千克的月球样品，苏联三次不载人登月，只采回了 0.3 千克的月球样品。人类对月球的地形地貌、表面环境、地质构造、内部结构、化学成分、岩石组分与分布、演化过程与历史的绝大多数科学知识，均来自阿波罗计划。③ 月球的原初信息是包括这些月球样品在内的实物传递的，而不是靠月球符号来传递的。

---

① 以上两段引文均转引自许正林：《欧洲传播思想史》，上海，上海三联书店，2005，第 459 页。

② 〔美〕罗伯特·索科拉夫斯基：《现象学导论》，武汉，武汉大学出版社，2009，第 80 页。

③ 欧阳自远：《人类必须走向深空——纪念“阿波罗飞船载人登月”40 周年》，《文汇报》2009 年 7 月 6 日。

霍克斯指出："甚至连最普通的建筑也以各种方式组织空间，这样，它们就起指示作用，发出某种关于社会优先考虑的事项、这个社会对人的本性的各种先决条件、政治、经济等方面的信息，除了对提供蔽身之所、娱乐、医疗等问题的公开的关心以外。"①一句话，建筑这种实物体在传递着自身的种种信息。

四、符号并不能传达实体世界的全部信息

符号与客观世界之间存在着对应关系，但任何符号系统都无法把实体世界的全部信息原封原样地传递出来，只能最大限度地接近实体世界的本来面目。符号世界不等同于客观世界。车尔尼雪夫斯基早就注意到了这个问题："有些物体的颜色，绘画能够表现得很好，但是有许多物体的颜色却非绘画所能传达。一般说来，黑暗的颜色和粗糙的色度，绘画表现得较好；浅淡的颜色较坏；阳光照耀着的物体的色度最坏；描绘正午天空的蔚蓝、晨曦和夕阳的玫瑰色与金黄色，也总是不成功的。"②在谈到维萨里的《人体构造》一书的插图时法国学者勒布雷东指出："解剖学家与艺术家并不能用插图再现解剖开来的人体内部客观观察结果。将立体的人体转移到一张纸所提供的二维空间中，通过这种方式绝不可能完成任何复制。"③绘画、插图是这样，几乎所有的符码信息都是如此，都不能做到与实体信息完全一样。施拉姆也发现了这个问题，并以理论概括化的语言表达出来："当然，符号不是完美无缺的工具。它们必须是从个人的经验中抽象出来的。任何一套符号都不能把一个人的全部感觉和内部的所有活动表达出来。"④莱文森同样也注意到了这个问题："所有的表征或信息传输，都必然引起事件或客体某些特征的迁移或传播。这样的表征或多或少是不完全的(日落的黑白照比彩照更加不完全)……有一点很重要：传播的表征总是不同于原本。"⑤莱文森提示我们，"传播的表征总是不同于原本"这一点很重要。

我们经常看到许多人在描摹某种景物的时候，说文字、画作不能全部、真实地描写出来。其实，这不是自谦，而是真实的告白。冰心在叙

① 〔英〕特伦斯·霍克斯：《结构主义和符号学》，上海，上海译文出版社，1987，第138页。

② 〔俄〕车尔尼雪夫斯基：《生活与美学》，见北京大学哲学系美学教研室：《西方美学家论美和美感》，北京，商务印书馆，1980，第246页。

③ 〔法〕勒布雷东：《人类身体史和现代性》，上海，上海文艺出版社，2010，第60页。

④ 〔美〕施拉姆、波特：《传播学概论》，北京，新华出版社，1984，第72页。

⑤ 〔美〕保罗·莱文森：《思想无羁》，南京，南京大学出版社，2003，第153页。

述国外银湾(Silver Bay)的美景时说："河亭(Brook Pavilion)建在湖岸远伸处，三面是水。早起在那里读诗，水声似乎和着诗韵。山雨欲来，湖上漫漫飞卷的白云，亭中尤其看得真切。大雨初过，湖净如镜，山青如洗。云隙中霞光灿然四射，穿入水里，天光水影，一片融化在彩虹里，看不分明。光景的奇丽，是诗人画工，都不能描写得到的！"①景色的丰富多彩、变化无穷、灿烂绮丽，的确是再高明的画家所不能描摹，再多才的诗人所无力歌咏。

巴金在记述自己的海行时写道："突然间，一轮红黄色大圆镜似的满月从海上升了起来。这时并没有万丈光芒来护持它。它只是一面明亮的宝镜，而且并没有夺目的光辉。但是青天的一角却被它染成了杏红的颜色。看！天公画出了一幅何等优美的图画！它给人们的印象，要超过所有的人间名作。"海上明月所染出的画面，之所以"超过所有的人间名作"，是因为所有的人间名作，都不能把这幅巨大无边的自然画幅的全部景致真实传达出来。作者接着写道："与晚风、明月为友，这种趣味是不能用文字描写的。"②一点不错，在晚风、明月中的感受用文字这种符号只能传达十之一二。真乃陶渊明《饮酒》诗所言："此中有真意，欲辨已忘言。"

甚至在大自然的杰作面前，有些作画者羞于拿起画笔。凌叔华面对富士山时就是这样："这目前的确是一幅神品的白云图！这重重舒卷自如，漂飏神逸的白云笼着千层万层青黛色蜿蜒起伏多姿的山峦是何等绰妙，山下银白色的两个湖，接着绿芊芊横着青青晓烟的水田是如何的清丽呵！我倚在柱子旁看痴了。我怕我的赞美话冲犯山灵，我恐怕我的拙劣画笔猥亵了画工，只默默地对着连带来的写生本都不敢打开了！"③

刚才叙述的都是自然景观实体，人文物品实体也是如此。有游记作者记述自己参观法国作家福楼拜故居的书房时写道："整个书室差不多费了一小时的工夫，只能说是草草地看完了。本来这些地方，只能亲眼来看，一写出来就无味了。"④写出来挂一漏万，写出来词不达意，写出来有失原貌。

---

① 冰心：《寄小读者(通信二十六)》，见钱谷融：《现代作家国外游记选》，上海，上海文艺出版社，1983，第431页。

② 巴金：《海上生明月》，见钱谷融：《现代作家国外游记选》，上海，上海文艺出版社，1983，第413页。

③ 凌叔华：《登富士山》，见钱谷融：《现代作家国外游记选》，上海，上海文艺出版社，1983，第46页。

④ 洪素野：《诺曼地印象记》，见钱谷融：《现代作家国外游记选》，上海，上海文艺出版社，1983，第321页。

北京四中校长刘长铭在《见微知著》一书的序言中写道："人类的语言和文字表达方式有很大的局限性，有许多事情无法描述，至少无法清晰地描述。比如说一道美食，不论你用多少语言或文字来描述，也无法使读者体会其中的味道。要想知道美食的味道，只有品尝。"① 只要有阅读经历和生活体验的人都会认同这段话的内容。

同时，"任何一套符号都不能把个人的全部感觉传达出来，内心的活动是无法全部表达的"②。

许多人并不知道概念、语言文字、图像等符码信息有这样的局限，总是自觉不自觉地相信，"要认识一个人，与其看他的面貌，不如看他的照片"(索绪尔)。他们"一旦学会了说话，对现实的感知觉就由现实的概念所过滤、所指导。……语言文字常常限制了一个人在具体情景下的实际体验。……情感教育的过程应珍视、保留人生命早期敏锐的感受能力、强烈的感受欲望及其细致性和独特性"。"情感教育的过程从某种意义上来说，就是丰富人的感知觉，使人生活在自然的而不是概念的世界中。"③ 如果不能正视符码信息这样的局限，就会限制我们对实际事物的丰富感受、体验能力。如果我们仅仅知道"雄蕊"和"雌蕊"这两个词，却没有细致观察过各种花的雄蕊和雌蕊，这两个词就真的只是符号了，没有意义。

奥地利哲学家维特根斯坦在《逻辑哲学》中说："我的语言的界限意味着我的世界的界限。"他在语言与世界的关系上认为，语言与世界是一一对应的，语言的界限也就意味着世界的界限。根据我们以上的分析，他的这种观点是不符合实际情况的。的确，语言试图与世界一一对应，但它只能趋近这个目标，而不能完全达到这个目标。不是语言的界限意味着世界的界限，而是正相反，世界的界限就是语言的界限。

需要指出，有人否认实体能够传播信息，认为只有符号、编码才能传递信息。这是天大的偏见。面对文字、图像时是传播，面对产生所有文字、图像的丰富多彩的实体世界时反而不是传播了，岂不怪哉！坐在家里的沙发上观看电视机荧屏中的奥运会比赛或足球世界杯比赛是传播，成千上万人在体育场里现场观看这些比赛反倒不是传播了，这是什么观念在作祟？

---

① 刘长铭：《真实的体验与成长》，《书摘》2013年第3期。

② 〔美〕施拉姆、波特：《传播学概论》，北京，中国人民大学出版社，2010，第66页。

③ 朱小蔓：《情感教育论纲》，北京，人民出版社，2007，第149页。

五、即使符码传播，其接受过程也并非完全离不开符号

电影、电视、摄影等都属于符码传播，它们在传播的编码、译码过程中当然需要模拟信号(符号)、数字信号(符号)与视觉影像之间的转换。

但是，受众在银幕、荧屏、照片上看到的动态和静态的画面，非常接近实体世界。诸如日月星辰、山脉河流、花草树木、飞禽走兽，还有各种体育比赛、事件报道等，观者在接受它们的时候，往往不需要再进行符号转换，接近于在实际生活中直接感受这些事物。受众看到黄河、长江，它就是黄河、长江的一部分，而不是像看到文字符号黄河、长江那样需要转换；受众看到足球比赛中球员的各种动作，更不需要符号转换，那就是现场中的真实动作。在这个意义上，我们可以说，电影、电视、摄影的接受过程，就其动态的图像和静态的画面来说，往往不需要符号转换。有研究者已经注意到了这个问题："阅图之所以较读文轻松，就是因为大脑不需要额外解码。""视觉器官并不是天生用来接受字符的，而是用来感知影像的。"①请注意，我们并没有把影像中的事物与现实世界中的实际事物画等号的意思。视觉器官天生是用来感受真实世界中的景物，也不是用来接受影视中的影像的。

当然，如果有人物对话或画外音，接受的时候仍然伴随着符号转换。

六、小结：实物传播不需要符号，实事传播需要非符号与符号的混合使用

在实事传播中，尤其是在动作、表情传播中，非符号与符号被混合和综合使用来完成传播活动。任何生活活动或事件的产生和发展，都离不开具体的物质实物环境。就实事传播中的实物传播来说，它属于非符号传播。而其中的人物对话则多属于符号传播。至于实事传播中的各种行为，多数不具有明显的符号意义。人的各种体态、姿势、动作、眼神等，有的具有明显的符号意义，比如点头表示肯定，摇头表示否定，鼓掌表示欢迎，挥手表示告别等。但更多的体态、姿势、动作、眼神等符号意义不明显，有的处于符号与非符号之间，有的则很难找到其符号意味。

符号学学者霍克斯也发现：

> 甚至当我们不在对别人说话时，或别人不在对我们说话时，来自其他"语言"的信息也争先恐后地涌向我们：号角齐鸣、灯

① 陈海燕：《从"读时代"走进"阅时代"》，《出版人》2012年第10期。

> 光闪烁、法律限制、广告宣传、香味或臭气、可口或令人厌恶的滋味，甚至连客体的“感受”也有系统地把某种有意义的东西传达给我们。①

其中提到的号角齐鸣、灯光闪烁、香味或臭气、可口或令人厌恶的滋味等，都是实体信息传播，它们传递自身信息不需要借助于符号。在“客体的‘感受’也有系统地把某种有意义的东西传达给我们”中，包含了范围更广的客观实体传递信息的含义。

施拉姆说过：“仔细地注意一下，传播不是全部(甚至大部分不是)通过言词进行的。一个姿势、一种面部表情、声调类型、响亮程度、一个强调语气、一次接吻、把手搭在肩上、理发或不理发、八角形的停车标志牌，这一切都携带着信息。”②没有疑问，施拉姆所列举的那些例子都携带着信息。问题是，除了停车标志牌外，它们中的大部分都很难被看作符号，尤其是很难被看作纯粹的符号。

施拉姆还有一段论述：

> 以那个在黑夜发出喊声的警卫为例。他一定是听到了脚步声或看到了什么东西在移动。因此，突然间，他心中的环境和局面的构象发生了变化。的确，大多数传播是由于我们心中关于我们所处环境的印象或我们自己的需要发生了变化而引起的。因此，警卫采用了他学过的适用于这种新局面的不论什么传播行为。如果他在玩“二十个问题”的游戏的话，他也许就会说，“动物、植物还是矿物”，但是，他正在值勤，所以他喊出，“站住，谁在那儿走?”他用他的话传播了这样的信息，即这是一个有人警卫的地方，如果有人要闯进来的话，他就必须做出回答或冒风险。如果闯入者像惊险小说里所写的一样回答“朋友”的话，警卫就获悉了一定程度的信息。但是，他还要进一步减少不确定性。也许他说，“过来说明你的身份。”如果随后他知道来者是A连的军士布朗，军号CZl4689732，他就得到了许多他所需要的信息了。如果来者走到了亮处，那么警卫就能认出他是一位海军陆战队军士，身高6英尺左右，长着棕色头发和棕色

---

① 〔英〕特伦斯·霍克斯：《结构主义和符号学》，上海，上海译文出版社，1987，第128页。

② 〔美〕施拉姆、波特：《传播学概论》，北京，新华出版社，1984，第4页。

眼睛，身穿军绿色军服，不确定性就进一步减少了。①

首先，初步的信息，“听到了脚步声或看到了什么东西在移动”那不是符号，而是实体信息。其次，进一步的确认，“身高六英尺左右，长着棕色头发和棕色眼睛，身穿军绿色军服”也都是实体信息。但是，其中的对话，尤其是“军号 CZl4689732”那是明显的符码信息。可见，在实事传播中实体传播与符码传播是交替出现、配合运用的。

萨皮尔说：“每一种文化形式和每一种社会行为都或明或暗地包含着交流。”②如果说“文化形式”包含着符号的话，那么“社会行为”就是符号不能涵盖得了了。既然“社会行为”也“或明或暗地包含着交流”，即包含着传播，那么，这种传播难道仅仅是符号传播吗？答案是否定的。

我们可以用下面的简图(见图 5-1)表示以上所述实体传播、符码传播与符号传播、非符号传播的关系：

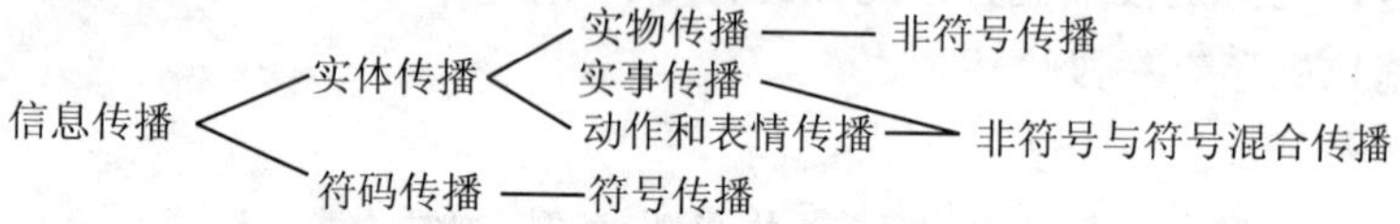

图 5-1　实体传播、符码传播与符号传播、非符号传播的关系

图 5-1 可以这样简要地表述：实物传播不需要符号，实事传播需要非符号与符号的混合使用，符码传播则属于纯符号传播。

不一定需要符号的实体传播却是需要符号的符码传播的基础，而且实体传播带给人的影响更直接、更深刻、更实际。“一朝被蛇咬，十年怕井绳”，被蛇咬是实体信息、实体传播，正因为这种给人带来巨大伤痛的实体传播，才导致对蛇的类似物——井绳(我们可以在一定程度上把它看作蛇的符号)的长时间惧怕。

第三节　重新认识符号

一、符号地位的夸大与传播范围的缩小

如果用上述观念看郭庆光为符号下的定义，笔者认为，“符号是信息

---

① 〔美〕施拉姆、波特：《传播学概论》，北京，新华出版社，1984，第 43～44 页。

② 〔美〕萨皮尔：《语言、文化和个性文选》，见〔英〕特伦斯·霍克斯：《结构主义和符号学》，上海，上海译文出版社，1987，第 129 页。

的外在形式或物质载体”有其合理性，但说符号“是信息表达和传播中不可缺少的一种基本要素”就需要推敲了。信息表达和传播可以通过符号，比如在符码传播中；也可以不通过符号，比如在实体传播中。所以，“不可缺少”把符号在信息传播中的地位夸大了，同时也把传播的范围缩小了，把它局限在了符码传播中。上述说法，只有在符码传播的范围内才能说通。

符号是相对于自然界和人类社会而言的，它是人类社会的衍生物。在已有的人们对符号的描述中，它们只适用于符码传播，而超出了符码传播的范围就有局限性了。正像牛顿力学在特定范围内是正确的，但到了爱因斯坦的视域中就显现出局限性一样。

1995 年 8 月在大连召开的“文化研究：中国与西方”的国际研讨会上，英国牛津大学英文系顶级教授特里·伊格尔顿(Terry Eagleton)提交的一篇论文《后现代主义的矛盾》(The Contradictions of Postmodernism)中指出：

> 现在，一切都是文化的这样一种思想，在西方左翼人士中特别时髦，这种思想属于一种可称之为“文化至上论”的理念，这个术语，跟经济论、生物论、本质论或其他形形色色的“主义”一样，也是一种简约式说法，而面对这些主义现在已稍稍产生了一点惶恐不安的过度反应。这种文化至上论把与人类共有的“自然性、物质性、动物性”相对立的建构性、符号性和规范性的重要性给放大了。①

信息都是由符号构成和传播的，就是放大了符号的重要性。信息是能够消除不确定性的东西。敌人来了没有，作为人的敌人出现在你的眼前，就消除了你的来还是没来的不确定；太阳出来没有，作为物质实体的太阳升起在东方不确定性也就消除了。这些信息的获取只要看到实人、实物就行了，符号并非不可或缺。

放大了符号的重要性还表现在，“到后现代主义者手中，最终将这一符号系统的现实效力表现得淋漓尽致——不仅外部事物是由符号建构的，甚至人自身、人的身体也是由符号建构的。”②符号确实建构了许多“外部

① 转引自盛宁：《走出“文化研究”的困境》，《文艺研究》2011 年第 7 期。

② 张兵：《符号学危机的化解：重置身体符号的“坐标原点”》，《学术月刊》2010 年第 10 期。

事物”，符号建构的“外部事物”在人类所居的地球上也许占有一定比重，但在全部客观世界中简直是微不足道的。人确实是创造和使用符号的动物，但说“人自身、人的身体也是由符号建构的”就过头了，人首先是生物物质实体，然后才谈得上创造和使用符号。笔者这样说，并不是没有看到符号在建构“外部事物”时作用越来越重要，“人自身、人的身体”在成长和塑造过程中符号的作用越来越突出。

二、关于广义的符号概念

在有的符号学研究者那里，有一个广义的符号概念。格雷马斯说：“我们企图从中得出一些结论，把事物和过程看作符号——人们甚至可以指它们为自然符号”①。如果把客观事物及其发展变化过程看作符号——“自然符号”，这就是一个广义的符号概念。在这个广义的符号概念下，说信息都是由符号构成，并且一定要通过符号才能实现信息传播也未尝不可。然而，绝大多数符号学研究者在谈论信息都是由符号构成，并且一定要通过符号才能实现信息传播这个问题时，使用的都是符号的狭义意义。

特别需要注意，广义的符号可能会导致符号概念的泛化，使符号这个重要概念失去意义并产生混乱。因此，狭义的符号概念，是人们在谈论信息与符号的关系时的预设语境。人们在谈论符号时，当然是指它的通常的、规范的、狭义的含义。

第四节　对话与实体信息、符号

到目前为止的符号学可以分为四大学派或模式：索绪尔为代表的语言学模式，皮尔士为代表的逻辑—修辞学模式，德国的卡西尔(Ernst Cassirer)为代表的“象征符号”模式，苏联著名理论家巴赫金(Михаил МихаЙлович Бахтинг，1895～1975)从形式研究文化的模式。

巴赫金以提出对话理论而著称，他在《关于陀思妥耶夫斯基一书的修订》中指出：“生活就其本质说是对话的。生活意味着参与对话：提问、聆听、应答、赞同，等等。人是整个地以其全部生活参与到这一对话之中，包括眼睛、嘴巴、双手、心灵、精神、整个躯体、行为。他以整个

① 〔法〕A. J. 格雷马斯：《论意义——符号学论文集》上册，北京，百花文艺出版社，2005，第50页。

身心投入话语之中，这个话语则进到人类生活的对话网络里，参与到国际的研讨中。”①

对话自然与语言符号紧密相关，包括巴赫金在内的学者们也多是从这一角度研究对话的，笔者则尝试把实体信息引入对话理论。本节是对本章第二节所阐述理论的一种运用，也是对这种理论的继续深化。

一、一般意义上的对话

一般意义上的对话即人与人之间的对话，多是以语言符号为主，但实体信息也可能穿插其中。有时候，如果没有实体信息伴随，对话甚至就可能无法进行。《红楼梦》里有一段“贾母请刘姥姥吃茄子”的妙趣横生的对话：

> 贾母笑道：“你把茄鲞搛些喂他。”凤姐儿听说，依言搛些茄鲞送入刘姥姥口中，因笑道：“你们天天吃茄子，也尝尝我们的茄子，弄的可口不可口？”刘姥姥笑道：“别哄我了。茄子跑出这个味儿来了，我们也不用种粮食，只种茄子了。”众人笑道：“真是茄子，我们再不哄你。”刘姥姥诧异道：“真是茄子，我白吃了半日。姑奶奶再喂我些，这一口细嚼嚼。”凤姐儿来又搛了些放入口内。刘姥姥细嚼了半日，笑道：“虽有一点茄子香，只是还不像是茄子，告诉我是个什么法子弄的，我也弄着吃去。”凤姐儿笑道：“这也不难。你把才下来的茄子把皮削了，只要净肉，切成碎钉子，用鸡油炸了，再用鸡脯子肉，并香菌、新笋、蘑菇、五香腐干、各色干果子俱切成钉子，用鸡汤煨干，将香油一收，外加糟油一拌，盛在磁罐子里封严。要吃时拿出来，用炒的鸡瓜一拌就是。”刘姥姥听了摇头吐舌说道：“我的佛祖，到得十来只鸡来配他，怪道这个味儿。”

不用过多分析，这段对话如果没有实体的茄鲞及其实体信息，对话便无法进行。刘姥姥如果没有把茄鲞吃进嘴里，就不会有这样回答贾母：“别哄我了。茄子跑出这个味儿来了，我们也不用种粮食，只种茄子了。”如果不是又尝了一口茄鲞，更不会有这样的味觉感受：“虽有一点茄子香，只是还不像是茄子，告诉我是个什么法子弄的，我也弄着吃去。”也

① 钱中文：《巴赫金全集》第五卷，石家庄，河北教育出版社，1998，第387页。

正是在实体的茄鲞面前尤其是刘姥姥亲口品尝之后，凤姐关于这道菜的材料和制作方法的详细介绍才不显得空洞。

然而，与现实社会对话，与自然界对话，则必须依靠实体和实体信息，符码信息最多只起辅助作用。即使在巴赫金关于对话和话语的论述中，也不排除实体和实体信息。正像上述引文中他所说：“人是整个地以其全部生活参与到这一对话之中，包括眼睛、嘴巴、双手、心灵、精神、整个躯体、行为。”“全部生活”自然包括实体和实体信息，不可能仅仅是语言符号。尤其是“双手”“整个躯体、行为”更是以实体信息为主。

二、人与社会现实的对话

人与社会现实的对话主要表现为社会实践活动。社会运动、社会改革是显著的社会实践活动。就社会改革而言，多数社会改革首先是营造社会舆论，这一阶段以语言符号为主。改革思路大致形成共识后，会出台改革方案，改革方案是文字、是蓝图，依然是以符码传播为主。改革方案一旦付诸实践，人与社会现实的真正对话就开始了，这是人与社会现实互动的过程。在这种互动过程中，人与人之间的社会地位和关系发生了调整和变化，人与自然的关系也发生了调整和变化。这都是实体的调整和变化，当然会伴随着实体信息的调整和变化。无疑，这是社会改革的核心阶段，而这一阶段恰恰是以实体和实体信息的调整和变化为主。完整的社会改革还包括理论总结阶段，这一阶段以改革形成的社会现实成果为依据，进行理论升华。

营造社会舆论、出台改革方案、将改革方案付诸实践、理论总结，表面看以上社会改革的四个阶段中，只有一个阶段以实体和实体信息的调整、变化为主，但只有这个阶段才是改革的实质阶段。比如，当年安徽省凤阳县小岗村土地承包“大包干”的“地下”改革，按过红手印之后，村民就不再一起到同一块田地里干活了，而是在自己承包的土地里干活，这既是人与人之间社会关系的调整和变化，也是人与自然（土地）关系的调整和变化。

社会运动（包括社会革命）的核心内容同样是实体和实体信息的变动，正如马克思在《〈黑格尔法哲学批判〉导言》中所说：“批判的武器当然不能代替武器的批判，物质力量只能用物质力量来摧毁。”与社会改革不同的是，社会运动尤其是社会革命对社会实体的改变往往更剧烈。

三、人与自然界的对话

19 世纪末瑞典探险家斯文·赫定穿越塔克拉玛干大沙漠的壮举，就是一次人与自然的对话。

最初的十余日，赫定的沙漠探险队行进颇为顺利，时不时能见到草木和小湖泊，随处可以挖掘到地下水。

在翻越一座沙山之后，赫定发现，除了一望无尽起伏的沙海，再没有任何具有生命特征的东西出现。由于向导的错误，饮用水用尽之后，他们仍然没有抵达和阗河。沙漠地表没有任何水源，掘地数小时也未能找到一滴水。更为糟糕的是，恶劣的天气接踵而至，白天酷热难挡，时不时还会出现沙尘暴。死神开始迎接这支队伍，首先是骆驼一匹一匹地接连死去，随行的仆人也开始渴死。赫定在日记中绝望地写道："站在高处的沙山上，我们用望远镜眺望着东方，茫茫无际的沙漠中，看不到包括草在内的任何生命的痕迹，我们和骆驼都已疲弱至极，愿上帝保佑我们！"

随后几日，他们不得不试图喝下任何流动的物质，动物血、骆驼尿……赫定甚至感觉到自己的血液已经开始凝固了。如此挣扎着过了五日，他们互相搀扶或爬行前进。行进一段时间后，他们在前方发现了脚印，以为已经离和阗河不远。等走近才发现：那是自己的脚印！赫定绝望地躺在了沙漠中。第二天，勉强睁开眼睛的赫定似乎看到远处有一片树林。他强打精神，挣扎着前往树林，但是身边仅剩的两个仆人已经无力前行。经过数小时的漫长行进，赫定终于爬到了河边。但令人绝望的是，月夜下的河床就跟他身后的沙漠一样干涸。此时的他已然绝望，浓浓的睡意袭来，但冥冥之中似乎有一只手拉着他，踉跄前行。就在他将要睡去的瞬间，突然听到水鸟拍打翅膀的声音。他寻声而去，惊喜地发现一个小水池。赫定扑到水中喝了个够。赫定满怀感激地给这个小水池取名"天赐之池"。随后，他用皮靴盛满池水，救活了不远处奄奄一息的两个仆人。最终，九死一生的经历，成就了他世界上首次横穿塔克拉玛干大沙漠的壮举。①

显然，在这种与自然界的对话中，实体及其信息是主要对象，符码信息最多起辅助作用。斯文·赫定对话的对象是沙漠，用脚步跨越沙海是对话的主要方式，而在沙漠中寻找水源成为决定这种对话能否成功的关键。绝望之时"水鸟拍打翅膀的声音"，挽救了斯文·赫定，但"水鸟拍打翅膀的声音"并非符码信息，而是实体信息。道理很简单，有水鸟必定有水源。

① 王新春：《斯文·赫定和"丝绸之路复兴"》，《国家人文历史》2014年第13期。

斯文·赫定穿越塔克拉玛干大沙漠仅是人与自然界对话的一个例子。随着科学技术的不断进步，人类在与自然界对话中有更多的符码信息参与进来，然而对话的核心内容只能是实体和实体信息，这是没有什么疑问的。

综上所述，实体信息与对话理论有密切关系。一般意义上的对话不仅以实体信息为基础，而且还需要实体信息不时参与，而人与社会现实的对话其核心部分以实体信息为主，人与自然界的对话更是以实体信息为主。

第六章　实体信息传播发展趋势

由前几章的论述可以看出，实体信息和实体传播是涵盖力极广的一对概念，关涉自然界和社会生活的众多领域，并且关涉人的世界观和方法论。当以实体信息和实体传播的视角审视我们所处的世界时，会对这个世界有不同以往的认识。本章是对实体信息和实体传播理论的具体运用，也是对实体信息和实体传播发展趋势的探讨，实体信息和实体传播在众多实体领域和理论领域中有着极其广阔的发展和对接空间。本章共分四节，前两节侧重于实体领域，后两节侧重于理论领域。

第一节　“三流”中的信息传播

一、世界的三种流动形态：物质流、生物流、信息流

我们已知的世界在不停地运动，这种运动在一定程度上也可以叫作流动。总括起来说，这个世界有三种运动形态或流动形态：物质流、生物流、信息流，我们可以简称之为“三流”。当然，这三种流动形态并不是截然分离、互不联系，而是你中有我、我中有你。比如，物质流动中伴随着信息流动；生物流动也可以看作是一种物质流动；生物流动中更是伴随着丰富的信息流动；而信息的流动则离不开物质的流动或生物的流动，等等。这三种流动形态的划分为我们揭示出物流与人口流所伴随着的信息流动和传播现象提供了一个大框架。人口流动简称为“人流”，这里所说的“人流”不是指医学上的人工流产；其实像流体一样向前移动的人群或者人口流动才是“人流”的本意。

需要说明，物质流、生物流、信息流是级别极高的概念，概括范围非常广。

可以说，在现代社会背景下，狭义的信息流是单纯的流动形态，物质流和生物流是综合的流动形态。把物质流、生物流、信息流区别开来从研究角度来说有其可能性和必要性。

人们对物质流、生物流、信息流这三种流动形态并不陌生，但把这三者放在一起进行考察，尤其是在传播学、信息理论的框架内以实体信

息和实体传播的视角把三者放在一起做审视和研究还是一个新视角，有着广阔的发展空间。

由于传播学已经对信息流与信息传播做过许多研究。在这里我们要重点探讨的是物质流和信息传播之间的关系、生物流中的人口流与信息传播的关系。

二、物质流与信息传播

（一）物质流及其中的信息流动

有许多研究物流的著作和论文，并形成专门的学问——物流学，甚至形成了专门的流分析方法(flow analysis)。不过，我们这里所说的物质流不仅包括物流学所说的物流，也包括世界上所有的物质流动。物流学所说的物流与人类生产和消费紧密相关。物流是物品从供应地向接收地的实体流动过程，包括运输、存储、装卸、搬运、包装、流通加工、配送、信息处理等。这是一种人类的经济生产活动。

中国的南水北调工程与生产和生活相关，属于一种物质流动，是水的流向的改变。环境污染转移与生产活动相关，它也属于一种物质流动。我们所说的物质流也有与人类的生产和消费无关的一般物质运动或流动，比如，海水的流动、气流的运动等。这里所说的与人类的生产和消费无关，是指它们一般不是人类的生产和消费所造成或是其结果，其实，海流和气流对人类的某些生产活动(比如远洋运输、航空运输等)会产生重要影响。

总括起来，物质流包括固体流动、液体流动、气体流动。光的流动和电子的流动可以粗略地归纳到这三种流动形态中，这里不能做深入探讨。所有这些物质流动形态都携带和传递着自身的信息。物流学所说的物流以固体物质流动为主，也存在液体流动比如石油的输送等，还有气体流动比如天然气的输送等。

产业转移表面上看主要是物流，实际上它是综合的物流、人流和信息流。当前，中国产业正在发生着由东南沿海经济发达地区向中、西部的转移，在这种转移中会伴随着人才、技术、资金等的流动，这对中、西部的发展将会起到推动作用。

资金的流动也可以看作一种特殊物质的流动；股票交易就是资金的流动。上海静安证券营业部创始人之一胡瑞荃在谈到股票交易时说过，股票的生命在于流动。显然，股票市场上资金在流动，信息更在流动。

热钱是一种快速流动的短期资本，有时对金融市场冲击很大。热钱的流动是“闻风而动”，信息在其中扮演着重要角色，哪里有投机机会（信息），热钱就大量流向哪里。

信息往往对人类社会中的物流起着导向或沟通作用。

（二）物流与信息传播

当然，我们将要重点考察的是与人类生产和消费密切相关的物流，特别是它与信息传播的关系。

物流是实物的流动、传递。人类社会中实物的传递是一种物质流。实物传递在中国夏朝就已出现，商代已经有了专门传递信物的人，西周有了步传和车传的区分。秦代有了快递和非快递之分。从汉代起快递均由马递的方式传送。南北朝时期紧急公文发驿称作“驰驿”，速度要求每日400里左右，隋唐时快递要求500里左右。再往后，袁枚《随园随笔》记载，最快的急递“日行六百里，以为至速也”。国外，据说信差把尼禄的死讯带到西班牙给加尔巴，在36小时内驰行了500多公里。

在中国古代，实物传递的速度也大致等同于信息的传递速度，因为信息的承载体都是实物，或是竹片，或是皮、布，或是纸张，等等，当然它们都是体积小、重量轻、易携带的实物。

现代物流传递的实物量大速快，物流与信息传播已经分流。物流一般只承担物资流动的职能，不再承担传递信息的任务。然而，不再承担信息传递的任务，并不意味着物流不传递信息。1985年美国物流管理协会为物流下的定义为：物流是以满足客户需求为目的，为提高原料、在制品和制成品以及相关信息从供应到消费的流动和储存效率而对其进行的计划、执行和控制的过程。从这个定义可以看出，信息是物流内容的一部分。而且，物流学界还有物流第二空间的说法。所谓物流第二空间是指物流的信息空间。物流第二空间的拓展，电子商务的大范围快速展开，称得上物流业的一次伟大革命，“零库存”正在成为一种趋势。互联网的出现和发展，使信息流动成本空前降低、使信息搜索时间和成本空前减少和降低，为电子商务奠定了基础。由于物流第二空间的迅速扩展，也就是信息的高效、低成本传送和接受，使实物配送成为瓶颈，快递业迅速发展，也存在一些亟待解决的问题。

由于所有的生产资料和生活资料都携带着信息，物资商品运输到哪里，这些信息也就跟着到了哪里。

三、生物流与信息传播

（一）生物流简介

人口的流动也早已为人们所关注和研究，比如关于移民的研究、旅客运输中关于客流规律的研究、农民工流动研究，等等。人员流动是旅游的特征之一，旅游活动必然产生旅游流的流向和流通量的问题，流向和流量是决定旅游流特性的两个主要指标。显然，人口流是生物流的一部分，因为候鸟的迁移、藏羚羊群的移动轨迹等都属于生物流。

植物种子的移动传播也属于一种生物流动，植物的流动迁移有的靠风力，有的靠鸟类的搬移，有的靠人的搬运移植。

达尔文曾详细描述过植物种子的移动传播情况。他指出："种子偶尔还靠另外的方法传布。漂流的木材常被冲到很多岛屿上去，甚至被冲到极广阔的大洋中心的岛上去；太平洋中珊瑚岛上的土著居民专从漂流树木的根间搜获做工具用的石块；这种石块又是贵重的王家税品。我发现，当形状不整齐的石块夹在树根中间时，常有小块泥土塞在空隙里或包在后面，包藏得极为严密，虽经极长久的运输期间，也不会有一粒被冲掉。一棵树龄约 50 年的栎树的根部就曾有这样密封着的泥土，从一小部分中就萌发出了三种双子叶植物。我确信这个观察的可靠性。"植物的种子靠漂流的木材得以移动传播。

达尔文还指出："活的鸟，也不失为高度有效的种子运输者。我有许多事实可以证明，很多种鸟类常被强风吹到横过重洋的远方。在这种情形下，我们可以稳妥地估计，它们的飞行速率每小时常可达 35 里；有些作者的估计尚远较此数为高。我从未见有营养丰富的种子能够通过鸟肠的事例，可是果实内坚硬的种子甚至可以通过火鸡的消化器官而不受损害。我曾经在两个月之内在我的花园中从小鸟的排泄物内检出 12 种种子，看来都很完好，其中有些经试植，都能发芽。可是更重要的是，鸟类的嗉囊并不分泌胃液，据我试验结果，不会使种子的发芽力受到任何的损害；可以肯定，鸟类在觅得并吞食了大量食物之后，其中谷粒经 12 小时或者甚至 18 小时尚未全部达到砂囊。在此时间内，这只鸟很可能随风飞行远达 500 里；倦飞的鸟常被鹰类所攫食，于是被撕开的嗉囊内的含有物便得以散布。"①他对鸟类搬运植物种子使这些种子得以移动传播做了具体细致的描述。

明代科学家徐光启把福建甘薯引到上海试种获得成功，写了《甘薯疏》；将北方的芜菁移植到上海，写了《芜菁疏》。他在《甘薯疏》序中认为："余不佞，独持迂论，以为能相通者什九，不者什一，人人务相通，即世可无虑不足，民可无道殣。"大意是说，植物能互相交流的占十分之

① 以上两段引文均出自〔英〕达尔文：《物种起源》，北京，科学出版社，1972，第 247 页。

九，不能交流的占十分之一，如果人人谋求交流，社会上就不会忧虑食物不足，百姓就没有饿死在路上的事了。

（二）人流与信息传播

也不用解释，我们将重点分析的是人口流当中的信息传播问题。

人的迁移伴随着信息、思想、文化、风俗、技术等的流动和传播。可以说，人的迁移、流动是内容最丰富的传播。因为一般意义上的传播只是信息的传播，而人的迁移、流动不仅是人的位移，而且还或多或少地携带着物资，而且还携带着丰富的信息、思想、文化、风俗、技术等。因为人是信息、思想、文化、风俗、技术等的携带者。

著名的瑞士手表业得益于16世纪末的一次宗教徒大迁徙，法国的钟表技术随之传来，与瑞士原有的金银首饰业相结合。19世纪出现了制表机械，此行业在瑞士获得了举世瞩目的成就。

1517年后，葡萄牙人使用新式佛郎机炮骚扰中国东南沿海，威胁很大。后来中国官员私下沟通了久住国外随葡萄牙船出入广州的华人杨三、戴明等人，他们“备知造船铸铳及制火药之法”，遂加以仿造。杨三、戴明等人身上携带着造船造炮的技术。

有些信息不旅行、不远游就很难得到。《东都事略》记载：宋初大将张永德落魄时曾住在葛驿，位置在现在的河南商丘一带，与一落难女子配为夫妇。有一天，后周太祖郭威来此地住到葛驿里。此女子竟然认出他是自己的父亲，原来父女失散多年。于是，郭威将女儿、女婿带走，这对夫妇的命运改变了。

有些信息传送者不远行、不送过去，就很难实现真正的传播。据研究，佛教大约是在两汉之际由西域僧人和使节传入中国的，起初在民间传播，后来才影响到社会上层。宗教传播大约都有这样的特征，尤其是最初的传播，往往要靠信徒直接去游说和传播，仅靠文字、图像传播很难奏效。

也可以说人的迁移、流动是一种综合传播。这种综合传播所达到的效果是通过普通媒体传播的信息和文化无法相比的。

人类的群体迁移更有其独特的不可取代的传播效果。中国工农红军的万里长征就是一次大规模的、长距离的、以步行为主的群体迁移。毛泽东总结长征时说，“红军是播种机”“红军是宣传队”。毛泽东后来还多次动用过大规模的群体流动与传播，比如，“文化大革命”中的红卫兵“大串联”以及“知识青年上山下乡”等，都是群体移动传播的实例。“文化大革命”得以迅速发动起来，红卫兵的“大串连”这种群体移动传播方式起了相当作用。

我们可以发现，近、现代中国社会已经有过三种重要的、定向群体流动。在这三种群体流动过程中都伴随着显在的、丰富的信息、文化传播。第一种流动：出国留学，主要向欧、美、日等发达国家流动；第二种流动：人才向北京、上海和东南沿海大中城市流动，人称“孔雀东南飞”“涌入北(京)、上(海)、广(州)”；第三种流动：农民工向大中城市流动，早期人们把它叫作“民工潮”。以上三种流动是很值得研究的中国社会问题。

奥运火炬的传递也是一种独特的群体移动传播方式。火炬传递的过程，同时也是将奥运精神和理念向沿途各国、各地区民间传播的过程。一般情况下奥运圣火都是以人接人、手递手的方式传递，如遇高山险阻或跨江越海则可借助于飞机或轮船等交通工具。在运输、传播技术高度发达的现代社会，人们依然沿用最原始的火炬传递方式，就是因为它有着不能取代的传播作用。

有些文化，尤其是民族、民间口头文化靠的是人的代代传承。保存在人身上的这种文化，如果失去了人的传承，这种文化也就随之消失了。正因为如此，热心于民间文化的中国作家冯骥才指出：“非物质文化遗产的重要特征，就是人是文化的主人，不像物质文化遗产可以存放博物馆，可以静态保留，非物质文化遗产就在人身上保留着，人不存在了，文化也随之消失。因此更加弥足珍贵。”①高尔基早就指出：“一个民间艺人的逝世，相当于一座小型博物馆的毁灭。”②

有些历史资料仅存在于少数亲历者头脑中，这些人的长逝会给相关历史带来不可弥补的损失。曾任中国作家协会党组副书记、书记处书记、《人民文学》主编、人民文学出版社社长等职的作家严文井，始终坚持着“有的可‘述而不作’、有的绝对不能说”的底线，并未写自己的回忆录。孙逊在《中国青年》杂志 2008 年第 14 期发表文章叹息道：他“带走了”半部当代文学史。严文井认为：

> 能够写的，不能写，写了会得罪人的。别人都知道的，又没必要写，写了，也没价值。所以，干脆就不写了。巴金敢写、能写，也会写，写的都是真话，我佩服他。萧乾是“未带地图的

---

① 刘先琴：《传承，留住我们的根》，《光明日报》2007 年 1 月 5 日。

② 转引自毕玉才、苗家生、刘勇：《非物质文化遗产：别断了“香火”才讲传承》，《光明日报》2009 年 2 月 11 日。

旅人”，而我是“带地图的旅人”，条条框框多啊，写不好，会伤害人的。与其这样，还不如不写。[①]

这就是他“带走了”半部当代文学史的原因。

关于人流与信息传播，以上仅是极其简要的论述，详细的论述请有兴趣的读者查看笔者已经出版的《旅游传播论》和《人的迁移与传播》两本书的相关内容。

四、信息流与物流、人流之间的关系

信息流是传播学的一个术语。信息流的狭义定义是指从现代信息技术研究、发展、应用的角度看，信息处理过程中信息在计算机系统和通信网络中的流动。广义的信息流是指自然界和人类社会中信息的流动。弗里德里克指出：“假如人能够在宇宙中的一棵树上眺望遍及世界的新闻和信息流动，就会发现它完全类似于人类的血液循环系统。换句话来说，世界已经成了一个由川流不息的信息所连接起来的多重有机体。”这里，我们主要使用信息流的广义内涵和外延。

物流指的是物质商品的流动。物质商品的流动携带着信息在流动，只不过不以传递信息为主要目的。

物流活动产生大量的原材料供应、产成品消费等信息。为提高物流的效率，要求信息流保持通畅，并准确反馈物流各环节运作所需要的信息；信息技术的不断进步为信息的及时大规模传递创造了条件，反过来促进物流服务范围的扩大和物流组织管理手段的不断改进，促进物流能力和效率的提高。然而，物资的可得性不仅是评价物流系统功能的首要指标，同时也是物流系统优化的最主要目标。沃尔玛竞争的优势表面看是天天低价，但其核心是“吸引客户忠诚的经营能力和出色的后勤物流配送(存货补充)能力”。

电子商务把信息流与物流紧密结合在一起。美国经济学家托马斯·马龙最早提出电子商务的概念。美国政府在1999年《全球电子商务纲要》中对电子商务下的定义是：通过互联网进行的各项商务活动，包括广告、交易、支付、服务等活动。显然，没有信息流和物流的电子商务都是不可想象的。没有迅捷的现代物流配送体系，电子商务就失去了自身的意义。

在物流系统中，信息是整个供应链运营的环境基础，信息环境对物

---

① 孙逊：《他“带走了”半部当代文学史》，《文摘报》2008年11月13日。

流一体化起着控制和主导作用。物流活动的内容包括订货管理、订货处理、配送作业、运输、采购等。通过信息流的反馈作用，使其每一项物流作业按照物流要求得以实现。

物流需要制订周密的计划。这些计划的制订，需要有大量的、及时的信息支持，充分、准确的信息流是制订物流计划有效的保障。

现代通信技术和网络技术的发展、应用，使跨地区的信息交流和传递成为可能，网上支付也已经和正在成为现实，使较大范围的物流网络成为可能。

信息流渗透在人流、物流中，而信息流可以有物流和人流，也可以没有。但人流和物流必定伴随着信息的传播流动。汉字甲骨文中“传”的字形是，也就是(人)＋(专，转动)，既是声旁也是形旁，表示转动。“传”字的本义是古人利用驿车一站站转递信件及物品。可见信息传播在古代既与人的移动(人流)连在一起，也与驿车、信件、物品(物流)连在一起。由此推广，“丝绸之路”和“大运河”上流动的不仅是物流(丝绸、茶叶和其他物资)、人流，还有信息流。

在全球化的世界中快速流动的有三种东西：信息、物质商品、人。其实，这三种东西的流动都是信息流动或伴随着信息的流动。

通常情况下，信息流是为人服务的，是为物流和物资的使用服务的。

五、信息由可见实物载体传播到电子传播的历史性转变

(一)从可见实物载体传播到电子传播

这里引出一个术语即信息的可见实物载体传播。信息的可见实物载体传播是指，信息的传递、流布需要与承载它的可见物质实体一起到达接受者面前。比如，书信需要把承载信息内容的纸张送到收信人手里，书籍也需要把承载知识信息的装订成册的纸张送到读者面前，等等。中国古代的鸿雁传书，抗日战争时期的“鸡毛信”等，都需要把信件原物送到接收者手里，否则接收者就得不到信息。美国的新闻业也曾经用信鸽、快马、蒸汽轮船和火车传递新闻稿件。1837 年 5 月，《巴尔的摩太阳报》通过巴尔的摩—俄亥俄铁路，用不到两小时的时间就把范布伦总统的咨文从华盛顿赶送到报社。而在以往，艾贝尔和助手必须等到次日早晨才能从华盛顿的报纸上得到这样的新闻。蒸汽轮船使跨大西洋航行所需时间从数周缩短到几天，也促进了新闻稿件的快速传递。之所以加“可见”二字，是为了把与肉眼看不到的电子传送信息区别开来；尽管电子用肉眼看不到，但无疑它也是一种物质。

1844年5月24日下午，塞缪尔·莫尔斯(Samuel Morse)用电报发出了第一条登在报纸上的电讯稿："1时——众议院刚刚就俄勒冈问题提出一项动议并交由全体委员会。被否决——79票赞成，86票反对。"有幸登载这条电讯稿的报纸是《巴尔的摩爱国者报》(*Baltimore Patriot*)，因为这是新闻传播方式的一次革命。以电报为开端以来的电话、广播、电影、电视的发明是传播史上的革命。正是这些发明，实现了由可见实物载体传播到肉眼不可见的电子传播的历史性转变。这是意味深长的转变，它们改变了在此之前的传播必须把原件送到、传到信宿手中、眼前的局面。从此，传播速度不再受可见实物载体传递速度的限制，得以大幅度提高，并且为传播成本下降开辟了广阔前景。

直到现在，在传播学领域人们已经对电话、广播、电影、电视有了很多研究，但对电报在人类传播发展中的历史地位仍然估价不足。正是莫尔斯发明的电报，首先实现了信息由可见实物载体传播到电子传播的历史性转变，其开创意义不可低估，尽管电报几乎已经退出历史舞台。从电报发明的那一刻起，信息传播与交通运输首次分了家。信息不再需要一个具体到可见物体如一封信、一个邮包或其他东西来传递。顺便解释一下，笔者之所以用"可见物体"这样的表述，是因为电子传送归根结底依然是一种物质传送，只不过这种物质我们用肉眼看不到罢了。在这个意义上，电子传送与由纸介承载的信件并无本质区别，它们都是附着在具体物质上的。

电子传播、数字传播的优势自不待言，我们在为此而感到兴奋的同时，也会有些许遗憾掺杂在里面。中国女作家铁凝说："即使在网络时代的今天，作家的纸质笔记本仍然有着某种古老而确凿的物质价值，更有着蕴含作家体温的可以触摸的精神线索。"①从作家手稿或笔记本上能获得的这种感受，电子文本上已经荡然无存。

在现代社会中，信息的流动最快。因为信息源到信息接收地不需要信息原型的移动，只需要电波的有线或无线移动，而物质实体和人的流动则需要自身的移动。

那些能够实现由可见实物载体传播向电子传播转变的东西，将会获得巨大的传播效益和经济效益。维纳较早看出了这一点："为了了解信息传输比单纯的肉体传输更为重要起见，让我们假定，我们有一位在欧洲的建筑师监造着一座在美国的建筑物。当然，我是假定在建筑现场上有

① 铁凝：《猜想井上靖的笔记本》，《人民日报》2007年6月12日。

一批胜任其事的工作人员——建筑工人、记录员等。有了这些条件，甚至不用收发任何建筑材料，建筑师就可以在建筑营造过程中起着主动的作用。他可以像平常那样编造自己的设计图和施工细则。在建筑师的制图室里所制订下来的设计图和施工细则，其副本本来要寄到建筑现场去的，这个做法今天看来没有必要。传真电报提供了一种方法，能把全部有关文件的复写本在不到一秒的时间之内发送出去，收到的副本就跟正本一样是很好的工作图。建筑师可以通过每日一次或几次拍摄下来的摄影记录来检查工作的进度，这些记录都可以通过传真电报送给他。如果他要给自己工作的代理人以任何批评和劝告的话，他可以通过电话、传真电报或电传打字机来传达。一句话，建筑师本人及其文件的传送可以非常有效地用消息传送来代替，而这种传送是不把物质粒子从线路的一端转移到另一端的。”①维纳所描述的情况如今有了更大的进展，信息技术发展到现在，已经把许多东西数字化。能够在网上直接传播的有形产品，比如书报、音乐、软件等的物流系统会逐渐隐形化，能够数字化的产品的物流最终会被网络传播系统取代。

符码信息和符码传播为什么会产生？一是信息传播简便、快捷的需要，二是大脑思维尤其是抽象思维的需要。符码传播由于能够编码传播，所以简便、快捷，但到目前为止，物质实体原物并不能编码传送，所以运送起来比符码传播要麻烦得多。

（二）物质产品原物不能编码传送

刚引用过的维纳那段话最后也谈到，电子传输“是不把物质粒子从线路的一端转移到另一端的”。后来，莱文森也谈过类似的观点：

> DNA生成的肉体和大脑的某些需求却是信息技术难以满足的。按照已知需求的意义，一些需求仅凭信息技术本来就是不可能满足的，例子有个体的营养需求和物种的生殖需求。它们需要的不是信息的表征或再现，而是原物的展示，不是信息，而是物质的、生命的过程……②

用莱文森的话说就是“你触摸不到赛博空间里的东西”。

---

① 〔美〕维纳：《人有人的用处——控制论和社会》，北京，中国文化艺术出版社，2005，第60页。

② 〔美〕保罗·莱文森：《软利器：信息革命的自然历史与未来》，上海，复旦大学出版社，2011，第188页。

信息可以编码传递，物质产品却不能编码传送、消费，只能原物送达，消费原物才能满足需要。在交通运输不发达的古代，要想吃到有些具有地域性的时鲜水果、蔬菜，需要付出巨大的代价，有时包括鲜血和生命。汉代宫中常年要求南海向长安进贡荔枝，当时靠快马速递。《后汉书》记载："旧献龙眼荔枝及生鲜，献之驿马昼夜传送之，至有遭虎狼毒害，顿仆死不绝。"《新唐书·杨贵妃传》记载："妃嗜荔枝，必欲生致之，乃置骑传送，走数千里，味未变，已至京师。"晚唐诗人杜牧的《过华清宫》诗有"一骑红尘妃子笑，无人知是荔枝来"的慨叹。现代交通运输已经使吃到新鲜荔枝不再是难事，但现代科技并不能使视频传播中的荔枝变成荔枝实物。

看电视中别人吃苹果不能解决观者吃苹果的问题，而且只有亲口吃过苹果、消费过苹果，才能真正理解电视传播中的吃苹果。所以，信息传播再发达，也不能取代物流业。

想得更远一些，考虑到人类文明的长久保存和传播，把地球文明转移到其他星球上正成为不少科学研究的议题和对象。"困在地球上的文明，无论它技术多么先进，如果不具备宇宙的意义，它都会灰飞烟灭。"[①]因为如果人类不能将地球文明迁徙到其他星球，地球一旦毁灭，人类文明也就不复存在。要想具备宇宙意义靠的是宇宙飞船之类的实体飞行、实体运载、实体传播。运载到其他星球的地球文明不仅要有符码信息，更重要的是承载实体信息的技术实体，还有掌握实体信息和符码信息的人。

（三）3D打印技术和量子态隐形传输带来新希望

1. 3D打印技术

3D打印技术使我们向物质产品的编码传送接近了一步，但目前3D打印所打出的"实物"多数还不是真正的实物，它只是实物的模型，或者说在形状上接近了真正的实物，但在性能上与真正的实物相差甚远。

3D打印机出现在20世纪90年代中期，这是一种立体打印技术（或叫三维打印技术），学术名称为快速成型技术（Fast Prototyping），它的专业说法应该是"增材制造"技术（Additive Process），包括快速原型制造技术和高性能金属构件直接制造技术两大类。这种技术颠覆了传统工业的加工方法，被有些学者称为"第三次工业革命的重要标志"。美国把人工智能、机器人和3D打印技术视为制造业的三大利器。

---

① 〔美〕保罗·莱文森：《思想无羁》，南京，南京大学出版社，2003，第286页。

3D打印机与普通打印机工作原理基本相同，普通打印机的打印材料是墨水和纸张，而3D打印机的“打印材料”则有金属、陶瓷、塑料、砂等，是实实在在的原材料和特殊的胶水。它甚至可以用实验室培养出来的细胞介质作原料打印出一块真正的鲜肉或一段人体器官，或用糖物质混合物作原料打印出一个完整的血管组织。据报道，英国研究人员首次用3D打印机打印出胚胎干细胞，干细胞鲜活且保有发展为其他类型细胞的能力。有的3D打印技术用的材料是人体细胞尤其是病人的自体细胞，这样打印出的人体器官的一个好处就是会减少排斥的可能性。美国的一项研究认为，3D打印最难解决的就是材料问题。

打印机与电脑连接后，通过电脑控制可以把“打印材料”一层层叠加起来，最终把计算机上的蓝图变成实物。制造物的结构之间无缝连接是3D打印机最大的亮点之一。3D打印技术可以制造传统工艺无法制造的零件，还使产品个性化需求得到快速充分的满足。由于使用的“打印材料”还十分有限，所以离打出各种真实实物还有很大的距离。目前，有的3D打印机打印成型的样品模型与实际产品具有同样的色彩，还可以将彩色分析结果直接描绘在模型上，模型样品所传递的信息量较大。

据报道，2012年，世界首辆3D打印赛车“阿里翁”诞生。比利时的16名工程师利用3D打印机制造了这辆全尺寸赛车，时速从零提升至60英里(约合每小时96千米)只需要4秒，最高时速可达到141千米。在德国的霍根海姆赛道，这辆3D打印赛车成功完成测试。由此看来，这种3D打印机类似制造实物的模子，只是更高级而已。

“阿里翁”的诞生是以“打印”的方式向实体复制迈进了一步。完美的实体复制也是实体传播的一种形式。

3D打印技术诞生时间还不长，还在成长，4D打印的理念又出现了。4D打印比3D打印多了一维，这就是时间维度。通过软件设定模型和时间，变形材料或智能材料在设定的时间内快速成型。

2. 量子态隐形远距离传输

在量子世界中存在一种类似“心电感应”的现象，也就是通常所说的“量子纠缠”。量子态隐形传输就是利用“量子纠缠”技术，使需要传输的量子态“超时空穿越”，在一个地方神秘消失，在另一个地方又神秘出现，却不需要任何载体的携带。

科学家研究证明，远距离传输完全可以实现。但“原对象”在传输过程中消逝(被销毁)，貌似“复制”原物体的过程，实际上也是对原物体的改变。

也有更大胆、更令人兴奋的设想："有朝一日，运输和传播会合二为一，一种瞬间完成的远距离运输(instantaneous teleportation technology)，不仅是可能的，而且是很可能出现的。""它们瞬即传输的，也许不是三维的图像，而是完全、真实、活生生的人。"①

六、"三流"与实体传播、符码传播的关系

物质流传播信息多属于实体传播，信息流属于符码传播。生物流传播信息介于实体传播与符码传播之间，有的属于实体传播，有的属于符码传播。

物质流、生物流、信息流"三流"与实体传播、符码传播之间的基本关系可以用下面的简图(见图 6-1)来表示：

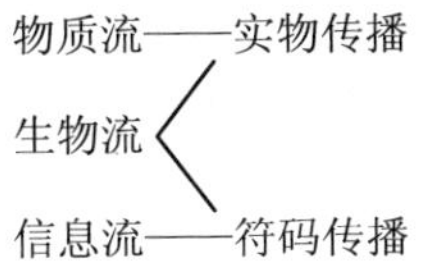

图 6-1 "三流"与实体传播、符码传播之间的基本关系

七、新"三网融会"与"三流"整合

(一)新"三网融会"

1. 新"三网融会"的内涵

"三网融会"通常是指电信网、广播电视网和互联网三个网络之间的融合。我们知道，人们正在积极推进现有的电信网、广播电视网和互联网之间的融会，实现电话网、电视网、互联网三网合一。这样，固定网、移动网和有线网、无线网之间将会实现互相贯通，不仅可以有效减少三网分别布线的烦琐和浪费，更重要的是为人们在通信、文化、娱乐等方面的生活和生产活动提供更加便捷和有效的综合性平台。

尽管现在在电信网、广播电视网和互联网三网之间还没有真正实现融会，一种新的"三网融会"设想已经成为许多研究者关注的话题，这就是互联网、物联网、人联网的三网融会。在物联网、人联网的设想刚出现不久就谈"三网融会"是否太不着边际呢？我们还是从物联网和人联网分别说起。

物联网就是把感应器嵌入和装备到物质世界，包括铁路、公路、桥

① 〔美〕保罗·莱文森：《思想无羁》，南京，南京大学出版社，2003，第 182～183 页。

梁、隧道、建筑、大坝、电网、供水系统、油气管道等各种物体中，并把这些物体普遍连接起来，然后把它们与现有的互联网整合起来。利用整合之后的物联网和互联网人类就可以以更加精细和动态的方式管理生产和生活，提高生产力和资源利用率水平。物联网的重要技术基础是射频识别技术、传感器、智能植入技术和纳米技术等。依靠这些技术，物体就可以通过互联网主动进行实时数据交换，从而形成物联网。这种物联网以现有的互联网为基础，也可以说是扩大的互联网。过去，互联网联结的是世界各地的电脑，现在物联网联结的是整个物质世界，而且要将整个物质世界与电脑网络世界联结在一起。这样电脑网络将有可能直接监视和控制生产过程。过去物质基础设施比如公路、机场、建筑物等与互联网是分开设置的，现在它们将纳入一个统一的大系统之中。

据报道，目前，物联网的概念已经在不同的领域中得到了应用。雀巢公司在法国和英国的数百个冰激凌自动售货机上安装了无线通信系统，每天发送销售报告并向操作人员发出补货通知。加拿大火车和飞机制造商——庞巴迪公司，在英国的1000辆有轨车上加装了无线装置，以传输大量的预防性技术保养数据。

在电脑和互联网业界有人提出了“十五年周期定律”。其根据是1965年前后发生的变革以大型计算机为标志，1980年前后以个人计算机的普及为标志，1995年前后以互联网革命为标志。依据这个“定律”，2010年前后将会发生新的变革，许多人认为这个变革就是物联网。现在看来，这种对互联网的预测还是基本准确的。

什么是人联网呢？在一部分人或所有人的身体装上或使他们携带着电子芯片或其他电子器件，并将它们以无线的方式接入互联网，就可以形成人联网了。人联网形成后，被联网的每个人在什么地方、正在干什么以及人的生理、情感等信息都可以通过网络获得。人联网可以更有效地实现人与人、人与组织团体之间的了解和沟通，在功能方面有着巨大的开发空间。

其实，在人联网这个概念提出之前，人们已经有了一些早期的相关实践。比如在某些心脏病人身上配备有相应的监测仪器，以便随时对病人的病情进行监测并采取相应的治疗措施等。当然，人联网必须解决的一个问题就是如何保护个人隐私；可以预设某些技术手段，但真正有针对性的办法，还是在人联网真正成为现实后技术和法律的及时跟进。

从上面我们对物联网和人联网的简要描述中不难发现，物联网和人联网是以现有的互联网为基础的。换句话说，离开了互联网的物联网和人联网其功用和魅力就会大打折扣。所以，在物联网和人联网的设想刚提出时就要考虑它们与互联网之间的融会问题。

有人把这种互联网、物联网、人联网的三网融会网络称作U(ubiquitous，普遍存在的，无处不在的)网，意思是这种网络"无所不在""无所不包""无所不能"，在这种网络中将实现任何人(anyone)、任何物(anything)，在任何时间(anytime)、任何地点(anywhere)都能顺畅地联络。有人把它称为"4A"化通信。在U网环境中，人们可以随时随地地通过适合的终端设备上网并享受服务。不管接入模式为固定的还是移动的、有线的还是无线的，U网都能提供无缝宽带接入和服务。

2. 物联网、人联网与实体信息

物联网传递的是实时的实体信息，人联网传递的也是实时的实体信息，尽管与人在现场所获取的实体信息有所不同，但由于物联网、人联网都是实时监测，只要监测仪器设备准确，通常可以把它们看作实体信息。

当然，物联网、人联网传播的只是实体的部分信息。

(二)"三流"整合

如果实现了互联网、物联网、人联网的三网融会，我们就可以讨论并实现信息流、物质流、生物流三流整合了。

电信网、广播电视网和互联网以及这三个网络的合一，在其上所奔流不息的是信息流。

物联网则包容着物质流。物流是物品从供应地向接收地的实体流动过程，包括运输、存储、装卸、搬运、包装、流通加工、配送、信息处理等。物流离不开四大运输方式：公路、铁路、水路、航空。其实，交通运输线上流动着物资、人员，同时也流动着信息。在物流系统中，信息是整个供应链运营的环境基础，信息环境对物流一体化起着控制和主导作用。物流活动的内容包括订货管理、订货处理、配送作业、运输、采购等。通过信息流的反馈作用，使其每一项物流作业按照物流要求得以实现。

在物联网和人联网产生之前，物流和人口流虽然也需要信息流做支撑，但它们毕竟各自以独立的形态而存在和运行。互联网、物联网、人联网三网融会后就会真正实现信息流、物质流、生物流的三流整合。三流整合后的物流和人口流中的每一个个体都会自动、及时地向U网传送自身的相关信息，网络也会及时向这些个体发送调节指令以使其保持最佳状态。三流整合的物质基础是公路、铁路、水路、航空四大运输网的存在，互联网、物联网、人联网的存在。当然，四大运输网并入物联网后只是物联网的一部分。融会后的互联网、物联网、人联网，整合后的信息流、物质流、生物流，其中枢神经是互联网。在全球化的世界中快速流动的有三种东西：信息、物质商品、人。其实，这三者的流动都是信息流动或伴随着信息的流动，互联网处于中枢神经地位。

从电信网、广播电视网和互联网的三网合一到互联网、物联网、人联网的三网融会，从互联网、物联网、人联网的三网融会到信息流、物质流、生物流的三流整合，为我们展现出人类社会发展的广阔前景，这是新的世界图景。

互联网、物联网、人联网的三网融会，进一步扩大了实体世界与符码世界的直接联系与沟通，使实体信息更快地甚至实时地进入互联网世界。

第二节　物质商品的流通也包括信息的流通

一、物质商品的流通也是信息的流通

这里说的流通是狭义的流通。

在生产与消费之间，存在着社会间隔，即生产的人和消费的人不同；场所间隔，即生产场所和消费场所不同；时间间隔，即生产时期和消费时期不同。流通就是通过买卖消除社会间隔；通过运输消除场所间隔；通过保管消除时间间隔，来实现所有权和物品的转移。

物资流通是指物质资料的流通，包括生产资料和生活资料的流通。生产资料的流通是流通系统运行的必要条件。生产资料流通与生活资料流通相比具有一个显著特点，它以一个生产过程的结束为起点，又以另一个生产过程的开始为终点，是连接各个生产过程的纽带。

流通当然是物质商品的流通，然而物质商品也携带着信息，于是，物质商品的流通自然也伴随着信息的流通。物质商品流通过程中伴随着一些与商品有关的显在的信息，这并不难理解。然而，需要注意的是物质商品还携带和传播一些并不是直接能够看到的信息。比如，经济学家曼昆认为："在某些方面，贸易是一种技术。""全世界技术进步的扩散通常被认为是与体现这些进步的物品的国际贸易相关的。例如，对一个贫穷的农业国家来说，了解电脑革命的最好方法是从国外购买一些电脑，

而不是努力在国内生产电脑。”[①]也就是说，国际贸易流通也传播某些技术。

引进先进生产线之前首先要了解有关信息，引进先进生产线还包括引进相关技术人才，引进之后要消化生产线的有关技术信息，要对操作人员进行技术培训，还要建立与新生产线相适应的管理制度，产品生产出来后需要宣传新产品信息，包括做广告等。可以看出，引进新技术、新生产线的过程也是一种新信息传播的过程。

有些信息是现代传播媒体所不能传递的，比如商品使用过程中所获得的信息，尤其是体验性信息，不亲自使用很难得到。

二、流通能力是“三流”的综合能力

这里所说的流通是指广义的流通，包括纯经济学意义上的流通。世界商品市场、劳务市场、技术市场、国际金融市场等共同构成了国际化的现代流通体系。

一个国家或城市的流通能力主要体现在以下几个指标上：社会零售商品销售总额、货币流通速度、物流配送能力、客流吞吐能力、通信传输能力、信息(包括商品信息)传播速度等。概括地说，流通能力是一个国家或城市物质流、生物流、信息流“三流”的综合能力。

一个国家或城市的现代化程度如何，从它的流通能力就可以判断。流通能力是一个国家或城市现代化水平的重要标志。强大的流通业支撑着发达市场经济高效运转。所有国际性大都市比如纽约、东京、巴黎、北京等都具有极强的流通能力。当然，也有瓶颈，比如北京城市交通经常出现的拥堵现象，就表明流通能力有待进一步提高。

流通能力以现代高科技交通、通信、传播、金融等为支撑，以现代化管理为支撑。波音飞机的零部件由包括中国在内的70多个国家生产，最后在美国组装，如果没有现代高科技交通、通信和现代化管理等作为基础是不可想象的。

信息流量也是衡量传播媒体的一个重要指标。互联网网站的价值取决于流量，流量大的网站往往是成功者，流量小的网站很容易被淘汰。正是门户网站巨大流量背后的有效到达率吸引着广告商来投资做广告，21世纪初，新浪、搜狐、网易等得益于巨大流量，才使经济实力增强并在美国纳斯达克成功上市。正因为流量对于网站的巨大影响，才出现了

① 〔美〕曼昆：《经济学原理》上册，北京，机械工业出版社，2005，第140、161页。

虚假点击、流量数据造假等不良现象。

三、交通运输与信息传播

在英文中 communication 有交通的意思，也有通信、交流、传播的意思，可见，交通与交流、传播往往是一体的。

中国有一副从古至今许多商家经常挂在门口的对联："生意兴隆通四海，财源茂盛达三江。""通四海""达三江"告诉人们其生意和财源所能辐射的范围之广。这个范围当然是以交通能到达为边界的，交通能到达，信息也伴随而至。"通""达"正表达出交通和信息的顺畅无阻。可见生意和财源是与交通、信息密切相关的。

唐五代长沙窑瓷器上题诗曰：

人归万里外，
心画一杯中。
只虑前途远，
开帆待好风。

商机万里，好风远帆，透露出商业与远途运输的难解之缘。

(一)交通运输将"三流"统一于一身

报刊、广播、电视、网络这四大传播媒体上流动的是信息；我们还可以发现有四大运输方式，它们是公路、铁路、水路、航空——在这四大运输线上流动的是人员和物资。其实，交通运输将物质流、生物流、信息流三流统一于一身，交通运输线上流动着物资、人员，同时也流动着信息。车站、码头、机场都有丰富的信息和需要利用这些信息的人群。在这些交通运输点、线上设置信息人员和设备，可以高效率地收集信息。马克思在《资本论》中就明确指出："有一些独立的产业部门，那里的生产过程的产品不是新的物质的产品，不是商品。在这些产业部门中，经济上重要的，只有交通工业，它或者是真正的货客运输业，或者只是消息、书信、电报等的传递。"①可见，在人类历史上相当长的一段时间里，信息传递与交通运输混杂在一起。如果道路堵塞，不仅货物不能运输，信息也难以传递。比如，中国汉末，军阀混战，史书记载当时"道路壅塞，

① 《资本论》，《马克思恩格斯全集》第 24 卷，北京，人民出版社，1972，第 65 页。

命不得通”①。由于道路阻塞，就连皇帝和政府的文书命令也不能畅通下达。现在，交通传递信息的功能已经减弱，但依然存在，而最先进的专业信息运输线是信息高速公路。

作为常识，人们都知道，经济发展以传播和运输设施为基础，应当优先发展。1894年，孙中山在他的故乡翠亨村拟就《上李鸿章书》，提出“人尽其才，地尽其利，物尽其用、货尽其流”的改革富强主张。在这种大纲式的改革主张中，也提到了“货尽其流”，可见孙中山对物资流通和交通运输的重视。孙中山认为“交通乃实业之母”。现在，就连农民也知道“想致富，先修路”。国家也大力推进“广播、电视村村通工程”。

我们还可以发现，物质产品不因为多次传递而效用增加，相反，可能在多次传递中物资本身受损；信息产品却由于传递而效用增大，传播次数越多，传播面越广，其效用就越大。

纵观人类生产发展史，凡是通过流通与外界(原料供应者、消费者)频繁交换信息的产业，其更新速度就快，发展速度就快；反之，更新速度就慢，发展速度就慢。自给自足的自然经济由于与外界交换很少，所以发展缓慢。

货运和客运作为一种服务性生产，它也传递信息和文化。

中国明代贵州彝族女首领奢香夫人组织人力共修560多里山路，建立了九驿。因为第一驿站在贵阳西北一个叫龙场的地方，所以叫“龙场九驿”。“龙场九驿”沟通了中原与西南地区的经济文化联系。明朝人吴国纶写有《奢香驿诗》赞曰：

> 我闻水西奢香氏，
> 奉诏曾谒高皇宫。
> 承恩一诺九驿通，
> 凿山穿木开蒙茸。
> 至今承平二百载，
> 牂牁僰道犹同风。

牂牁、僰道都是云南、贵州一带的地名。由于九驿的开通，使云、贵一带也与中原民风、习俗相近、相同了。

在过去很长一个社会时期里，信息与承载它的实物不可分离，信息的

---

① 转引自臧嵘：《中国古代驿站与邮传》，北京，商务印书馆，1997，第66页。

传递很大程度上依赖于交通。甘肃嘉峪关魏晋墓砖画中的驿使(见图 6-2)，反映的正是这种状况：一个驿使骑在飞驰的红鬃马上，一手握着缰绳，一手举着文书。

图 6-2 驿使(甘肃嘉峪关魏晋墓砖画)

到了唐代全国驿站已达 1600 多处，但主要传递官府的公文，民间书信则主要委托亲友、商贾等捎带传递，唐五代长沙窑瓷器题诗曰：

一双青鸟子，
飞来五两头。
借问舡轻重，
附信到扬州。

长沙窑瓷器从水路运到扬州，再销往世界各地。诗作者写家人要船工捎信给远在扬州做生意的亲人。由于旅途遥远、道路艰难，或经由多次辗转而发生意外的情况不在少数，战争年代有杜甫“家书抵万金”的感叹，即使非战争时期，收到亲友的书信也是不容易的，所以才有元稹的激动：

远信入门先有泪，
妻惊女哭问何如？
寻常不省曾如此，
应是江州司马书。①

① 元稹：《得乐天书》，《元稹集》，北京，中华书局，1982，第 227 页。

元稹的激动不已，自然是由于得到了好朋友白乐天的书信，但另一个重要原因是收到远方的书信很不容易。他后来在另外一首诗《酬乐天频梦微之》中还有“山水万重书断绝”[①]的慨叹。正因为如此，许多写信人像宋代的黄庭坚一样感到遗憾：“灯前写了书无数，算没个，人传与。直饶寻得雁吩咐，又还是，秋将暮。”[②]直到明代永乐年间官方设立了“民信局”，民间书信的传递才有了公共渠道。

由于交通技术的限制，再加上山高水险，信件发出后收信人能否收到，在许多情况下是个未知数。1493 年，哥伦布乘坐一只破旧的帆船从美洲返回欧洲，途中遇险不能回到西班牙是必须预想到的一种可能的结果。于是，他就给皇后伊萨伯拉写了一封信连同一份美洲地图用腊布密封后放进木桶中抛入大西洋，信中报告了自己发现新大陆的消息。这个奇特的漂流木桶在海中漂荡了 359 年，直到 1852 年才被一个美国船长在直布罗陀海峡发现。这可能是行走时间最长的书信了，可惜发信人和收信人早已不在人世。

据统计，2 世纪时，罗马境内驰道共有 372 条，总长度达 8 万千米。这些大道也是驿道，把各地的信息及时地传送到罗马城。[③] 中国秦代道路主干网驰道，据《汉书·贾山传》记载，以首都咸阳为中心，“东穷燕齐，南极吴楚，江湖之上，滨海之观毕至”[④]。

京杭大运河是中国也是世界上最长的古代运河(见图 6-3)，属于一种水路。它的主要功能在于货运、客运，传递信息也是它的功能之一。中国明清时期出现的新兴商业城市多数分布在大运河沿线，比如德州、临清、东昌、济宁、淮安、扬州等都是重要的商埠，资本主义经济的萌芽和反封建的民主思想也在这里酝酿。“沟通是运河的本质特征和功能，也是运河城市应有的城市精神。运河联系着江河湖海，河面上船帆如云，川流不息。生活在运河之畔的人们，耳濡目染，潜移默化，胸怀便会变得开阔博大起来，人们会渐渐明白，自己并非孤立地存在，身外还有一个更加广阔的世界，远处那些素不相识的人们，其实与自己是紧密地联

---

① 《元稹集》，北京，中华书局，1982，第 232 页。

② 黄庭坚：《望江东》，见黄宝华：《黄庭坚诗词文选评》，上海，上海古籍出版社，2003，第 51～52 页。

③ 臧嵘：《中国古代驿站与邮传》，北京，商务印书馆，1997，第 3 页。

④ 班固：《汉书·卷五十一·贾邹枚路传第二十一》，北京，中华书局，1962，第 2328 页。

系在一起的。”[①]京杭大运河对中国南北地区之间的经济、文化发展与交流起到了推动作用，运河是文化和信息纽带，影响着生活在两岸的人的思想和观念。2014年在卡塔尔首都多哈召开的第38届世界遗产大会上，由扬州牵头的中国大运河项目，成功入选《世界遗产名录》。

图 6-3　京杭大运河杭州段夜景
（新华社记者谭进摄）

中国古代的许多物质产品，比如丝绸、瓷器、茶叶，还有许多工艺与发明，比如造纸术、印刷术、罗盘、火药等，都是通过“丝绸之路”传播到西方的。“丝绸之路”是一条古代以丝绸贸易为主的通往西域的商路，是古代东方与西方政治、经济、思想和文化技艺交流的重要通道。在第38届世界遗产大会上，中国、哈萨克斯坦、吉尔吉斯斯坦三国联合对“丝绸之路：长安—天山廊道的路网”申报世界遗产获得了成功。“丝绸之路”的说法由德国地理学家李希赫芬在1877年出版的《中国亲程旅行记》中第一次提出。与此相关，还有“一带一路”(One Belt and One Road)的战略规划，它是“丝绸之路经济带”和“21世纪海上丝绸之路”的简称。在2014年博鳌亚洲论坛年会开幕大会上，李克强总理“共同开创亚洲发展的新未来”的演讲，特别强调要推进“一带一路”的建设。毋庸置疑，“一带一路”是经济战略，但它必然带来沿“带”沿“路”的信息、文化交流。

文明之间交通的方便程度决定了不同文明之间交流的深度与速度。中国的造纸术在8世纪中叶就已经传到中亚，经过巴格达、开罗等地传到西班牙，直到13世纪法国才有造纸厂。

轮船、火车、汽车“运来”了城市。河北省石家庄市可以说是“火车拉来的城市”，正是由于京汉铁路与石德、石太线的交汇，使石家庄逐渐由

① 孙家正：《不是生母，便是乳娘——运河、运河城市及其城市精神》，《中国文化报》2007年10月17日。

村庄变成了都市。河南开封的朱仙镇在明清时期，地当水陆交通要冲，水运有贾鲁河，北与黄河连贯，南达周家口，注淮水入安徽；陆运北上开封，南达许昌，直到汉口。当时朱仙镇与湖北汉口镇、江西景德镇、广东佛山镇合称中国四大名镇。但是现在失去交通要冲的位置，已经无法与其他三镇相比了。

交通线对城市建设的影响还表现在许多地方出现了“带状城市”：城镇呈带状沿着交通干线延伸，城市夹着马路发展，交通干线穿城而过，不少地方交通要道与繁华的商业街合二而一。这当然会带来一些弊端，但这是一种自然选择：交通方便、信息汇流几乎是所有城市形成的必要条件和必然结果。

城市与人流、物流互为因果、密切相关。亚当·斯密在谈到城市所需的生活资料时指出：“位于海滨或通航河道两岸的城市，却不一定要限于从临近乡村获得这些东西，它的活动领域要宽广得多，可以通过用自己勤劳的制造品，或是扮演不同国家间的贩运人的角色，去从世界上最遥远的角落取得它们。通过这种方式，一个城市可以变得十分富裕和繁荣，尽管它临近的乡村以及它与之通商的所有国家还处于贫穷苦难的境地，每一个这样的国家，分开来看，或许只能提供一小部分生活资料或就业机会，但是把它们合在一起，就能提供大量的生活资料和大量的就业机会。”①

萨缪尔森、诺德豪斯则指出：“如果没有物品不断地流入和流出这个城市，纽约人只要不出一个星期便会濒临饥荒的边缘。为了纽约人的生存，周边世界必须提供许多的物品和劳务。从临近的市地，到美国的50个州，再到世界上若干个遥远的角落，物品都在日日夜夜、源源不断地流进纽约这个城市。”②所有城市都大致如此。

有些生意只有在大城市才能形成，比如股票交易和期货交易。亚当·斯密指出：“这种生意(指大胆冒险者的投机买卖——摘者注)只在大城市才能做。只有在商业和通信最广泛的地方，做这种生意所要求的信息才能获得。”③大城市还有一些重要优势，正如理查德·佛罗里达(Richard Florida)在《创新阶层的崛起》(*The Rise of the Creative Class*)一书中所说：“人们之所以聚在一起，不光是因为他们愿意彼此靠近，也不光是因为他们喜欢那些设施齐全的都市中心，尽管这两者都很重要。他们和

---

① 〔英〕亚当·斯密：《国富论》上，西安，陕西人民出版社，2001，第451页。

② 〔美〕萨缪尔森、诺德豪斯：《宏观经济学》，北京，人民邮电出版社，2004，第21页。

③ 〔英〕亚当·斯密：《国富论》上，西安，陕西人民出版社，2001，第145页。

他们的公司聚在一起，也是为了利用密集人口所带来的生产率优势、规模经济和知识外溢效应。如果不计其数的创新者、执行者和金融支持者都能不断地在办公室内外彼此接触，那么理念就能传播得更加自由，锤炼得更加锐利，实践得更加迅速。”①

交通线也是形成经济设想的重要依据。江苏省在提出沿沪宁线、沿江、沿东陇海线横向“三沿”开发构想后，又提出沿海开发总体规划，都是沿着交通线或构造新的交通线的思路走的。

费孝通知道，美国的经验表明了通过在中心城市发展工业来减少乡村人口的可能性，也知道技术进步与城市中心地带的发展在很大程度上是同步的。② 但他认为：“我们可以设置这样一条原则，即中国今后的工业组织形式必须做到农民可以分享工业利润以便提高他们的生活水准，因为农业本身并不足以做到这一点。为了达到这一点，工业中的一部分必须分散(decentralized)，建立在村庄或村庄附近的集镇；这样，工业利润就能在农民中间广泛地分配了。”“制造业的分散并不是工业发展中的倒退而是现代工业发展的普遍趋势。”“从传统背景和现代技术两方面来看，分散化的工业模式值得推荐。”但他同时写道：“我们必须指出这种工业只能限定在消费品生产的范围内。”③事实上，绝大部分工业都集中在城市中和城市周围，分散到乡村中很难产生高效率。

每一个交通工具都是一个流动的传播体。人们还把汽车车体上的广告叫作流动广告。交通运输可能是集各种传播方式于一身的最有代表性的行业。人际传播、组织传播、群体传播、大众传播、网络传播都可以在交通运输工具上进行。实体传播、符码传播，原地传播、异地传播，无线传播、有线传播，等等，都可以在交通工具上实现。

(二)客运与信息传播

每个人都是一种天然的综合性的传播体。人的移动过程自然就是信息的传播过程。无论是短途客运还是长途客运，在实现人的地理位移的同时，也把每个旅客自身所携带的信息传播到旅行途中和目的地。尤其是长途客运，它实现了被千山万水阻隔的人们之间的人际交流和传播。不管通信和传播技术如何高度发达，人与人之间的面对面的直接接触、交流和互动传播是永远不能被取代的。可以说它是最鲜活、最真切的交

① 转引自〔美〕克里斯·安德森：《长尾理论》，北京，中信出版社，2006，第137～138页。

② 费孝通：《禄村农田》，《江村经济》，上海，上海人民出版社，2006，第454～456页。

③ 费孝通：《禄村农田》，《江村经济》，上海，上海人民出版社，2006，第455～457页。

流和传播。

在交通不发达的古代，远距离的直接的人际交流非常困难，甚至不可能。只有为数不多的人能够实现这种"奢望"，在中国，司马迁、李白、徐霞客、玄奘、鉴真、郑和等是其中的代表人物。司马迁 20 岁到 38 岁的 18 年时间里，曾 4 次外出旅行，漫游了祖国的大江南北、名山大川和许多古迹。《史记·太史公自序》说他"南游江、淮，上会稽，探禹穴，窥九疑，浮于沅、湘；北涉汶、泗，讲业齐、鲁之都，观孔子之遗风，乡射邹、峄；厄困鄱、薛、彭城，过梁、楚以归"①。他纵观山川形势，考察风光，访问古迹，采聚传说。这是司马迁能够完成《史记》的重要条件。在西方，古希腊历史学家希罗多德、意大利旅行家马可·波罗、西班牙航海探险家哥伦布和葡萄牙航海探险家麦哲伦是其中的代表人物。希罗多德从 30 岁开始长距离漫游，东到巴比伦，西到西西里，南到卢克索，北到黑海边，又长期参与雅典城邦的各种文化活动，这才有后来的《历史》。就当时的条件来说，他的见闻之广是罕见的，所以后来有人称他是"旅行家之父"。

现代客运，真正实现了地球范围内的相距遥远的人们之间的直接的面对面的交流和传播，使辽阔的地球变成了"地球村"。现代迅捷的交通工具大大减轻了旅途劳顿，大大节省了旅行时间，可是同时它也使绝大多数旅行者对旅行沿途的切身体验大大减弱。比如，中国作家协会"行走黄河采风团"像走跳棋一样走黄河，有时坐火车，有时坐汽车，有时徒步行走，从黄河入海口到源头沿河上行，仅 15 天就完成了。余秋雨指出："以往我们也会兴致勃勃地罗列自己到过世界上哪些地方，其实那是坐飞机和火车去的，完全不知道机翼下和铁道旁的山河大地，有极大部分还与现代文明基本无关。但是，我们研究古老文明的兴衰脉络，显然不能贪图现代交通的方便，而必然要去面对。"②"现代科技注定会删削历史，这无可奈何，我们中国的宝成铁路已经早早地删削过《蜀道难》。……只听火车呼啸一声，已把所有的历史穿过。"③缺少了旅途的切身体验就很难产生像马致远的散曲[越调·天净沙]《秋思》这样的精品力作：

枯藤老树昏鸦，
小桥流水人家，

① 司马迁：《史记·太史公自序》，呼和浩特，远方出版社，2002，第 1696 页。

② 余秋雨：《千年一叹》，北京，作家出版社，2002，第 313～314 页。

③ 余秋雨：《行者无疆》，北京，华艺出版社，2001，第 232 页。

古道西风瘦马，
夕阳西下，
断肠人在天涯。

现代交通工具飞机、火车、汽车快速、舒适地将旅行者送达目的地，他们很少遇到夕阳西下时找不到落脚之地的处境，他们就不会有自己不如黄昏时枯藤老树上的乌鸦尚有窝可栖宿的感叹，当然也不会有“古道西风瘦马”在天涯漂泊的断肠之感。由此看来，这篇“秋思之祖”只能产生在交通艰难的古代。

1. 客运过程中的人际交流和传播

客运过程中人与人之间的交流和传播主要包括两个方面的内容：一是与客运本身有关，比如工作人员向旅客通报站名、到达时间、旅行注意事项等，旅客向工作人员咨询客运服务项目、价格等。二是与客运无关，多是旅客之间的闲聊，闲聊的内容五花八门，很难一一列举。

2. 客运过程中旅客对运输工具所载信息和沿途风土人情等信息的观察、接受

所有运输工具本身都携带着信息。这些信息大致包括三个方面：一是运输工具本身的技术信息，如运行速度、舒适程度、噪声大小、外形样式等。二是运输工具上所标示的与客运有关的注意事项、沿途停靠站等。三是运输工具内外的商业广告等。旅客一接近和进入运输工具就可以感受到这些信息。

近年来，随着中国铁路列车运行速度的不断加快与列车服务品质的不断提升，列车媒体的价值也在不断提升。中国铁路列车环境不断优化；同时，日益成长的“在路上”人群中相当一部分是拥有高学历、高收入的社会阶层，伴随着受众品质的不断优化，铁路列车媒体正成长为一个趋于主流化的优质媒介。

汽车、火车、飞机、轮船都是流动的窗口。许多旅客都喜欢坐在窗口的位置，因为窗口位置更便于欣赏、观察窗外世界。沿途不断变换的风光、建筑、地名、标牌、人的活动等，都作为信息映入人的眼睛、进入人的记忆，成为旅客阅历的一部分。新建成不久的韶山高速公路，一改过去护栏遮挡视线的设计，用较细的缆线做护栏，便于车上的人对沿途风光的浏览欣赏。

我们来看一位游者对于乘坐阿里山小火车的描述：

> 归途坐在小火车上，感觉中，速度比来时慢多了，使我们能够从容地观看车窗外那变换着的高低起伏的景色，可以说是几乎不重样的新鲜。不知怎么，它使我联想到小时候在庙会上看“拉洋片”，真的，有一种返璞归真般的新奇与安适。①

沿途所获取的这些信息内容多是直观、浅显、一闪而过，只是轮廓，不系统、不深入。

3．旅客所携带物品的信息传播

客运主要运载人，但人也随身携带着物品。旅客随身携带的物品当然也可以传递自身的信息。正像女作家铁凝的短篇小说《香雪》为我们描述的那样，是客运列车给落后封闭的大山里带来了新的气息，使那里的人们知道了山外的许多信息，同时使女学生香雪看到并换得了那只自动开合的铅笔盒。它比普通铅笔盒含有更高技术水平，在香雪看来它代表着城市文明。

每到过年过节，乘坐各种交通工具的探亲访友的旅客手提肩扛大包小包，人们只会想到它们是礼物、是旅行目的地稀罕的物品等，但这些大包小包中的物品也携带着许多信息，这些信息也会随着物品传向四面八方。

4．旅客到达目的地之后所进行的参观、交流和传播活动更为重要

旅客旅行的目的多是工作、商务、旅游、参观、参加会议、上学、采访、寻亲访友等，所有这些活动离不开人际交流。参加会议和上课就其主体来说属于组织传播，旅游有相当一部分属于群体传播。采访本身主要是人际交流，但它是大众传播的开端，是大众传播的基础工作。参加会议、上课、采访作为传播活动有重要意义，会议、上课与知识性信息增值、增量密切相关，采访与大众传播密切相关。

旅客到达目的地之后所进行的参观、交流和传播活动，究其本身来说并不是客运过程中完成的，但没有客运，这些交流和传播活动就无从实现。

（三）交通、通信与城市群

城市是商品经济发展的需要，也是商品经济发展的结果。交通、通信、传播等与城市互为因果。达到相当规模的城市使城市的经济、文化、交通、通信、传播等功能得以充分发挥，而城市群更是把这种综合功能

① 石英：《阿里山和日月潭》，http://readfree.net/htm/200803/4582680.html。

发挥到了极致。

1. 城市群理论

20世纪50年代在牛津大学任教的法国地理学家戈特曼(Jean Gottmann)提出了“城市群”理论。1961年，他在对美国东北部高度城市化的区域研究了20年之后，出版了重要著作《都市群：美国城市化的东北部海岸》。在此书中他第一次提出了“都市群”(megalopolis)概念。都市群也被叫作城市群、都市带或巨大都市。

戈特曼认为，城市群的特点与功能是：第一，城市人口规模大，可达3500万人至2.5亿人，人口密度至少为每平方千米250人，城市化水平达70%以上。第二，在保持整体功能完整的同时，城市群各个城市应该形成合理的层级关系，承担不同的功能，各具独立性和特色，互补发展。第三，具有发达的区域性基础设施网络，如高速公路、高速铁路、航道、电力输送网、信息高速公路等。第四，在国家和世界经济发展中具有枢纽作用，是连接国内、国际的节点和产生新技术、新思想的“孵化器”。

2. 世界五大城市群和中国经济三大增长极

由于经济发展和交通运输、通信传播网络的沟通，自然形成了世界五大城市群。

欧洲西北部城市群：由大巴黎地区、阿姆斯特丹、鹿特丹、海牙、安特卫普、布鲁塞尔、科隆等城市构成，是全球最大的跨国城市群。

英国伦敦城市群：由伦敦—利物浦一线的城市构成，包括曼彻斯特、利兹、伯明翰、谢菲尔德等，是五大城市群中地域面积最小、发展最早、城市密度最大的城市群。

美国东北部的城市群：以波士顿、纽约、费城、巴尔的摩、华盛顿几个大城市为核心，涵盖40个10万人以上的中小城市。

北美五大湖城市群：分布于五大湖沿岸，从芝加哥向东到底特律、克利夫兰、匹兹堡，并一直延伸到加拿大的多伦多和蒙特利尔。美国的“钢铁城”“汽车城”都在这里。

日本太平洋沿岸城市群：指从千叶向西，经过东京、横滨、静冈、名古屋，到京都、大阪、神户的范围，一般又分为东京、大阪、名古屋三个城市圈。

目前，中国经济有三大增长极。它们是以广州为中心的珠江三角洲城市群、以上海为中心的长江三角洲城市群和以北京为中心的环渤海城市群。可以预见，随着中国的崛起，世界级城市群出现在神州大地将势在必行，而最可能成为世界级城市群的就是以广州为中心的珠江三角洲城市群、以上海为中心的长江三角洲城市群和以北京为中心的环渤海城市群。

城市群的命脉是通信传播和物流体系的畅通，如果没有通信传播和物流体系的畅通城市群就会瘫痪。

第三节　实体信息传播与实践活动和认识活动

实体信息和实体传播与哲学领域有着密切联系、内在对接区域以及广阔的理论探讨空间。

一、什么是实践和认识

实践是主观见之于客观的能动的社会活动，也是人类认识和改造世界的活动。显然，人类的实践活动是不可能不伴随着认识活动的。人类的实践以使用和制造工具活动为核心，人在本质上是实践着的存在物。

实践的基本形式有：其一，满足人们物质生活需要的生产活动，它决定着其他一切活动。其二，以调整和改革人与人之间社会关系为目的的社会活动。这种活动在阶级社会里的重要表现方式是阶级斗争。其三，探索客观世界奥秘和规律的科学实验活动。除以上基本形式外，教育、管理、艺术等一切同客观世界相接触的人的有目的的感性活动，都是实践。

人类的实践范围在不断扩大，使用计算机和互联网也是一种实践活动。人从面对普通器物走向面对计算机这样的人机界面，人类的实践向电子层面扩展。界面是信息接收者与信息相遇的接触面。网络虚拟现实界面就是人类实践的电子延伸物，它开始探索如何让主体能够与这些再现的现实产生如同真实世界那样的互动效果。人可以“进入”到再现的“现实”中去体验，这种体验与现实体验几近完全相同。

人反映或观念地再现现实的过程及其结果就是认识，它可分为感性认识和理性认识。

由感官直接感受到的关于事物的现象、外部联系、各个片段的认识就是感性认识，它是认识过程的初级阶段。感性认识包括感觉、知觉和表象三种形式。直接感受性是感性认识的特征。

人们在概括、整理大量感性材料的基础上，达到对事物的本质、内部联系和事物自身规律的认识就是理性认识，它是认识的高级阶段。理性认识包括概念、判断、推理三种形式。抽象性、间接性、普遍性为理性认识的特征。

二、实体信息传播与人类实践活动和认识活动的关系

生存实践活动需要认知、需要传播；传播的核心动力来自人类的实践和认知需要。传播是对人类认识结果的扩散。人类的实践活动和认识活动离不开实体信息、实体传播和符码信息、符码传播。

维纳在《人有人的用处》一书中谈到人的信息传递过程时说："人是束缚在他自己的感官所能知觉到的世界中的。举凡他所收到的信息都得通过他的大脑和神经系统来进行调整，只在经过存储、校对和选择的特定过程之后，它才进入效应器，一般是他的肌肉。这些效应器又作用于外界，同时通过运动感觉器官末梢这类感受器再反作用于中枢神经系统，而运动感觉器官所收到的信息又和他过去存储的信息结合在一起去影响未来的行动。"①维纳把人认识世界、改造世界的过程，看作是人们对信息获取、传递、存储、加工和使用的过程。

信息是认识的原材料，也是认识的内容。沟通信息理论与哲学认识论有其必然性。已有的关于思维的信息加工研究，侧重于计算机模拟人的思维程序，本研究的思路与此类研究不同。当然，打通信息理论和认识论之间的通道是必要的，但不能用信息理论取代认识论。

(一)实体信息、实体传播与实践活动

人类所有的实践活动都在实体世界中进行，因而所有的实践活动都伴随着实体信息和实体传播。生产实践、科学实践都离不开物质实体，人类与物质实体的接触过程就伴随和形成实物信息和实物传播。获取实体信息的途径是社会实践。

生产活动是最典型的面对实体世界的实践活动。农业生产主要面对土地、面对植物、面对气候。工业生产主要面对机器、原料和厂房。交通运输主要面对运输工具、陆路水路空路以及运输对象物品、乘客。无疑这些都属于实体，在这些生产活动中都要面对实体信息和实体传播。

科学实践最核心的内容之一就是科学实验。所谓科学实验就是对实体对象或模拟对象尽可能排除外界的影响，突出主要因素，并利用一些专门的仪器设备，使某一事物或过程发生或再现。可以说，科学实验是一种特殊的实践，是一种人为给定条件的实践，是一种严密受控的实践。法国血统的美国微生物学家和病理学家雷内·杜博斯说："实验有两个目

① 〔美〕维纳：《人有人的用处》，北京，商务印书馆，1978，第9页。

的，彼此往往互不相干：观察迄今未知或未加释明的新事实，以及判断为某一理论提出的假说是否符合大量可观察到的事实。”①科学实验的第一个目的是获取新的、未知的实体信息；第二个目的是看理论、假说与实体信息是否一致，即用实体信息检验理论、假说是否正确。

> 从物质世界的微观结构来看，科学家发掘物质世界已从电子、质子、中子发展到当今的基本粒子(即夸克与轻子)。这种类似“剥洋葱”式的认识微观物质世界的过程是否已经剥到“洋葱心”，当今科学界的回答大致是“能量越大，看到的东西越小”，即加大粒子束流对撞能量使得对撞后产生的“碎片”越发变小，而更小的新粒子往往产生在这些“碎片”(次级粒子)之中，这与“速度越快、撞得越碎”的常理有些类似。②

科学实验的过程就是创造条件使更深层次的物质实体信息呈现出来的过程，也是对物质实体认识不断深化的过程。

人类的其他社会实践活动，包括阶级斗争，同样也伴随着实体信息和实体传播。首先，这些实践活动的环境或背景是由实物构成的。其次，这些实践活动形成事实，因而成为实事传播。最后，这些实践活动的主体是人，从根本上说，人(体)作为一种生物体也是一种实体。

实体信息本质上是现实的、实践的。实体信息和实体传播都是人类实践的产物，由于实体信息和实体传播是符码传播的源泉和基础，所以符码信息和符码传播同样也是人类实践的产物。离开了人类的实践就没有实体传播和符码传播。

书本学习、课堂学习主要是获取符码信息，实践主要是获取实体信息。“读万卷书，行万里路。”前者是阅读符号书籍，后者是考察实体社会。人们经常说“实践出真知”，那是因为实践能够获得实体信息。然而，获取实体信息并非想象的那样容易，要想获得准确的实体信息需要不断实践和探索。

实践以搜寻和获取实体信息为目的，实践以已有信息为前提。实践的目标设定和计划需要信息。实践的过程，包括主体自身的运动、对工具的选择和使用、对实践对象的选择和施加影响都需要信息。实践是检

① 〔英〕W. I. D. 贝弗里奇：《科学研究的艺术》，北京，科学出版社，1979，第14页。

② 宋斌：《寻找上帝粒子之旅》，《光明日报》2012年3月24日。

验信息是否准确的终极途径。实践的过程就是运用、检验并进一步获取实体信息的过程。在实践过程中，信息的运动是双向的，实践主体的目的性信息向客体(实践对象)运动，并作用于客体，同时客体的实体信息反馈于主体，这个过程循环往复，不断进行。

实践的结果有的是得到新的信息，有的实践结果本身即“人化的自然”，在新创造的事物里面凝结了新的信息——客体的新的信息结构形式。一切实践的最终目标就是适应和改造实体世界甚至超越实践本身。

(二)实体信息、实体传播与认识活动

1. 认识的过程就是感知、获取、整理加工实体信息的过程

信息是实践和认识的伴随物，同时也是实践的产物。所谓认识，其结果就是一种知识信息。

如果不考虑最初认识的起源，可以说认识是传播的起点和终点。传播者的传播以认识为条件和起点，接受者的接受以认识为归宿。探索性认识是一个以实体信息为对象和材料的信息活动过程，理论是已有信息的升华。

没有认知就没有传播，传播是认知的扩散，传播也是进一步认知的准备和条件。这就是认知和传播的关系。

认识的过程就是感知、获取、整理加工实体信息的过程。所谓感知是对实体信息的感知，所谓记忆是对整理后的实体信息的记忆，不过，进入记忆过程时则需要更多地借助和转化为符码信息。认识过程是思维的过程，因而思维的过程就是信息运转的过程。

实体信息是认识活动的基础。客观实体会通过空气、光线等向外发出包含自身属性的信息。当主体同客体接近或接触时，客体发出的信息便会进入主体的一个或多个感觉器官，主体的感觉器官就会感受到客体信息的刺激、作用和影响。人具有信息转化能力，能够把进入感觉器官的信息转化为能经过神经网络传送的信号。当人的感知组织感受到客体散发出的各种信息的作用和影响后，就会把感受到的信息转化为信号，并传送给神经中枢。神经中枢分别收到不同感觉器官传来的有关同一个客体的信号后，就会形成有关客体的认识。理性认识则是对信息的整理、加工和抽象，显然，理性认识主要以符码信息的方式呈现。

2. 实体信息对学习、研究活动的极端重要性

实体信息对人类的学习、研究活动具有极为重要的意义。学习通常是指对符码化的知识信息的学习，但真正学懂弄通必须与实践相结合，必须放到实践中、在实体世界中进行验证和检验。研究绝非仅仅坐在书

斋中与书本打交道，必须投身到实践中与实体世界直接接触获取实体信息和实体体验，然后才有可能进行真正的理性创造。

明朝洪应明的《菜根谭》中有这样一句话："人解读有字之书，不解读无字之书。"意思是说，人们多理解读书本知识的重要性，但多不理解"读"书本之外的真实事物的重要性。用现代的观点说，读无字之书的最重要途径就是实践，实践出真知。不读有字之书无以启蒙和大规模获取已有知识，不读无字之书则不能真正理解书本知识，尤其更难有创新。凡是对知识有真切理解的人，都对"无字之书"极端重视。南宋陆游在《冬夜读书示子聿》中写道：

古人学问无遗力，
少壮工夫老始成。
纸上得来终觉浅，
绝知此事要躬行。

这首诗是陆游在 74 岁时写给自己最小的儿子子聿的。前两句告诉自己的儿子学问须长期努力，才能有所成就。后两句提醒儿子，书上得来的知识还不是对事物的真正认识，真正认识事物必须要"躬行"。"躬行"就是亲身实践。只有亲身实践，才能通过获得实体信息检验书本知识是否真实或正确，才能获得真知。华盛顿儿童博物馆的墙壁上写着这样的格言："听到的，容易忘记；看见的，容易记住；做过的，才融会理解。(I hear，I forget. I see，I remember. I do，I understand.)"

当代学者方宁的下面这段话，写出了自己的亲身经历和体会：

不久前，在越南调研，我们也做了贯穿北南的公路旅行，对越南基础设施的了解也十分直观，收获良多。从统计资料上可以查找越南目前工业化、城市化发展的许多数据，但那只是一些数字化概念，况且分门别类的统计结果与实际中综合运行的情况往往是两回事，而地面行走正好可以弥补这方面的缺陷。我们从河内出发沿越南最主要的南北通道 1 号公路一直走到胡志明市，行程近 2000 公里。一路走下来，我们把越南基础设施的情况与水平概括为：二桥时代、50 公里时速。所谓"二桥时代"，在河网地带的城市及公路都要修建桥梁，桥梁的数量可以在一定程度上反映出发展水平、发达程度。比如，我国上海黄

> 浦江上30年来已建了十余座大桥，韩国首尔汉江之上桥梁多达20余座。而越南的城市、道路上目前大多建好第二座桥，当然河内和胡志明市要好一些。越南的国道基本上相当我国的二级公路，路况一般还好，但综合下来平均车速只能达到每小时50公里，再快就比较困难了。①

二桥时代、50公里时速是对实体信息的概括。

一些探索性认识活动，比如对地外星球的探索，需要仪器或机器人的参与，人是否还需要直接参与呢？

莱文森的回答是肯定的："人需要直接参与知识获取的过程，这是不可简约的；这种需求在火星探险中特别明显，在其他情况下也是或多或少的必需因素。"

为什么呢？莱文森解释说："人的直接技术参与比远程技术之所以更加可取，那并不是因为人比较少犯错误，也不是因为人不那么容易犯错误。相反，实际上，针对具体的情况，技术和人相比，在执行相同任务时犯的错误较少，这正是我们设计的宗旨。问题出在另一种情况，与我们相比，技术发现和克服错误的能力受限，远不如我们。"②面对陌生的实体世界，人更能够发现和纠正错误。

控制论创始人维纳说："人的语言所达到的地方、人的知觉能力所达到的地方，也就是他的控制能力扩展所及的地方，而且在一定意义上也就是他的肉体存在扩展所及的地方。去了解整个世界并且对它发布命令就几乎等同于无所不在。"③然而，按照人的本性，人的肉体不能到达的地方，就很难算作已经认知和控制了这个地方。当年西方人发现和占有新大陆是以他们的探险者的到达为标志的，今后对火星、月球等星体的认知和控制也是以人的到达为标志的。

实体信息对传播活动也至关重要。新闻媒介传播的信息有多少来自实体信息，是一个新闻机构存在价值的主要标志。记者存在的价值就是到现场获取第一手信息，第一手信息的主体无疑是实体信息。如果仅仅是转载其他媒介的信息(符码信息)，如果仅仅是道听途说，这个新闻媒

---

① 房宁：《学者需读书，无字之书更重要》，《环球时报》2012年9月24日。

② 以上两段引文均出自〔美〕保罗·莱文森：《软利器：信息革命的自然历史与未来》，上海，复旦大学出版社，2011，第191～192页。

③ 〔美〕维纳：《人有人的用处——控制论和社会》，北京，中国文化艺术出版社，2005，第60页。

介的存在价值就极小甚或没有。

（三）小结

上述主要内容可以归结为下面的简图（见图 6-4）：

实践 ——	认识 ——	再实践 ——	再认识
需要信息	获取信息	运用信息	获取更精确的信息
	升华信息	检验信息	将信息升华为理性认识

图 6-4　人类实践和认识活动与信息的关系

第四节　实体信息传播与美和审美

实体信息和实体传播与美和审美领域也有着广泛的内在联系，有着诸多的对接区域，实体信息和实体传播在美学领域有着广阔的发展空间。

美感属于感性认识，但美感与一般感性认识也有所不同。美感这样一种感性认识伴随着愉悦，乃特殊的感性认识；同时美感也与理性认识有连带关系，在某种程度上受理性认识的影响。

一、审美直接面对对象而不必转化为符号

在这里，我们再次涉及符号，请读者把这部分内容与“实体信息传播与符号”一章联系起来阅读。

审美的重要特征之一就是直觉。直觉是不以人类意志控制的本能知觉、本能反应，具有迅捷、直接的特性。“直觉”用英语表达就是 instinct，比如 act on instinct 就是“凭直觉行动”。审美直觉就是对美的形态的直接感知，是对审美对象整体的、直接的把握。审美体验是一种活生生的、令人沉醉痴迷的瞬间性审美直觉。尤其是自然美，它自身的传播不需要符号，欣赏自然美也不需要符号。在上述意义上，艺术家首先是感性的。康德说：“美是那不凭借概念而普遍令人愉快的。”[①]“对于美的愉快既不是一种享受的快乐，也不是一种合道德规律性的行为，也不是按照着诸理念的理性化的静观，而是单纯的反射的。”[②]这里的美首先和更多地指自然美。“不是按照着诸理念的理性化的静观”并且是“单纯的反射”，意思是这种美不需要概念、判断、推理，不需要符号，是人对客观对象的单纯的、直接的反射。

① 〔德〕康德：《判断力批判》上册，北京，商务印书馆，1964，第 57 页。

② 〔德〕康德：《判断力批判》上册，北京，商务印书馆，1964，第 136 页。

17世纪末、18世纪初英国美学家夏夫兹博里(The Earl of Shaftesbury)在《论特征》中指出："我们一睁开眼睛去看一个形象或一张开耳朵去听声音，我们就马上见出美，认出秀雅与和谐。我们一看到一些行动，觉察到一些情感，我们的内在的眼睛也就马上辨出美好的、形状完善的和可欣羡的。"①眼睛"一睁开"看到和耳朵"一张开"听到美的东西，不需要中间环节，而是直接、"马上"就能感受到这种美。

中国当代美学家宗白华在《康德美学原理述评》中说得更明白："审美的直观的思想是直接面对事物而少和符号交涉的，因此，它就和情绪较为接近。因人的情绪就是直接系着于具体事物的，较少系着于抽象的东西。"②审美就是欣赏和接受美的过程，它直接面对事物并且"少和符号交涉"。即使读文字符号构成的小说也需要将文字符号转化为活的具体形象和具体生活情境，才能产生美感。

席勒在对比中指出："如果在权利的动力的国度里，人和人以力相遇，他的活动受到了限制，如果在职责的伦理的国度里，人和人以法律的威风互相抵抗，他的意志受到了束缚，那么，在美的社会交际里，在审美的国度里，人就只需以形象的身份呈现于人，只作为自由游戏的一种对象而与人对立。通过自由去给予自由，这就是审美的国度的法律。"③审美就是对形象的感受和赏鉴，形象是直观的，这种感受和赏鉴是自由的、直观的。因而正如博克所言，"在爱美的问题上，你受到感动，并不需要意志点头赞同。"④我们都有这样的体会：在恋爱中，尽管由于种种原因，意志有时候驱使你去爱一个你认为不美的人，但你的直觉和感情仍然不能接受。

当下中国流行的"最美乡村教师""最美司机""最美……"等说法和评选活动，透露出时下中国人崇奉感性、直觉的心理状态，因为美的就是感性的、直观的。

在这里我们还需要涉及形象思维，因为审美与形象思维相同的地方，就在于它们都离不开具体事物的形象。形象思维在科学研究中有着广泛的运用。爱因斯坦说：

---

① 北京大学哲学系美学教研室：《西方美学家论美和美感》，北京，商务印书馆，1980，第95页。

② 〔德〕康德：《判断力批判》上册，北京，商务印书馆，1964，第210页。

③ 〔德〕席勒：《审美教育书简》，见北京大学哲学系美学教研室：《西方美学家论美和美感》，北京，商务印书馆，1980，第179页。

④ 〔英〕博克：《论崇高与美》，见北京大学哲学系美学教研室：《西方美学家论美和美感》，北京，商务印书馆，1980，第120页。

> 是不是不用语言就没有思维，就是说，在不一定需要用词来表达的概念和概念的组合中，是不是就没有思维？我们每个人都不是曾经在已经明白了“事物”之间的关系之后还要为推敲词而煞费苦心吗？①

他的意思是说，既然我们曾经在已经明白了“事物”之间的关系之后，还要为推敲词而煞费苦心，那么在思考事物之间的关系时就可能没有使用“词”，不然的话，怎么会在已经明白了“事物”之间的关系之后，还要为推敲词而煞费苦心呢？“词”当然是一种符号。

爱因斯坦还明确地说：“对我来说，毫无疑问，我们的思维不用符号(词)绝大部分也都能进行，而且在很大程度上是无意识地进行的。”②他在这里所说的应当主要是形象思维，形象思维主要伴随着形象而不是语言文字符号。以形象为载体的形象思维活动可以不抽象、不符号化。

逻辑思维过程与审美和形象思维不同，逻辑思维往往一定需要符号参与，尽管事物形象也避免不了伴随其中；可是，没有符号，这个思维过程就很难完成。

在一般的传播活动中，“认知”与“审美”既独立又相互联系。认知性的传播活动中常常有着审美因素，审美性的传播活动中又常常伴随着认知因素。

二、实体美和“美丽中国”

(一)实体美

与实体信息和实体传播相关，本书提出一个新术语：实体美。并不是所有的实体都具有实体美，只有成为审美对象的实体才有可能具有实体美。所有的实体都具有和能够传递实体信息，但不一定能够成为审美对象。

与实体美相对照的是拟态美。所谓“拟态”，是说它们不是实体美本身，而是对实体美的模拟、虚拟。实体美是一切美的源泉，这与后边说的自然美是一切美的源泉是一致的，因为典型的实体美就是自然美。拟态美就其起源来说，是对实体美的模拟、升华。实体美当然也是艺术美

① 〔德〕爱因斯坦：《爱因斯坦文集》第一卷，北京，商务印书馆，1976，第396页。

② 〔德〕爱因斯坦：《爱因斯坦文集》第一卷，北京，商务印书馆，1976，第3页。

的源泉。

哪些是实体美呢？自然美是实体美，人体美是实体美，田园美是实体美，园林美和建筑美也主要是实体美。

最典型的实体美是自然美。人体美就其生物有机体最本质的构造而言属于实体美。田园美是自然环境与人的需要与创造的和谐统一体。尽管园林美有虚拟成分，比如假山，但就其主体构成而言依然属于实体美，建筑、花草树木和湖水、池水是其主体。建筑的序列组合、空间安排、比例尺度、造型式样、色彩质地、装饰花纹等一起构成了建筑的实体美。对建筑美的全面感受还须进入建筑之中，一一进入其空间序列才能感受和领略其全貌。这也属于进入式审美体验。建筑也含有拟态美的成分，比如洋葱头形状的外形、鸟巢外形等，但建筑的首要功能为实用，不是为美而美。即使非常追求建筑诗意美的著名西班牙建筑师圣地亚哥·卡拉特拉也说过："当你处理桥梁或者建筑，甚至是简单的雕塑时，都要考虑功能的需要。"①他所说的"功能"就是指实用功能。日常生活的审美化就其主要对象来说多属于实体美。

所有的实体美有一个共同的特征，它们都不是为美而存在的，或不是只为美而存在的。自然美和人体美自不待言，当然具有这样的特征。田园(比如云南哈尼梯田)是应生存的需要而产生和存在的。建筑首先是为使用而存在的，园林也自有其实用价值，它们并不是仅为美而存在的。而艺术美或拟态美则只是为美而存在的，如果不美，它就失去了存在的理由。这是实体美和拟态美的一个重要分界线。

哪些不是实体美，或者说哪些是拟态美呢？艺术美是拟态美，属于拟态美的最高级形态。绘画、艺术摄影等都属于拟态美。所有在大众媒体比如报纸、广播、电视、网络上传播的美都不是实体美，都是拟态美。

工艺品有时具有某种实用价值，因而，工艺品的美可以看作实体美和拟态美的中间状态。

实体美、拟态美与自然美、社会美、艺术美的关系可以用下面的简图(见图6-5)表示：

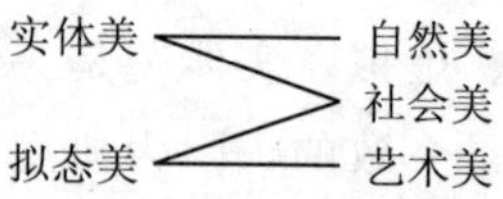

图6-5　实体美、拟态美与自然美、社会美、艺术美的关系

---

① 〔美〕麻省理工学院：《圣地亚哥·卡拉特拉瓦与学生的对话》，北京，中国建筑工业出版社，2003，第39页。

自然美全部属于实体美，艺术美全部属于拟态美，社会美一部分可以归属于实体美，一部分可以归属于拟态美。

郭熙、郭思的《林泉高致·山水训》中有这样一段话："然则林泉之志，烟霞之侣，梦寐在焉，耳目断绝。令得妙手郁然出之，不下堂筵，坐穷泉壑；猿声鸟啼，依约在耳；山光水色，滉漾夺目。此岂不快人意，实获我心哉？此世之所以贵夫画山水本意也。"有了自然美的替代物——山水画，就可以"不下堂筵，坐穷泉壑；猿声鸟啼，依约在耳；山光水色，滉漾夺目"。不过我们不要忘记，"林泉之志，烟霞之侣，梦寐在焉"，必须有过亲临实体林泉、烟霞的体验，才能有之后的"梦寐在焉"。同时，尽管"不下堂筵"，就可以"坐穷泉壑"，就可以听到"猿声鸟啼"、看到"山光水色"，但那只是"依约在耳"，是模拟，是替代，并非真的"猿声鸟啼""山光水色"。

既然如此，为什么人们还是"贵夫"山水画呢？

车尔尼雪夫斯基指出："现实中美的事物并不是人人都能随时欣赏的，经过艺术的再现（固然拙劣、粗糙、苍白，但毕竟是再现出来了），却使人人都能随时欣赏了……艺术作品的目的和作用也是这样。它并不修正现实，并不粉饰现实，而是再现它，充作它的代替物。"①他所说的"现实中美的事物"主要是指实体美——当然他没有这个概念。实体美固然不可取代，但传播上有局限性，不能做到"人人都能随时欣赏"，往往只能通过人的移动包括旅游才能实现对实体美的欣赏。艺术作品可以弥补这个缺陷，可以让"人人都能随时欣赏"，但我们不要忘记，艺术美是对实体美的"再现"，是实体美的"替代物"——这在根本上是不错的；当然，艺术作品也有超越实体美的一面，这一点车尔尼雪夫斯基在这里没有说。包括美在内的所有实体信息，符码化之后就有利于传播了，但它只是现实的替代物。

（二）"美丽中国"与实体美

最近，面对日益严重的环境污染和人们建设美好家园和美好生活的强烈愿望，党的十八大明确提出："把生态文明建设放在突出地位，融入经济建设、政治建设、文化建设、社会建设各方面和全过程，努力建设美丽中国，实现中华民族永续发展。""美丽中国"成为中国人民的奋斗目标之一。

---

① 〔俄〕车尔尼雪夫斯基：《生活与美学》，见北京大学哲学系美学教研室：《西方美学家论美和美感》，北京，商务印书馆，1980，第245～246页。

“美丽中国”当然包含对中国的美学审视视角。毋庸置疑，“美丽中国”是一种大美、综合美，首先是生态美。生态是指所有生物的生存状态，以及各种生物之间和各种生物与环境之间环环相扣的关系状态。生态美就是指各种生物之间及其与环境和谐共处的美好状态，它是一种综合美，当然也是实体美。生态美本身所要求的是一种整体观念、系统观念，生态美体现的是多样统一、立体、和谐等美的要素。这里所说的生态美并不纯然就是自然美，它是一种有一定人化成分但充分尊重、遵循自然规律的那样一种生态和谐状态。

我们以云南红河哈尼族梯田为例来看作为实体的田园美、生态美。红河哈尼族梯田尤其是元阳梯田是怎样形成的呢？哈尼族农人因地制宜随哀牢山山势地形变化，坡缓地大开大田，大者有数亩；坡陡地小垦小田，甚至沟边坎下石缝处也开田，小者仅有簸箕大，这样，一座山坡就能开垦出成千上万亩梯田。农人把终年不断的山泉溪流，通过条条小水渠引入梯田，从而形成高低错落、线条优美、规模宏大的梯田群。远处望去，从海拔数百米的山谷一直向上铺展到海拔1800多米的山顶，最陡的山坡达到45°，层层叠叠的梯田级数最多的可达3700级。

春天，山风轻拂，形状各异灌满了泉水的大小梯田在阳光照耀下波光粼粼，层层梯田青翠欲滴，就像一块块翠绿壁毯挂满山坡；夏末秋初，金黄的稻谷随风在山坡上层叠起伏直推到山顶，如梦如幻、如诗如画；冬天，烟雨迷蒙，在雾气的缝隙中延绵起伏的梯田时隐时现。这里最美的景致在冬天，梯田注水插秧前闪现着银白色的光芒，更凸显出层层梯田婀娜曲折的线条轮廓美，同时每块梯田就像无数片镜面倒映出阳光、白云和蓝天。哈尼梯田之美不仅四季不同，即使一天之中也呈现出不同之美。这是巧夺天工的农耕艺术奇观，这是真正的大地艺术和大地雕塑，哈尼族就是真正的大地艺术家，他们是“雕塑群山的子民”。

哈尼梯田从古至今一直就是一个充盈着生命活力的大系统，它很好地体现了哈尼人与哀牢山大自然和谐相融互补的天人合一精神，是人类文化与大自然巧妙结合的范例之一。这是一个结构合理的生态系统：哈尼族每一个村寨的上方，都生长着茂密的森林，生产生活用水、木材、薪炭等都来自森林；层层相叠的千百级梯田处于村寨的下方，它提供了哈尼人生存所需要的粮食；处于山林和梯田中间部位的是村寨，它由一座座古朴的被称为哈尼村庄标志性建筑的“蘑菇房”组合而成，蘑菇房是由夯土、砖坯和石块建成的土房，屋顶覆盖着伞状的茅草，哈尼人世代居住在里面。一个江河水系—森林—村寨—梯田同构的人与自然高度和谐的生态系统就坐落在这里，这个生态系统以自己独特的方式诠释着什么是可持续发展和良性循环。哈尼梯田及其周围环境既符合生态规律又体现了美的规律，是美丽中国的一个独特范例。

“美丽中国”还要求按照美的规律来进行一切设计和建设。也就是说，所有的设计和建设在遵循科学规律的同时，还要遵循美学规律。对于设计师来说，遵循科学规律是硬性要求，因为违背科学规律的设计会出现严重的后果，但相比较而言，美学规律则是一个软性要求，更容易被忽视和违背。在建筑设计方面，四川宜宾五粮液酒瓶楼、河北邯郸元宝亭等，就没有充分尊重人们的审美习惯。

同时，日常生活审美化也是美丽中国的一个内涵。费尔巴哈指出：“难道裁缝不是具有真正的审美感吗？难道衣服不是同样也要在艺术的论坛前受裁判吗？……难道不是只有当手工业者、陶器匠、玻璃匠、泥水匠成了艺术家时，真正的艺术才得以表现出来吗？艺术不是与最平常的生活需要有着联系的吗？”①这是一种生活和美学理想。确实，只有当手工业者、陶器匠、玻璃匠、泥水匠成了艺术家时，真正的艺术才得以表现出来，因为即使再伟大的艺术设计者，也不能把自己的所有设计理想化为具体的艺术品，尤其是在大规模的生产工程和艺术工程中更是如此。

“美丽中国”还是一种追求“诗意栖居”的生活情趣和态度。清人李渔在《闲情偶寄·居室部·窗栏第二》中对于游船的制作要求是：“四面皆实，犹虚其中，而为‘便面’之形”，目的在于“坐于其中，则两岸之湖光山色，寺观浮屠，云烟竹树，以及往来之樵人牧竖(牧童)，醉翁游女，连人带马，尽入便面之中，作我天然图画”。小小游船的制作设计，体现了李渔生活在诗情画意中的生活情趣。有了更多的闲暇时间，会有越来越多的中国人追求“诗意栖居”，追求生活在诗情画意中。具有这种生活情趣和态度的人越多，中国就越美丽。要实现“诗意栖居”，就需要具有诗意的实体环境。

美的人是美丽中国不可缺少的内涵。一方面，美的人是美丽中国的重要组成部分；另一方面，美丽中国的其他部分依赖美的人来实现。美的人包括人体美、体态美、行为美、服饰美，更重要的是心灵美。心灵美与人体美、体态美、行为美不可分割，生态美、城市美也需要具有生态和谐感和审美能力的人来促成和构建。人体美是实体美，体态美、行

---

① 〔德〕费尔巴哈：《费尔巴哈哲学著作选集》上卷，北京，生活·读书·新知三联书店，1959，第319页。

为美是动态的实体美，心灵美也要通过体态美、行为美这样的动态实体美来展现。

从生态美到按照美的规律来进行一切设计和建设，从日常生活审美化再到“诗意栖居”和人的美，追寻的目标都是实体美。一个美丽的世界主要由实体美构成；拟态美也需要，但只能起辅助作用。人生活在实体美中比生活在拟态美中更重要，“美丽中国”主要指向实体美。

三、自然美的审美过程都是实体传播

（一）自然美是一切美的源泉和范本

自然美是真正的大美。“大美天成”，只有大自然的美才能配得起。

自然美是最原始的美，自然美是理解美的起点，是解开美学之谜的钥匙。《庄子·刻意》曰：天地之大美“淡然无极而众美从之”。自然美乃一切美的源泉与范本。

自然美包括日月星云、山水花鸟、草木鱼虫等，非常广阔多样。

> 也许，当我们读着那些描绘日出、明月、深潭、草原的文字时，脑海中浮现的完全是大自然留给我们的那些美好记忆，是我们的感官所采撷、积蓄下来的“第一自然”。是的，如果我们从未亲眼看见过日出的辉煌、明月的清澈、深潭的葱郁、草原的广阔，单凭语言符号的排列是难以获得真切印象的，正像我们现代人是无论如何也想象不出数万年之后的地球景象一样。①

自然之大美，其广阔无垠，其变化无穷，其气象万千，真的是包括语言在内的任何符码信息和符码传播所难以容纳、描摹和传达的。严格地说，自然美是不可完全再现的。

正如宗白华根据自己真切的审美体验所说：“我前几天在此地斯蒂丹博物院里徘徊了一天，看了许多荷兰画家的名画，以为最美的当莫过于大艺术家的图画、雕刻了，哪晓得今天早晨起来走到附近绿堡森林中去看日出，忽然觉得自然的美终不是一切艺术所能完全达到的。你看空中的光、色，那花草的动，云水的波澜，有什么艺术家能够完全表现得出？

---

① 杨树茂：《自然美的灿烂与辉煌》，北京，中国经济出版社，1993，第8～9页。

所以自然始终是一切美的源泉，是一切艺术的范本。”[①]南朝的王微《叙画》曰：“望秋云，神飞扬；临春风，思浩荡。虽有金石之乐，圭璋之琛，岂能仿佛之哉！”人的情感、思想由大自然而触发，大自然带给人的美的享受和哲理的启迪，不是金石之乐或庙堂之祭可以相比的。

有些自然美，具有某些“人化”的痕迹。如北宋的王安石写的诗《书湖阴先生壁》：

茅檐长扫净无苔，
花木成畦手自栽。
一水护田将绿绕，
两山排闼送青来。

这种人工美与自然美的和谐相依，其前提也是依赖和顺从自然，与自然环境和谐一致。尽管“扫”“栽”“护”“绕”这些动词有明显的人为痕迹，但“两山排闼送青来”是人工无论如何做不到的。

唐代王维的《积雨辋川庄作》上半部分同样写出了人工美与自然美的生态和谐：

积雨空林烟火迟，
蒸藜炊黍饷东菑。
漠漠水田飞白鹭，
阴阴夏木啭黄鹂。

前两句主要写人的活动炊饭和耕作（“菑”是已经开垦了一年的田地，此处泛指农田）。当然这种活动是在大自然的背景下进行的。接下来的两句达到了自然与人工的“天作”之美，“漠漠水田”无疑是人工之美，“阴阴夏木”也不能完全排除人的因素，然而“飞白鹭”“啭黄鹂”当然是大自然的造化，不过我们不要忘记这种“飞”和“啭”（尤其是前者）是在人工背景下出现的。此诗与上诗不同之处在于出现了大自然的精灵——飞鸟，因而显得更加灵动。

宋代周密的《吴山青·赋无心处茅亭》与上两诗相类：“山青青，水泠泠。养得风烟数亩成，乾坤一草亭。”大中见小，小中有大，正是“山青

① 宗白华：《美学散步》，上海，上海人民出版社，1981，第228页。

青，水泠泠”才“养得风烟数亩成”，而“一草亭”悠然自得于茫茫乾坤之中，几乎与大自然一样乃浑然天成。人工的“草亭”成为天地间的自然存在。

不过，不少人工物对自然美构成了破坏，古人就已经发现了这一点。秦观的词作《望海潮·洛阳怀古》有句曰：“西园夜饮鸣笳，有华灯碍月，飞盖妨花。”华灯对夜空的侵扰，车水马龙的喧嚣，建筑物对花草树木的遮蔽、掩压，使许多地方的原始自然风貌不复存在。

（二）自然美的审美过程就是实体传播的过程

审美就是欣赏、领会事物或艺术品的美。不难理解，审美的过程就是美的传播过程。而自然美都是实体美，所以自然美的审美过程就是实体美传播的过程，当然也是实体传播的过程。自然美的审美过程是实体传播的一种特殊形态，它以愉悦而不是消除不确定性为特征。

美可以分为自然美、社会美、艺术美三大类。人所共知，美是可以传播的。就美的传播来说，由于自然美全部是实体美，所以自然美全部是实体传播。社会美有相当多的部分属于实体传播或实体美。而艺术美更多的部分则属于符码传播。即使艺术审美也并非全是符码传播，比如工艺品并非仅仅是一种符号。

实体美多数具有可进入性，比如黄山、九寨沟、喀纳斯湖等都属于实体美，它们都可以直接深入其中。拟态美多不具有可进入性，比如达·芬奇的画作《蒙娜丽莎》、影视风光片等，人们的身体不能进入。进入式审美体验比现场观察式审美体验更进一步，可以深入实体美的内部，可以直接触摸实体美的许多细节部位。这在旅游中可以领略到，比如到一些溶洞内游览，许多溶洞造型可以触摸到。

欣赏实体美与欣赏一件艺术品不一样的地方就是，艺术品一般只能从外部欣赏，而在大自然中，审美主体可以进入风景之中进行欣赏，达到景随步移、步移景换的审美愉悦。旅游能让人亲自到风景的内部去欣赏，可以触摸到风景空间内的许多景物。余秋雨在描述自己游览天柱山时写道：“站在天柱山的山岙里实在很难产生任何分割性的思维，只觉得山谷抱着你，你又抱着山谷，都抱得那样紧密，逮不到一丝遣词造句的空间。”①这种我在山中、山中有我、我与山不可分割的状况，只有在深入大山之中时才能体会到。

由于许多实体美的可进入性，就会使欣赏者获得真切的空间感。绘

① 余秋雨：《寂寞天柱山》，《文化苦旅》，北京，知识出版社，1992，第106～107页。

画、摄影、影视等视觉艺术作品，虽然也尽力去表现、描绘空间，寻找增大空间感的方法，如绘画的透视法等，但一幅画画得再真实，一张照片拍得再惟妙惟肖，终究是空间的平面表现，虽然它能给观赏者以美感，但却永远也不能把观赏者带进那个真实的空间。绘画、摄影、影视等视觉艺术作品都只是对真实世界的某种模拟式的再现，模拟的世界无论多么逼真，多么精彩，它都只是展示性的，我们只能作为旁观者去欣赏、去把玩，却无法真正“进入”到其中。现代全景电影、立体电影给人的感觉更逼真、更动人，却无法使草原上的微风吹拂到人的身上，使春天的气息扑鼻而入，更无法使观赏者采到新鲜的野花。

对美的感觉主要依赖于视觉和听觉，眼睛和耳朵是真正的审美感官。但味觉、嗅觉、触觉等，在某些情况下也能够在一些审美过程中协同动作。感受实体美和所有美的感官通常只有眼睛和耳朵，获取一般实体信息的感官则是人的全部感官。感受实体信息的能力是天生的，而感受美的能力多是后天养成的。人类首先需要的是感受实体信息，欣赏和感受美则是更高层次的需求。

（三）自然美与“自然选择”

大自然的美有一部分与生存竞争和自然选择相关，动物美包括人体美与性有关。

达尔文指出：“性选择曾给予雄体最鲜艳的色泽、优美的样式以及其他装饰物，有时也给予许多鸟类、蝴蝶和其他动物的两性。拿鸟类来讲，性选择往往使雄鸟的鸣声对雌鸟以及对人类都很悦耳。花和果由于鲜艳的色彩和绿叶形成醒目的对照，花因此容易被虫类看见、来访并授粉，种子因此得被鸟类传布。至于某些色彩、声音和形状何以会为人类和低等动物所爱好，也就是说最简单形式的美感最初是如何获得的，我们并不知道，正如我们不知道某些气味与香味最初如何使人感觉愉快的问题一样。”因此，依进化论的观点看，美也是一种自然选择。同时，包括人体美在内的动物美也与生存竞争和性有关。显然，异性的美，感染力、吸引力更强。达尔文还提出了一个美学难题，即“最简单形式的美感最初是如何获得的”，它涉及美的产生。

人们经常说，自然界和生活中到处都有美，只是缺乏发现美的眼睛。但是，依据达尔文的看法，“美并不是普遍的”：

> 我们在一定程度内可以了解到整个自然界内怎么有这么多的“美”，因为这大都是由于选择作用所致。依据我们对美的观

念，美并不是普遍的；看过某些毒蛇、某些鱼类以及某些丑恶得像扭歪人脸的蝙蝠的人，便觉此说之不谬。①

达尔文的这个说法是有根据的，因为世界上确实也有许多丑恶的东西。正因为美并不是普遍的，才需要发现美的眼睛。也正因为美有稀缺性，所以美才使人珍惜甚至争夺；美女不是许多男人争夺的对象吗？如果说"怜香惜玉"说的是珍惜的一面，"冲冠一怒为红颜"说的则是争夺的一面。

四、美的信息特征

(一)美的信息不以消除不确定性为特征

通常，信息的特征在于能够消除不确定性。前面已经介绍过，在香农看来，信息是被消除的不确定性。与一般信息相比较，如果美也是一种信息的话，美的信息不以消除不确定性为特征，而以特定的性质和结构组成为特征。正如宋玉《登徒子好色赋》所言，"增之一分则太长，减之一分则太短；着粉则太白，施朱则太赤"，这正是美在信息数量和信息组合上的特征，是特定的结构组成。

普通信息解决的是知道不知道的问题，美的信息解决的主要不是知道不知道的问题。普通信息解决了不知道的问题之后，人们对这种已经知道的信息的兴趣会骤然下降，而美的信息在获取之后，兴趣依然会保持，无论对单个人而言还是对整个人类而言都是如此。普通信息知悉后，兴奋度就会很快下降，美的信息具有"百看不厌"的特性，可以反复品味。

美的信息肯定能够带来感官愉悦和精神享受，普通信息不以此为特征。普通信息多具有实用价值，而美的信息往往不具有直接用途，它只对精神世界起作用。

(二)真正的美以整体传播

整体是指某个物象或事物的全部，或指各种因素之间的相互联系。美是一个整体，不能分割，分割之后就失去了原有美。对于这一点，人们早就有了明确的认识。3世纪罗马的朗吉弩斯在《论崇高》第四十章中指出："人体要靠四肢五官的配合才能显得美，整体中任何一部分如果割裂开来孤立看待，是没有什么引人注意的；但是所有各部分综合在一起，

① 以上两段引文均出自〔英〕达尔文：《物种起源》，北京，科学出版社，1972，第310页。

就形成一个完美的整体。”[①]人体美强调整体性，其他类型的美也不例外。

宗白华在《康德美学原理述评》中指出：“单纯的印象，如颜色，不是美，美成立于一个多样统一的协调里。多样性才能刺激心灵，产生愉快。多样性与统一性(统一性令人易于把握)是感性的直观认识所必需的，而这里面存在着美的因素。美就是这个形式上的完满，多样中的统一。”[②]多样性组成的和谐整体就成为美。

美是可以传播的，但美的传播是不是信息传播？如果是，那也应当是“信息块”和“信息群”的传播。可以说美的传播是一种特殊的信息传播。单独的信息素很难传递美，这与简洁美不是一回事。简洁美与美以整体传播并不矛盾。

英国美学家鲍山葵在《美学三讲》中曾引述过大艺术家歌德 24 岁时写的《论德国建筑》中的话，非常巧，歌德在谈建筑美时也使用了“块”这样一个词。“当我站在那座建筑面前时，我看见的景象使我吃了一惊，那种心情真是我意想不到的。我的灵魂装满了一个伟大而完整的印象，而且由于这个印象是由千百个和谐的细节组成的，我能够享受和欣赏，但无法理解和解释。……当那些复杂的部分融为完整的块，简单而伟大地耸立在我的灵魂前面，使我的心灵能力欣然升起来，既欣赏又理解时，黄昏多少次用它友情的安息打断我的因搜寻的凝视而弄得疲劳的眼睛啊！……在清晨的明媚中，它多么清新地向我招呼，我是多么欣悦地观察那些伟大的和谐的块，在它们无数细小部分中获得生命，就像在永恒自然的作品中一样，全都形成一个整体，全都和整体发生关系！”[③]歌德所说的那座建筑是指斯特拉斯堡教堂。“伟大而完整”强调了整体的美，“由千百个和谐的细节组成”“复杂的部分融为完整的块”“伟大的和谐的块，在它们无数细小部分中获得生命”，而且“全都形成一个整体，全都和整体发生关系”，强调了细节和整体、部分和整体的和谐、不可分割。歌德在这里说的不仅是建筑美，而且还包括自然美，“永恒自然的作品”。

大艺术家无不注重艺术品的整体美。

罗丹完成雕塑《巴尔扎克》时，兴奋地把他的得意门生卡缪·布德尔和德布瓦等叫来，让他们一起来欣赏他刚刚完成的杰作。学生们站在塑像面前，都为巴尔扎克那只手的出色塑造所惊服。罗丹绕着塑像转了一

---

① 北京大学哲学系美学教研室：《西方美学家论美和美感》，北京，商务印书馆，1980，第 48 页。

② 〔德〕康德：《判断力批判》上册，北京，商务印书馆，1964，第 210 页。

③ 〔英〕鲍山葵：《美学三讲》，上海，上海译文出版社，1983，第 58～59 页。

圈。突然，他举起泥刀猛地一下把这双十分有力的手砍掉了。在罗丹看来，一件真正完美的艺术作品，没有任何部分可以比整体更为重要。由于这双手太有力、太突出，已经有了它自己的生命，破坏了这座雕塑的整体美，因此，不得不忍痛割爱。

凡是没有整体观念的人，在美的欣赏方面都是残缺的，都不具备真正欣赏和判断艺术作品的能力。

正因为美具有整体性特征，所以美学家莱辛才说："物体美源于杂多部分的和谐效果，而这些部分是可以一眼就看遍的。所以物体美要求这些部分同时并列，各部分并列的事物既然是绘画所特有的题材，所以绘画，而且只有绘画，才能模仿物体美。"[①]请注意，"可以一眼就看遍"点出了欣赏美时的一个特有感觉，它与美的整体性密切相关。视觉最能给人以整体感，盲人摸象之所以不全面是因为他们所用的不是视觉而是触觉。"可以一眼就看遍"，在莱辛看来只有绘画才能办到，诗办不到。因为诗人既然只能把物体美的各因素先后承续地展出，就不可能产生它们在按并列关系去安排出来时所能产生的效果，即不能产生绘画那样的效果；把它们历数出来之后，我们纵使专心致志地回顾，也无法获得一个和谐的形象；要想体会某某样的嘴、某某样的鼻子和某某样的眼睛联在一起会产生什么样的一种效果，这实在是人类想象力所办不到的事情，除非我们回想到在自然或艺术作品中曾经见过这些部分的类似组合。

当然，整体与部分在许多情况下也是相对而言的。一片森林具有整体美，一棵树也具有整体美，甚至一片叶子的纹路也具有整体美，但一棵树对于森林来说是很小的局部，一片叶子对于一棵树来说也是很小的局部，对于整个森林来说简直是微不足道的。

五、艺术品原作与实体信息、符码信息

艺术品原作就其所传播的内容而言属于符码信息和符码传播，但就其所使用的材料，包括纸张、墨汁、颜料、石材、铜铁等却属于实体信息和实体传播。优秀艺术品原作之所以珍贵，就在于它保留了实体原真信息。

20世纪70年代，上海博物馆专家在清理古代书画时发现了王羲之《上虞帖》，但当时并未"识宝"，又被冷落了3年。后来有关领导和专家重提此事，请谢稚柳先生鉴定。谢先生对此帖与唐宋其他书法名作进行比较研究，充分肯定此帖所具有的独特的艺术价值。然而一时尚难断定

① 〔德〕莱辛：《拉奥孔》，北京，人民文学出版社，1979，第111页。

此帖是哪一朝代的摹本。正在他感到“山重水复疑无路”之时，此帖右上角的南唐“集贤院御书印”墨印映入眼帘，又见下面一印，但已模糊不清，难以辨认。晚上，他在灯光下又琢磨良久，忽然记起清末有一收藏者曾在逃难时把《上虞帖》缝入棉衣，由北方带到南方，以后便杳无音信。此帖会不会就是当年“消失”于南方的国之瑰宝？再过了几日，谢先生在展开此帖研究时，又突然想到这方无法辨认的印章可能是南唐的“内合同印”。于是，上海博物馆借来了先进设备，拍摄了软X光片，奇迹出现了，果然显现出“内合同印”。“内合同印”和“集贤院御书印”两印在宋代被称为金印，而历史记载《上虞帖》正有此两印。这一证据，基本确定了《上虞帖》是唐摹本的说法。博物馆文化以其历史穿透力澄清着历史的迷雾，缕析着历史的脉络，使漫长历史的沧海桑田、岁月变迁的演绎成为可能。①

毫无疑问，如果不是真正的唐摹本《上虞帖》原作，“内合同印”就不会显现出来。人们看重文物真品，一个重要原因在于它能保留和传递真实历史信息。

画家罗中立谈到他的成名作《父亲》时说：“当时为了表现皮肤的粗糙，我还在油画颜料里加了些馒头渣，你要仔细看现在还能看出来。”油画颜料里的馒头渣是原作的实体信息、真实信息。如果是数字复制后的进入传播媒体的《父亲》，就很难看到这些馒头渣。

有艺术追求的艺术家无不高度重视艺术大家的原作，从原作中汲取原汁原味的营养。罗中立游览了欧洲所有的大博物馆，参观和阅读了所有能找到的美术史上著名的原作原著。在卢浮宫，工作人员上班他就去，工作人员下班他才走，就这样整整临摹了3个月。毕加索和伦勃朗是罗中立最崇拜的两位艺术家。在美第奇博物馆，罗中立连续3次去看伦勃朗的展览，去了就看伦勃朗的两幅肖像画。同样的肖像、同样的色调、同样的尺寸，一幅创作于1834年，一幅创作于1864年，时间跨度整整有30年。很多人在这两幅画前一晃而过，罗中立一站就是几小时。他知道，正是这惨淡经营与精心重复的30年，造就了伦勃朗这位美术史上的巨匠。

原作固然珍贵，但仅靠原作还难以实现原作艺术的广泛传播。车尔尼雪夫斯基分析说：“原画只有一幅，只有能够去参观那陈列这幅原画的绘画馆的人，才有机会欣赏它，印画却成百成千份地传播于全世界，每

① 陈燮君：《博物馆——守望精神家园》，《人民政协报》2009年9月14日。

个人都可以随意欣赏它，不必离开他的房间，不必从他的沙发上站起来，也不必脱下身上的长袍。”①这就是符码传播的优势。车尔尼雪夫斯基生活的年代还没有数字化传播技术。数字化传播技术比起印画更是惟妙惟肖，只需轻轻一点鼠标，几乎可以复制出无数张同样的画作。

使用电脑创作的画，已经没有“原作”，因为它的每一个复制品都与原作一模一样。只有在创作这幅原作的电脑程序记忆中，才保留着创作过程和修改痕迹。

① 〔俄〕车尔尼雪夫斯基：《生活与美学》，见北京大学哲学系美学教研室：《西方美学家论美和美感》，北京，商务印书馆，1980，第245页。

后 记

如果说本书作者的传播学跨学科系列研究著作《哲学与传播学的双重观照》《信仰及其传播》《经济活动传播论》《旅游传播论》《人的迁移与传播》还不是典型的传播学本体研究，那么本书则是专门的传播学本体研究了，当然本书还与信息学有密切关系。本书关涉传播学、信息学的基础领域。如果从作者于2008年写作《经济活动传播论》时最初提出实体传播算起，本书的运思撰写断断续续经历了近8年的时间。在这段不算短的时间里，可以说实体信息传播理论及其相关内容像滚雪球一样越滚越大。

作为国家社会科学基金后期资助项目，本书得到了评审专家的肯定，评审专家认为："该成果在将信息进行实体信息和符码信息分类的基础上，对以实物、实事、身体为媒介的传播形式进行理论解读和实践考察，探索实体传播的意义、分类、特征与作用，以期改变我们关于信息和传播的观念。成果选题较为新颖，拓展了传播学的研究领域，具有一定的理论和实用价值。"同时评审专家也提出了关于标题、结构等方面的五点修改意见，本书作者认真研究和吸取了这些意见，并将其逐一落实到修改稿中，因此，本书的不少内容从评审专家那里得到了教益，在此特致谢意。

本书有关生物学方面的内容得到了河南大学生命科学院周云老师的指教，有关烹饪方面的内容得到了石家庄市旅游学校高级教师、特一级厨师杨安民的指教，有关英文方面的问题请教了北京大学对外交流中心郑倩老师，在此特表感谢。

感谢河南大学新闻与传播学院张举玺院长、严励、王建平、王鹏飞副院长的帮助、支持。

许俊峰副教授参与了本书的大纲讨论和第六章第三节"实体信息传播与实践活动和认识活动"的写作。马晓静副教授参与了本书的全书审改和第六章第四节"实体信息传播与美和审美"的写作。

我指导的研究生金秀菊、高彩、丁龙丹、陈盼盼对全书文字特别是引文做了认真校对，她们的努力也确实发现和纠正了一些错漏之处。

赵建国

后记